STARK

ABITUR-WISSEN
Deutsch

Interpretation
Epik – Drama – Lyrik

Werner Winkler

© 2019 STARK Verlag GmbH, Claudius-Keller-Str. 3c, 81669 München, info@stark-verlag.de
www.stark-verlag.de
1. Auflage 2017

Inhalt

Vorwort

Liebe Schülerin, lieber Schüler,

literarische Texte wollen uns auf künstlerische Weise etwas mitteilen. Wir erschließen ihre Botschaften in der Interpretation und wählen dabei den Weg jeder Erkenntnisfindung: Wir erfassen einen Sachverhalt, analysieren seine Bestandteile in ihrer Vernetzung und deuten die Aussage(n), um deren Sinn zu erkennen.

Dieses Buch dient Ihnen als Anleitung zum Interpretieren literarischer Texte. Es ist mit dem Ziel konzipiert, Ihre Vorbereitung auf Klausuren und die schriftliche Abiturprüfung zu erleichtern.

Ein Grundlagen-Kapitel führt Sie zunächst in Anforderungsbereiche, Aufgabenstellungen und Interpretationsmethoden ein und liefert Ihnen zugleich wichtige Hinweise zu einem systematisch-effektiven Vorgehen. In anschließenden Abschnitten werden gattungsübergreifende Bearbeitungsbereiche vorgestellt und eine knappe Epochen-Übersicht angeboten.

Die folgenden Kapitel widmen sich den drei Grundgattungen Epik, Dramatik und Lyrik. Hier erschließen Sie Schritt für Schritt wesentliche Elemente von Inhalt, Aufbau und sprachlicher Darstellung anhand von ausgewählten Beispielen. Die Ergebnisse dieser Analyse bilden die Basis für eine schlüssige Deutung des jeweiligen Textes und helfen Ihnen die Aussageabsicht zu erkennen. Dabei werden gattungsspezifische Schwerpunkte, wie zum Beispiel erzählerische Gestaltung, Figurencharakteristik, Handlungs- und Konfliktentwicklungen, Gesprächsstrategien und lyrisches Ich eingehend behandelt und je nach Aufgabenstellung literaturgeschichtliche, formale und inhaltliche Zusammenhänge hergestellt. In einem Glossar finden Sie abschließend wichtige Begriffe noch einmal kurz und übersichtlich erklärt.

Ich wünsche Ihnen viel Freude und Erfolg bei der Arbeit mit diesem Buch!

Werner Winkler

Dr. Werner Winkler

Grundlagen

Jeder epische, dramatische und lyrische Text stellt ganz eigene Anforderungen an das Verständnis des Lesers und ist auf individuelle Weise zu deuten. Dennoch gibt es für jede Textinterpretation ein grundlegendes Gerüst zur Vorgehensweise, an das Sie sich bei Ihrer Bearbeitung halten können und das Sie kennen sollten. Genauso wichtig ist es, entsprechendes Vorwissen aufzubauen. Um einen Text sachgemäß untersuchen und überzeugend deuten zu können, sollten Sie deshalb

- die **Arbeitsanweisungen** und ihre Anforderungen verstehen,
- über wichtige **Interpretationsmethoden** Bescheid wissen,
- grundlegende **Bearbeitungsbereiche** kennen,
- die notwendigen Arbeitstechniken beherrschen und die richtigen **Arbeitsschritte** wählen.

Um einen komplexen literarischen Text in seinen einzelnen Bauelementen zu erfassen und seine Aussage zu entschlüsseln, ist es wichtig, die Vorgehensweise genau zu planen. Nur so erschließt sich Ihnen ein epischer, dramatischer oder lyrischer Text in seinen vielfältigen Facetten.

1 Anforderungsbereiche, Operatoren und Arbeitsanweisungen

1.1 Anforderungsbereiche

Bei der Bearbeitung von Prüfungsaufgaben sollen Sie Leistungen nachweisen, denen drei Anforderungsbereiche von unterschiedlichem Niveau entsprechen. Diese sind bundesweit festgelegt:

- Der **erste Anforderungsbereich (I)** umfasst vor allem die Wiedergabe von Sachverhalten und Kenntnissen aus dem Unterricht. Dazu gehören die Vertrautheit mit Fachbegriffen und der Einsatz von Arbeitstechniken und Verfahren.

- Der anspruchsvollere **zweite Anforderungsbereich (II)** betrifft die Anwendung des erworbenen Wissens und der eingeübten Arbeitstechniken. Hier geht es also um das selbstständige Auswählen, Anordnen, Verarbeiten, Erklären und Darstellen bekannter Sachverhalte unter vorgegebenen Gesichtspunkten. Sie weisen nach, dass Sie Gelerntes auf vergleichbare Zusammenhänge übertragen und anwenden können.

- Der **dritte Anforderungsbereich (III)** zielt auf die Verarbeitung komplexer Sachverhalte. So sollten Sie in der Lage sein, selbstständig Lösungen zu finden, schwierigere Inhalte zu deuten und überzeugend zu argumentieren. Zur Bewältigung der Aufgabe wenden Sie geeignete Arbeitstechniken auf neue Problemstellungen an und reflektieren das eigene Vorgehen.

Jede Prüfungsaufgabe berücksichtigt in ihren einzelnen zu bearbeitenden Teilen alle drei Anforderungsbereiche, doch liegt der Schwerpunkt der zu erbringenden Leistungen im Anforderungsbereich II.

1.2 Operatoren und Arbeitsanweisungen

Die Lösung einer Aufgabe beginnt mit dem Verstehen der Arbeitsanweisung. Nicht selten treten bereits hier die ersten Schwierigkeiten auf. Nur wenn Sie von vornherein genau wissen, auf welche besonderen Aspekte Sie bei den einzelnen Arbeitsanweisungen zu achten haben, gewinnen Sie an Sicherheit, verringern Ihren Überlegungsaufwand und sparen auf diese Weise kostbare Zeit ein, die Sie an anderer Stelle sinnvoller einsetzen können. Grundsätzlich gibt es zwei Möglichkeiten, die Sie unterscheiden müssen:

- Eine **umfassende Arbeitsanweisung** wie *Interpretieren Sie den folgenden Text* deckt alle drei Anforderungsbereiche ab. Sie lässt Ihnen einerseits Spielraum für eigene Schwerpunktsetzungen, bietet aber andererseits keine Strukturierungshilfe.
- **Differenzierte Teilaufträge** sind dagegen einzelnen Arbeitsbereichen zugeordnet und haben den Vorteil, nur klar abgegrenzte Segmente zu betreffen.

Grundlage für jede Aufgabenstellung bilden handlungsinitiierende Verben, die sogenannten **Operatoren**. Sie zeigen an, welche **Tätigkeiten** beim Aufgabenlösen von Ihnen erwartet werden, und konkretisieren sich in den Arbeitsanweisungen. Die folgende Liste stellt eine Auswahl von Operatoren vor, die vor allem für Ihre Arbeit an literarischen Texten wichtig sind. Sie orientiert sich an den Vorgaben des „Instituts zur Qualitätsentwicklung im Bildungswesen" der Humboldt-Universität zu Berlin.

Operator	Beschreibung	Arbeitsanweisung
analysieren (I, II, III)	Ein Text wird als Ganzes oder nach bestimmten Aspekten in inhaltliche, formale und sprachliche Bereiche zerlegt. Diese werden einzeln und in ihrer Wechselbeziehung systematisch erschlossen und das Ergebnis strukturiert dargelegt.	*Analysieren Sie die erzählerische Gestaltung. (S. 56)* *Analysieren Sie die sprachlich-stilistische Gestaltung. (Vgl. S. 58)*
beschreiben (I, II)	Diese Arbeitsanweisung richtet sich häufig auf Inhalt, Aufbau, Sachverhalte, Situationen, Vorgänge und Verhaltensweisen von Figuren. Formulieren Sie sachlich und verzichten Sie auf Erklärungen und Deutungen. Es erweist sich oft als hilfreich, dem Textverlauf zu folgen.	*Beschreiben Sie den inneren Aufbau des Textes. (Vgl. S. 48)*
beurteilen (II, III)	Hier sollen Sie einen Sachverhalt, eine Aussage oder das Verhalten einer Figur unter Einbeziehung Ihres Fachwissens nach vorgegebenen Kriterien bzw. begründeten Wertmaßstäben einschätzen. Das Ergebnis muss auf sachlichen und nachvollziehbaren Fakten beruhen.	*Beurteilen Sie die im Text zum Ausdruck kommende Weltsicht.*

Operator	Beschreibung	Arbeitsanweisung
charakterisieren (II, III)	Sie arbeiten die kennzeichnenden Merkmale von Figuren, Sachverhalten oder Vorgängen heraus. Bei Figuren richtet sich das Interesse auf individuelle bzw. typische Eigenschaften, wie sie durch eigene Aussagen, Verhaltensweisen, Gedanken und Empfindungen, aber auch durch Hinweise anderer Figuren oder (in epischen Texten) des Erzählers deutlich werden. Die gefundenen Merkmale und Eigenschaften sollen schließlich ein Gesamtbild ergeben.	*Charakterisieren Sie den Protagonisten. (Vgl. S. 70)* *Arbeiten Sie heraus, wie der Bürgermeister Informationen manipuliert. (S. 117)* *Charakterisieren Sie den Gerichtsdiener Adam innerhalb seiner sozialen Beziehungen. (S. 119)*
darstellen (I, II)	Sie zeigen Inhalte, Probleme, Sachverhalte und deren Zusammenhänge auf. Achten Sie dabei auf eine durchdachte, übersichtliche Struktur und die Verwendung fachsprachlicher Begriffe.	*Stellen Sie den Zusammenhang von äußerer und innerer Handlung dar. (S. 74)* *Stellen Sie Konfliktursachen und -entwicklungen dar. (S. 122)* *Stellen Sie den Dialogverlauf dar. (Vgl. S. 127)*
einordnen (zuordnen) (I, II)	Sie stellen einen Text, ein Thema, einen Sachverhalt, eine Aussage, ein Problem begründet in einen (historischen, literarischen, thematischen oder motivischen) Zusammenhang und greifen dabei auf Ihr Vorwissen zurück.	*Ordnen Sie den Text der Romantik zu. (S. 186)*
erläutern (II, III)	Um schwierige Sachverhalte, Textaussagen oder Problemstellungen zu klären und zu verstehen, bedarf es zusätzlicher Informationen, Belege und Beispiele. Sie dienen der Veranschaulichung, der Einbindung in größere Zusammenhänge und machen durch Hinweise auf Ursachen und Wirkungen Komplexes einsichtig.	*Erläutern Sie [...] die Bedeutung von Sprache. (S. 77)* *Erläutern Sie [...] wesentliche Elemente des bürgerlichen Trauerspiels. (S. 134)* *Erläutern Sie die Bedeutung des Einsamkeits-Motivs. (S. 179)*
erörtern (I, II, III)	Sie sollen auf der Grundlage einer Textanalyse oder -auswertung eine These oder Problemstellung hinterfragen und zu einem Urteil gelangen.	*Erörtern Sie die Position des Protagonisten und berücksichtigen Sie dabei dessen persönliche und soziale Situation.* *Erörtern Sie das Verhalten des Protagonisten.*

Operator	Beschreibung	Arbeitsanweisung
in Beziehung setzen (II, III)	Sie sollen Zusammenhänge unter vorgegebenen oder selbst gewählten Gesichtspunkten begründet herstellen.	*Setzen Sie die Position des Autors in Beziehung zum Frauenbild des vorliegenden Textauszugs.*
interpretieren (I, II, III)	Auf der Grundlage der Analyse eines vorgelegten Textes oder bestimmter Aspekte erschließen Sie Sinnzusammenhänge und gelangen so unter Einbeziehung von Inhalt, Form und Sprache zu einer schlüssigen Deutung.	*Interpretieren Sie den Text im Hinblick auf die Darstellung von Raum und Zeit. (S. 66)* *Interpretieren Sie das folgende Gedicht.*
sich auseinandersetzen mit (II, III)	Sie sollen eine Aussage, These, Sichtweise oder Problemstellung argumentativ und urteilend abwägen und zu einem nachvollziehbaren Ergebnis kommen. Dabei können Sie linear oder dialektisch vorgehen und Ursachen und Folgen berücksichtigen.	*Setzen Sie sich mit der Weltanschauung des Protagonisten auseinander.*
überprüfen (II, III)	Sie hinterfragen Aussagen/ Behauptungen kritisch und schätzen ihre Gültigkeit kriterienorientiert und begründet ein.	*Überprüfen Sie, inwieweit der Text den gattungsspezifischen Merkmalen einer Parabel (S. 88 f.), einer Kurzgeschichte (S. 90), einer Novelle (S. 93 f.) entspricht.*
vergleichen (II, III)	Sie arbeiten nach vorgegebenen oder selbst gewählten Gesichtspunkten Gemeinsamkeiten, Ähnlichkeiten und Unterschiede heraus und wägen diese gegeneinander ab.	*Vergleichen Sie das Motiv der Einsamkeit in beiden Gedichten. (S. 183)*
zusammenfassen (I, II)	Hier sollen Sie Inhalte, Aussagen, Gedankengänge, Handlungsschritte komprimiert und strukturiert so darstellen, dass dabei das Wesentliche deutlich wird. Die Zusammenfassung kann entweder dem Textverlauf folgen (lineare Gestaltung) oder sich nach bestimmten in der Aufgabe angesprochenen Gesichtspunkten richten (aspektbezogene Gestaltung).	*Fassen Sie den Inhalt des vorliegenden Textes zusammen. (Vgl. Epik, S. 44; Drama, S. 93; Lyrik, S. 148)*

Die IQB-Operatorenliste finden Sie online unter: https://www.iqb.hu-berlin.de/bista/abi/deutsch/dokumente

Zusätzliche Aufgabenpräzisierungen

Mitunter wird den einzelnen Operatoren noch eine pointiertere Bestimmung angefügt. Diese fordert Sie auf, einzelnen Aspekten einer Aufgabe besondere Aufmerksamkeit zu widmen. Beispiele:

- *... arbeiten Sie dabei insbesondere ... heraus.*
- *... berücksichtigen Sie dabei insbesondere ...*
- *... und erläutern Sie dabei vor allem, wie ...*
- *... und gehen Sie dabei vor allem darauf ein, wie ...*

TIPP

Auch bei der umfassenden Arbeitsanweisung „Interpretieren Sie ...", die ausdrücklich keine weiteren Operatoren nennt, ist es zweckmäßig, wenn Sie bei Ihrer Vorgehensweise den Inhalten bestimmter Operatoren folgen. **Fassen** Sie also den Inhalt **zusammen**, **beschreiben** Sie den Aufbau und **analysieren** Sie die Sprache.

---

2 Interpretationsmethoden

Die Suche nach brauchbaren Interpretationsverfahren beschäftigt die Wissenschaft seit Langem. Ein bedeutender Ansatz begann im 19. Jahrhundert unter naturwissenschaftlichem Einfluss. In der Folgezeit entwickelten sich verschiedene **Methoden mit unterschiedlichen Schwerpunkten**.

2.1 Positivismus

In Anlehnung an die Naturwissenschaften entstand in der zweiten Hälfte des 19. Jahrhunderts eine philosophische Richtung, deren Vertreter mit **klaren, nachweisbaren Fakten arbeiten** wollten. Diese Zielsetzung beeinflusste auch die damalige Textphilologie: Man sammelte Lebenszeugnisse des Autors, spürte den Entstehungsgeschichten von Werken nach und verglich die Bearbeitung von Themen, Motiven und Fassungen. Literatur erschien als Teil historischer Wirklichkeit und konnte durch sie beschrieben und **sachlich** erklärt werden. Konzentriert sich die Arbeit also weitgehend auf den Verfasser, so spricht man von der positivistischen oder auch **biografischen Methode**. Mit ihr sucht

Der Begriff „Positivismus" geht auf den französischen Philosophen und Soziologen Auguste Comte (1798–1857) zurück.

der Interpret im Leben des Autors nach Ereignissen, die zum Verstehen des Textes beitragen. Er erforscht Tagebücher und Briefkorrespondenzen und überprüft Aussagen aus dem Freundes- und Bekanntenkreis. Allerdings darf das Biografische nicht zur **Vernachlässigung des künstlerischen Aspekts** führen.

2.2 Geistesgeschichte

Am Anfang des 20. Jahrhunderts etablierte sich eine Gegenbewegung zum Positivismus. Ihre Vertreter sahen Dichtung in einem übergreifenden geistigen Zusammenhang von Kultur, Philosophie und Kunst. Nach ihrer Vorstellung spiegelt Literatur die geistigen Kräfte und tragenden Ideen der jeweiligen Zeit. Zum Verstehen eines Textes erschien ihnen deshalb eine bloß rational und analytisch ausgerichtete Vorgehensweise unzureichend. Sie betrachteten ihn vielmehr als ein Ganzes und versuchten, seine Aussage **einfühlend nachzuerleben**. Dem Gefühl und der **Intuition**, d. h. dem unmittelbaren Erfassen des Inhalts, wurde dabei eine besondere Rolle zugewiesen. Gegner werfen diesem Verfahren **Subjektivität**, Spekulation, Realitätsfremdheit und die Vernachlässigung detaillierter Analysen vor.

2.3 Werkimmanenz

Bei dieser Methode, die sich in der Zeit nach dem Zweiten Weltkrieg an Universitäten und Schulen verbreitete, wird das dichterische Werk als ein **autonomes Kunstobjekt** betrachtet. Man versucht es aus sich selbst heraus (also immanent) zu verstehen. Die **Arbeit am Text** steht im Vordergrund. Biografische und historische Bezüge bleiben hier unberücksichtigt. Aufgrund intensiver Lektüre erfolgt die sorgfältige **Untersuchung** vor allem **formaler Elemente**. Aus ihrem funktionalen Zusammenspiel wird die Aussage erfasst und gedeutet. Die Textnähe macht diese Methode zur Grundlage jeder weiterführenden Interpretation. Kritische Stimmen verweisen allerdings auf die Gefahr von Einseitigkeit und lebensferner Literaturbetrachtung durch **Ausklammern textexterner Einflüsse**.

Bei der werkimmanenten Methode interessiert den Betrachter nur das Werk selbst, also weder die Biografie des Autors noch ein historischer Bezug.

2.4 Psychoanalytisches Verfahren

Die Vertreter dieser Richtung berufen sich auf Sigmund Freud (1856–1939), den Begründer der Psychoanalyse. Nach ihnen lassen sich Stoff- und Motivwahl, Figurengestaltung und sprachliche Bilder auf **verdrängte Triebe, Wünsche** und **seelische Verletzungen des Autors** zurückführen. Die psychoanalytische Methode, die besonders in den 1960er- und 70er-Jahren verbreitet war, beschränkt sich aber nicht nur auf den Autor, sondern untersucht auch die handlungsauslösenden Kräfte und Verhaltensweisen der Figuren sowie mögliche Auswirkungen

Sigmund Freud im Jahr 1909

auf (unbewusste) Leserreaktionen. Das Verfahren bedeutet eine Abkehr von überzogenen idealistischen Vorstellungen. Allerdings lassen die enge Fixierung auf Psychisches und das Ausklammern des historisch-sozialen Umfelds **unkritische Spekulationen** befürchten. Außerdem besteht bei Anwendung dieser Methode die Gefahr, das **Künstlerische** des Werkes zu **vernachlässigen**.

2.5 Literatursoziologie

Für die Interpreten besteht ein **enges Verhältnis zwischen Gesellschaft und Literatur**. Vor allem interessiert sie die Frage, welche Antwort der Autor auf die gesellschaftlichen Wirklichkeiten seiner Zeit findet. Bei dieser Methode rücken also soziologische Themen in den Vordergrund, die allerdings mehr oder weniger mit einer bestimmten Weltanschauung, z. B. dem Marxismus, verknüpft sein können. Die **Gefahr** der Literatursoziologie liegt also in ihrer Einseitigkeit. Indem sie **Literatur in den Dienst der Ideologie** stellt, verfehlt sie die Komplexität eines Werkes. Zudem wird durch die Überbewertung des Gesellschaftlichen das Kunstwerk an den Rand gedrängt.

2.6 Rezeptionsästhetik

Ein geschriebenes Werk ist bewusst oder unbewusst auf einen fiktiven Leser angelegt und auf sein Verständnis hin verfasst. Von diesem unterscheidet sich der **reale Leser**. Seine Wahrnehmung wird durch seine Individualität und seinen soziokulturellen Kontext beeinflusst. Die Textsignale erreichen ihn deshalb nur gefiltert. Das bedeutet: Ein literarischer Text wird sich immer entsprechend den Vorgaben und Bedingungen der jeweiligen Zeit, in der er gelesen wird, entfalten. So kommt es, dass **Leser verschiedener Epochen unterschiedliche Zugänge** zu seiner Aussage finden. Ein Leser der Gegenwart etwa versteht ein klassisches Drama anders als ein Leser um 1900.

Die moderne Rezeptionsästhetik beschäftigt sich seit dem Ende der 1960er-Jahre bevorzugt mit Fragen, die die Wahrnehmung des Lesers beeinflussen, beispielsweise mit seinen Interessen, seiner Bildung und dem sozialen Umfeld,

Leser verschiedener Epochen haben einen anderen Zugang zum selben Text; Vincent van Gogh: Die Romanleserin (1888)

in dem er steht. Der **Rezipient** hat also durch seinen Verstehenshorizont **Anteil an der Aussage des Textes**. Entscheidend ist daher die Frage nach der Reaktion des Lesers: Findet bei ihm eine Erweiterung seines geistigen Horizonts statt? Oder ist sein Blickfeld so **eingeschränkt**, dass er die Tiefe der Textinformationen nicht erkennt bzw. diese völlig missversteht?

2.7 Übersicht wichtiger Interpretationsmethoden

Die verschiedenen Varianten, an Textinterpretationen heranzugehen, bringen spezifische **Vorteile**, aber auch **Probleme** mit sich.

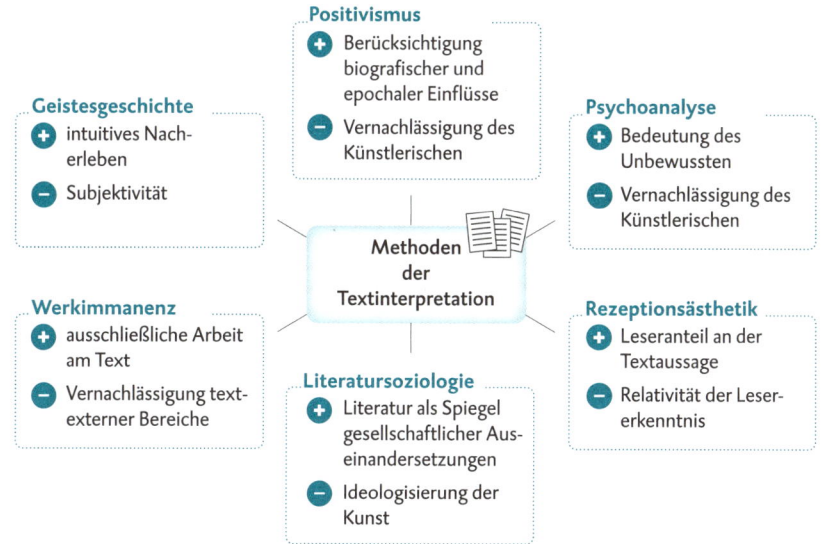

Positivismus
+ Berücksichtigung biografischer und epochaler Einflüsse
− Vernachlässigung des Künstlerischen

Geistesgeschichte
+ intuitives Nacherleben
− Subjektivität

Psychoanalyse
+ Bedeutung des Unbewussten
− Vernachlässigung des Künstlerischen

Werkimmanenz
+ ausschließliche Arbeit am Text
− Vernachlässigung textexterner Bereiche

Methoden der Textinterpretation

Rezeptionsästhetik
+ Leseranteil an der Textaussage
− Relativität der Lesererkenntnis

Literatursoziologie
+ Literatur als Spiegel gesellschaftlicher Auseinandersetzungen
− Ideologisierung der Kunst

In der **Schule** spielt die **textimmanente Methode** die wichtigste Rolle. Dies gilt besonders für Prüfungen, bei denen sich die Interpretation wesentlich auf die Textvorlage konzentrieren muss. Mitunter finden sich aber in den Aufgabenstellungen auch Elemente weiterer Interpretationsmethoden. So können Teilaufgaben Vergleiche mit anderen Werken fordern oder nach Zeithintergründen, Autoren und Leserreaktionen fragen. Beigefügte Materialien sind hier zu berücksichtigen. Vor allem aber wird man in Referaten oder Seminararbeiten, bei deren Bearbeitung der Zugang zu umfangreichen Materialquellen möglich ist, je nach Aufgabenstellung auf Elemente verschiedener Interpretationsverfahren zurückgreifen.

3 Arbeitsbereiche

Eine umfassende Interpretation (lat. *interpretatio* = Erklärung, Auslegung) baut auf einer eingehenden Analyse auf, in der **Inhalt**, **Form** und **Sprache** in ihrer **Wechselwirkung** erschlossen werden. Die Ergebnisse der Analyse helfen Ihnen, den Text schlüssig zu deuten und die Aussageabsicht zu erkennen. Dabei können Figuren, Handlungen, Themen und Motive in den Vordergrund rücken. Mitunter erweisen sich die Einbeziehung des historisch-kulturellen Hintergrunds und/oder der Vergleich mit anderen Texten als sinnvoll.

Erst eine Kombination verschiedener Untersuchungsbereiche bei der Erschließung und Interpretation von literarischen Texten führt zur entscheidenden Idee für die Textdeutung bzw. für die Entschlüsselung der Aussageabsicht.

Die folgende Auflistung enthält wichtige **Arbeitsbereiche**, die Sie bei einer umfassenden Interpretation eines Textes berücksichtigen sollten. Diese werden in den einzelnen Kapiteln dieses Buches Schritt für Schritt behandelt:

- **Einleitung:** Angeben von Grundinformationen
- **Inhalt:** komprimierte Wiedergabe wichtiger Textaussagen
- **Form:**
  - Aufbau: Beschreiben der äußeren und inneren Textstruktur
  - Nachweis der Textart: z. B. Kurzgeschichte, episches Theater, Sonett
  - gattungsspezifische Aspekte: Untersuchen von Erzählstrategie (Epik), dramaturgischen Gestaltungsmitteln (Drama), Perspektive und lyrischem Ich (Lyrik)
- **Sprache und Stil:** Analysieren der Funktion der sprachlichen Gestaltungsmittel im Hinblick auf Thema und Wirkungsabsicht
- **Raum und Zeit:** Erschließen der inhaltlichen (thematischen und motivischen) Bedeutung und ggf. des literarhistorischen Bezugs
- **Figuren:** Charakterisieren wichtiger Einzelfiguren/der Figurenkonstellation
- **Handlung und Kommunikation:** Darstellen von Außen- und Innenhandlung; Handlungsräumen und -zeiten; Handlungsabläufen und -strategien; Gesprächsabläufen und -strategien; Konflikten und Konfliktabläufen
- **Thematik und Motivik:** Erkennen, Verstehen und Bewerten von Textaussage und -wirkung; Erklären der Wechselwirkung von Form und inhaltlicher Aussage
- **Epochenbezug und Kontextualität:** literaturgeschichtliche Einordnung; Erläutern des Inhalts in seiner Beziehung zur Biografie des Autors, dessen Werk, den historischen (d. h. politischen, gesellschaftlichen, kulturellen) Ereignissen seiner Zeit und der Motivtradition
- **Schluss:** Zusammenfassen der Ergebnisse; Formulieren eines Ausblicks

Beachten Sie

Entsprechend der Textgattung (Epik, Dramatik, Lyrik) und der konkreten Aufgabenstellung kommt diesen Arbeitsbereichen jeweils unterschiedliches Gewicht zu.

4 Arbeitsschritte

Im Prinzip folgen fast alle Lösungsmethoden folgenden Arbeitsschritten:

1 **Klären** der Arbeitsanweisungen, sorgfältiges aufgabenbezogenes, reflektierendes **Lesen** des Textes, **Aufgabenauswahl**, **Zeitplanung**
2 **Materialsammlung** (markieren, notieren)
3 **Materialsichtung und -ordnung** (auswählen, vernetzen, strukturieren, gliedern)
4 **Ausführung** (Ergebnisse formulieren)
5 abschließende **Überprüfung** (auf inhaltliche und sprachliche Fehler oder auf das Fehlen von wichtigen Aspekten hin kontrollieren)

Um den vorgegebenen Zeitrahmen, der Ihnen für Ihre Aufgabe zur Verfügung steht, sinnvoll zu nutzen und nicht unter Druck zu geraten, erstellen Sie am besten zu Beginn einen groben **Zeitplan**. Er sollte Ihnen am Schluss eine letzte Überprüfung Ihrer Arbeit ermöglichen.

> **Schritt 1** **Klären der Arbeitsanweisungen, Lesen, Aufgabenauswahl und Zeitplanung**

Nehmen Sie sich Zeit, lesen Sie Arbeitsanweisung und Text **gründlich** durch und überlegen Sie, welche Anforderungen Sie erfüllen müssen. In Prüfungssituationen verführt gerade der Zeitdruck häufig zu einem oberflächlichen und hastigen Überfliegen des Textes, bei dem Ihnen wichtige Informationen entgehen könnten. Gründliches Lesen heißt nämlich **wiederholtes Lesen**. Nachdem Sie sich beim ersten Durchgang einen Überblick über Thematik, Inhalt und Aussage verschafft haben, konzentrieren Sie sich beim zweiten auf einzelne Textabschnitte. Sie lesen also **strukturiert**, d. h., Sie achten auf Zusammengehöriges, Sinneinheiten und inhaltliche Einschnitte. Das verlangt ein mehrfaches Einhalten, Zurückgehen und erneutes Aufnehmen einer Textpassage **(reflektierendes Lesen)**. Der Vorteil ist, dass Sie so Ihren Verstehensprozess kontrollieren können. Anspruchsvolle literarische Texte geben ihre Geheimnisse nicht ohne Weiteres preis. Übrigens: **Jede Teilaufgabe** verlangt ein **erneutes Lesen** entsprechend dem angestrebten Ziel. So setzt beispielsweise die Sprachanalyse andere Schwerpunkte als die Darstellung des Handlungsverlaufs.

> **—TIPP**——
> Ein **kleinschrittiges Vorgehen** steigert Ihre Aufnahmefähigkeit; es fördert das Erkennen von Textstruktur, Handlungs- und Geschehensablauf und damit das Verstehen der inhaltlichen Aussage.

Entscheidend für den Erfolg Ihrer Bearbeitung ist zunächst auch die „richtige" Auswahl aus den vorgelegten Prüfungsaufgaben. Um die geeignetste Aufgabe zu finden, gehen Sie am besten so vor:

- **Lesen** Sie alle Aufgaben und Texte **genau** durch, das heißt nicht nur auf die Gesamtaussage hin, sondern auch unter dem Aspekt einzelner Sinneinheiten.
- Machen Sie sich die **Inhalte der Arbeitsanweisungen** bewusst (vgl. Anforderungsbereiche, Operatoren und Arbeitsanweisungen auf S. 2 ff.).
- Kontrollieren Sie Ihr **Vorwissen** im Hinblick auf die Ziele der Arbeitsanweisungen. Fragen Sie sich: Was weiß ich über …

  … **Gattung bzw. Textart?** → Sie sind wichtig für die Analyse von Aufbau und Form sowie für die Deutung des Inhalts.

  … **Thematik und Motivik?** → Vorkenntnisse erleichtern den Zugang zu Begriffsinhalten, Variationen, Vernetzungen und Motivtraditionen.

  … **den Autor?** → Biografische Informationen können spezielle thematische Schwerpunkte und Motive erhellen.

  … **die Entstehungszeit?** → Sie gibt Auskunft über epochentragende Themen und Motive.

- **Wägen Sie nun sachlich ab**, welche Aufgabe Ihren Kenntnissen und Fähigkeiten am besten entspricht. → Nehmen Sie sich für diese Überlegungen Zeit, bleiben Sie aber dann bei Ihrer Entscheidung.

TIPP

Mitunter hilft Ihnen dabei auch das **Ausschlussverfahren**, bei dem Sie alle Aufgaben, mit denen Sie nicht zurechtkommen, aussortieren. Schließlich bleibt diejenige Aufgabenstellung übrig, bei der Sie die wenigsten Negativ-Punkte finden.

Schritt 2 Markieren, Notieren, Sammeln

Bereits mit dem **zweiten Lesen** beginnt das systematische Erarbeiten der Textaussage und der in den Aufgaben gesetzten Ziele bzw. Untersuchungsbereiche. Wesentliche Textaussagen werden nun schärfer erkannt als bei der ersten Lektüre. Deshalb fangen Sie erst jetzt mit dem **Markieren und Notieren wichtiger Stellen** an. Mit dieser Technik gestalten Sie den Text übersichtlicher. Benutzen Sie dazu Bleistift und Textmarker. Gehen Sie schrittweise vor:

- Wenden Sie sich zuerst der **inhaltlichen und formalen Struktur** zu. Halten Sie die erkannten Sinneinheiten und Strukturelemente mit Stichworten am Textrand fest.

- Auch bei der Sprachanalyse leistet Ihnen das Markieren wertvolle Hilfe. Die Verwendung unterschiedlicher Farben hebt die Grundfunktionen der eingesetzten Mittel heraus und macht damit Intentionen deutlich. Beispielsweise kennzeichnen Sie alle rhetorischen Fragen, Antithesen und ironischen Wendungen mit der gleichen Farbe. Diese Mittel signalisieren häufig Spannung. Verbunden mit dem Kontext können sie auf ein ganz bestimmtes Verhalten hinweisen bzw. eine Situation verdeutlichen.
- Vergessen Sie schließlich nicht, sich bereits in der frühen Phase der Inhalts- und Formerfassung erste Gedanken zur Deutung zu machen, indem Sie thematische Auffälligkeiten am Rand oder auf einem gesonderten Blatt stichpunktartig notieren und assoziativ mit Ihrem Vorwissen verbinden.

Ihre Materialsammlung richtet sich nach den in der Arbeitsanweisung formulierten Zielen (z. B. Figurencharakteristik, Gesprächsstrategie, Motivik). Die relevanten Themenbereiche sind dabei nach den Elementen aufzuschlüsseln, die sie bestimmen (z. B. bei der Figurencharakteristik: äußere Merkmale, Einstellungen, Handlungen und Verhaltensweisen, soziale Beziehungen). An ihnen orientiert sich die Faktensuche.

TIPP

Markieren Sie arbeitsökonomisch überlegt und der Zielsetzung entsprechend. Eine weitere Lektüre kann sich dann auf die markierten Stellen beschränken. So sparen Sie Zeit und behalten leichter den Überblick.

Schritt 3 Sichten und Ordnen

Nachdem Sie den Text unter der Perspektive eigener oder in den Arbeitsanweisungen formulierter Ziele durchsucht und Material gesammelt haben, müssen Sie die Fakten auf ihre thematische Bedeutung hin überprüfen und ordnen: Überprüfen heißt, Sie bestimmen den Stellenwert der einzelnen Informationen im Hinblick auf das Aufgabenziel. Sie fragen: Welche Fakten führen vom Thema weg, welche sind stichhaltig und verwertbar und welche für die Lösung der Aufgabe besonders wichtig? In der Regel erkennen Sie dabei bereits, dass einzelne Informationen sachlich zusammengehören. Bündeln Sie diese, bilden Sie Oberbegriffe und ordnen Sie sie steigernd nach ihrer Aussagekraft.

Ihre Arbeit sollte zu einer Gliederung oder einem Schreibplan führen, die bzw. der eine schlüssige und überzeugende Darstellung erwarten lässt. Bei einer umfassenden Arbeitsanweisung sind im Hauptteil Ihrer Arbeit in der

Regel **drei Abschnitte** enthalten: Textzusammenfassung, Analyse der formalen und sprachlichen Gestaltungsmittel sowie Textdeutung. Bei der Aufgabe „Interpretieren Sie den folgenden Text" erweist sich dieses Gliederungsmuster als sinnvoll:

A   Überblicksinformation [= Einleitung]
B   Interpretation [= Hauptteil]
   I   Zusammenfassung des Inhalts und Beschreibung des Aufbaus
   II   Analyse der formalen und sprachlichen Gestaltung
   III   Textdeutung (unter Berücksichtigung von Motivik und gattungs-, text- und ggf. epochenspezifischen Besonderheiten)
C   Zusammenfassendes Ergebnis, Abrundung, Ausblick [= Schluss]

Schritt 4   **Ausführen**

Nun ist Ihr Ziel, die ausgewählten und strukturierten Einzelfakten sinnvoll zu einem Ganzen zu verbinden und abschließend in einem geschlossenen Text zu präsentieren. Es erleichtert Ihre Arbeit, wenn Sie die folgenden **Kriterien** stets im Auge behalten:

*   **Sachlichkeit:** Eine in der Textvorlage angelegte Spannung wird nicht übernommen, ebenso wenig dürfen sich kommentierende Wertungen finden.
*   **Verständlichkeit:** Bemühen Sie sich um treffende Adjektive und vermeiden Sie Schachtelsätze. Die Argumentation sollte eindeutig und nachvollziehbar erfolgen und keine Gedankensprünge enthalten.
*   **Übersichtlichkeit:** Ihr dienen Absätze sowie das Vermeiden trivialer Überleitungen und inhaltsarmer Füllwörter. Hilfreich ist dabei die Verwendung nebenordnender und unterordnender Konjunktionen *(denn, darum, deshalb; weil, da, als, ...)*.
*   **Verwendung eigener Worte, indirekter Rede und des Präsens:** Ihre Darstellung erfolgt in eigenen Worten. Wandeln Sie bei der Inhaltszusammenfassung direkte in indirekte Rede um. Formulieren Sie außerdem Ihre Ausführungen in der Zeitstufe des Präsens.
*   **korrekte Zitierweise:** Um Textstellen wiederzugeben und damit Ihre Untersuchungsergebnisse zu belegen, haben Sie zwei Möglichkeiten: das direkte bzw. wörtliche Zitat und das indirekte bzw. sinngemäße Zitat.

Richtig zitieren

Unter Zitieren versteht man die wörtliche oder sinngemäße Übernahme von Textteilen. Mit Zitaten können Sie die **eigenen Aussagen stützen und Thesen begründen**. Zitate dürfen aber nicht dazu dienen, sich eigene Formulierungen zu ersparen – wählen Sie sie deshalb mit Bedacht aus. Vermeiden Sie auch eine reine Häufung von Zitaten, ohne aus ihnen Schlüsse (für die Deutung) zu ziehen oder mit ihnen eigene Erkenntnisse zu belegen.

Ein **wörtliches bzw. direktes Zitat** verlangt eine exakte, buchstabengetreue Textwiedergabe. Diese steht in Anführungszeichen und enthält anschließend die genaue Quellenangabe mit Zeilenverweis in Klammern: „ein altes, einem Marchese gehöriges Schloss" (S. 197, Z. 1 f.). Beachten Sie des Weiteren:

- Bei nur einer Textvorlage genügt die **Zeilenangabe**. Handelt es sich um mehrere Texte, beispielsweise bei einem Vergleich, so enthält die Quellenangabe zusätzlich den Verfassernamen vor der Zeilenangabe.
- Umfasst das Zitat zwei Zeilen, setzt man hinter die Zeilenangabe „**f.**" für „und folgende Zeile"; „**ff.**" = „und folgende Zeilen"; bei mehr als drei Zeilen setzt man in der Regel Ziffern, z. B. „Z. 11–14".
- Auslassungen innerhalb des Zitats werden durch **eckige Klammern** angezeigt: „ein altes […] Schloss" (Z. 1 f.)
- Beim Einbau in eigene Sätze kann zwar die grammatische Struktur der Textstellen verändert werden, dabei ist aber jede Änderung durch eckige Klammern anzuzeigen: … in „ein[em] alte[n] […] Schloss" (Z. 1 f.)
- Zitate innerhalb des übernommenen Textes (Zitat im Zitat) wechseln von doppelten **Anführungsstrichen** zu **einfachen** (‚ ').
- Längere Textübernahmen setzt man aus Übersichtlichkeitsgründen als eigenen Textblock vom üblichen Text eingerückt ab. Hier werden keine Anführungszeichen gesetzt.
- Bei Gedichten zeigt man den Verswechsel durch eine **Virgel** (/) an.

TIPP

Übernehmen Sie keine belanglosen Textteile nur um des Zitierens willen. Überlegen Sie deshalb: Können Sie die Information auch mit eigenen Worten wiedergeben?

Beim **sinngemäßen bzw. indirekten Zitieren** geben Sie eine Textstelle in eigenen Worten wieder, jedoch ohne den Inhalt zu ändern („sinngemäß"). Auch optisch unterscheidet sich ein indirektes Zitat deutlich von einer direkten Wiedergabe: Sie setzen **keine** Anführungszeichen und geben die Quelle in Klammern mit „**vergleiche**" an: (vgl. Z. xx).

Schritt 5 Überprüfen

Der zu Beginn Ihrer Arbeit erstellte Zeitplan zahlt sich nun aus. Nachdem Sie Ihre Ausführung beendet haben, lesen Sie in Ruhe noch einmal den gesamten Text durch und überprüfen ihn auf **Rechtschreibung, Grammatik und Stil**. Streichen Sie fehlerhafte Formulierungen sauber mit einem Lineal durch und schreiben Sie die verbesserte Fassung darüber. Längere **inhaltliche Berichtigungen und Ergänzungen** sollten an den Schluss gesetzt werden. Verweiszeichen (ggf. durchnummeriert) im Text machen darauf aufmerksam.

Schritt für Schritt zum Ziel: einem gelungenen Interpretationsaufsatz!

5 Hinweise zu übergreifenden Bearbeitungsbereichen

5.1 Die Einleitung

Nach der Aufgabenwahl wenden Sie sich der Einleitung zu und halten die dafür notwendigen Informationen fest. Mit ihnen eröffnen Sie dem Leser den Zugang zum Text. Sprechen Sie deshalb folgende Punkte an:

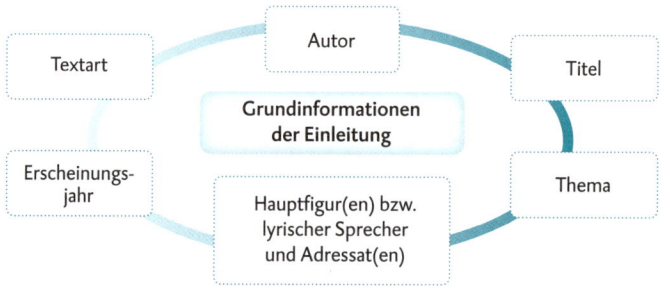

Beachten Sie

> Angabe des **Erscheinungsjahrs:** Das Jahr der **Erstveröffentlichung** steht meist nach dem Titel in Klammern. Die Textvorlage kann jedoch einer **späteren Veröffentlichung** entnommen sein. Vergleichen Sie dazu den Quellennachweis am Textende. Des Weiteren sind bei dramatischen Werken Erscheinungsjahr und Uraufführung zu unterscheiden.

> Angabe des **Themas:** Viele Abiturtexte enthalten eine sich steigernde innere Dramatik. Es genügt deshalb nicht, nur äußere Ereignisse in die Überblicksinformation aufzunehmen, vielmehr müssen auch entstehende **Gegensätze und Konflikte** kurz genannt werden.

Bei einer **umfassenden Interpretation**, in der Sie auf einzelne Teilaspekte ausführlicher eingehen, empfiehlt es sich, in der Einleitung Ihr methodisches Vorgehen kurz zu erläutern. Gegebenenfalls lässt sich ein Einleitungsgedanke so formulieren, dass Sie ihn im Schlussteil wieder aufgreifen und auf diese Weise Ihre Arbeit abrunden können. Bei der Lösung von **Teilaufgaben** gestalten kurze themenrelevante Einführungen die Übergänge flüssiger.

Näheres zum Thema „Einleitungen" finden Sie in den gattungsspezifischen Kapiteln dieses Bandes (zur Epik siehe S. 42; zum Drama siehe S. 92; zur Lyrik siehe S. 146).

5.2 Inhalt und Aufbau

Eine komprimierte Zusammenfassung erleichtert den Zugang zur folgenden Analyse und Deutung. Orientieren Sie sich bei der Ausgestaltung Ihres Textes an den Geschehens- und Handlungsabläufen, den Sinneinheiten und Leitmotiven. Halten Sie sich an die Grundsätze: **knapp**, **sachlich**, **klar** und **übersichtlich**. Verwenden Sie **eigene Worte**, schreiben Sie im **Präsens** und vermeiden Sie Textübernahmen, auch in Form von Zitaten. Eigene Meinungen, Kommentare und überflüssige Details gehören nicht in eine Zusammenfassung.

Jeder Text ist auf bestimmte Weise formal und inhaltlich gegliedert: Die **äußere Struktur** erkennt man an Kapitel-, Akt- oder Stropheneinteilung, den **inneren Aufbau** an inhaltlichen Einheiten, wie Hinführung (Einleitung), Darstellung (Hauptteil) und Abrundung (Schluss) eines Themas.

Bei der Suche nach **Aufbauprinzipien** ist in der Regel die **Textart** hilfreich. Vielen Texten liegt ein kompositorisches Muster zugrunde, das von der Gattung bestimmt wird. So gibt es zahlreiche epische, dramatische und lyrische Texte mit weitgehend fester Bauart (z. B. Anekdote, Parabel, Kurzgeschichte, Novelle, klassisches Drama, Sonett). Grundsätzlich geben auch **Veränderungen** stets Hinweise auf die Struktur eines Textes. Achten Sie deshalb auf einen Wechsel in den Bereichen:

- Perspektive,
- Ort und Zeit,
- Figurenauftritt,
- thematische Schwerpunkte,
- Geschehens- und Handlungsabläufe sowie
- Wirklichkeitsbereiche (innere – äußere Handlung).

Oft entspricht die äußere Form der inhaltlichen Aussage, d. h., eine **neue Sinneinheit** wird meist auch an einem **neuen Absatz** erkennbar.

Beachten Sie

Mitunter, v. a. bei kürzeren Texten und Gedichten, bietet es sich an, Inhalt und Aufbau als einen gemeinsamen Bearbeitungsbereich zu behandeln. Aber auch dann sollte der Unterschied zwischen inhaltlichen und formalen Elementen deutlich werden.

Texte weisen außerdem entweder eine eher **offene oder geschlossene Form** auf. Die Elemente, die inhaltlich einen Text gestalten, stehen nämlich in unterschiedlicher Beziehung zueinander. Sie können in zeitlicher und kausaler Konsequenz und durch Leitmotive fest verknüpft aufeinanderfolgen. Besitzen sie zudem einen klaren Anfang und einen eindeutigen Schluss, handelt es sich um einen **geschlossenen Text**. Zeigen die Textelemente hingegen Eigenständigkeit, sind sie locker zusammengefügt, wirken Gedankengänge, Handlungen und Geschehen gebrochen, unverbunden und montiert, spricht man von einer **offenen Form**. **Traditionelle** Texte spiegeln eher eine geschlossene, überschaubare Welt, **moderne** Texte dagegen oft eine desillusionierte, gebrochene Welt.

Um die Struktur eines Textes zu erfassen, müssen Sie also zusammenfassend Folgendes berücksichtigen:

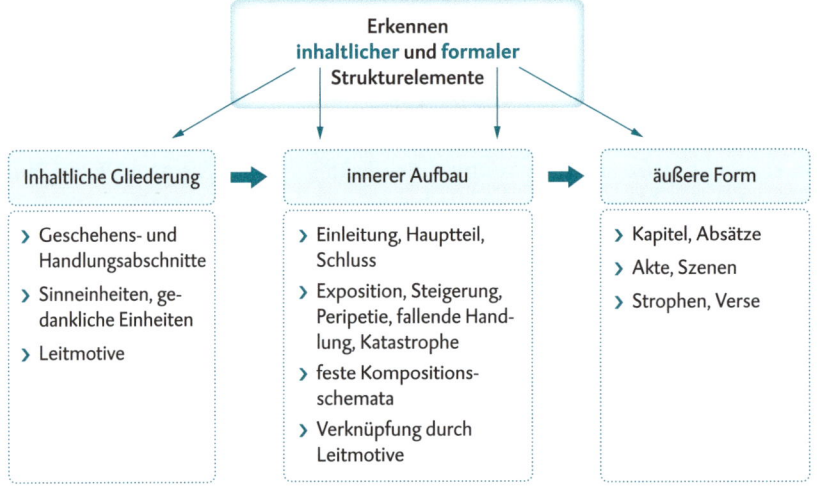

⎯TIPP ⎯⎯⎯⎯⎯⎯⎯⎯⎯⎯⎯⎯⎯⎯⎯⎯⎯⎯⎯⎯⎯⎯⎯⎯⎯⎯⎯⎯⎯⎯⎯⎯

Bereits beim ersten Durchlesen stellen sich weiterführende Gedanken und Assoziationen zu einzelnen inhaltlichen Aussagen ein. Notieren Sie diese stichpunktartig am Rand. Sie erleichtern Ihnen die folgende Form- und Sprachanalyse und dienen als erster Interpretationsansatz. Achten Sie aber darauf, **Inhalt und Interpretationsansätze klar zu trennen**. Deutungen haben bei einer Inhaltszusammenfassung keinen Platz!

5.3 Sprache und Stil

Neben der Inhaltszusammenfassung und Aufbaubeschreibung bildet die Sprachanalyse ein weiteres Element der Texterschließung. Konzentrieren Sie sich dabei auf **Auffälligkeiten** bei Wortwahl, Syntax, Stil und rhetorischen Mitteln. Es genügt jedoch nicht, nur einzelne Fakten zu sammeln und diese voneinander isoliert aufzulisten. Vielmehr gilt es, deren **funktionale Beziehungen zur Aussageabsicht** zu erkennen, um auf diese Weise zum Textverständnis zu gelangen.

Wortwahl

Wörter tragen Bedeutungen. Sie sind von Vorstellungen besetzt und lassen in ihrer Verwendung Wirklichkeitssicht und Intentionen des Autors erkennen. Achten Sie deshalb bei Ihrer Untersuchung ganz besonders auf **Schlüssel- und Leitwörter**.

Als sinntragende Wörter öffnen Ihnen **Schlüsselwörter** den Zugang zur Textaussage (vgl. die Verben „beschauen" und „betrachten" in den Quartetten des Gryphius-Sonetts, Text 14). Sie erweisen sich als besonders hilfreich, um vieldeutige und rätselhafte (sogenannte „hermetische") Inhalte aufzuschließen, die einen raschen Zugriff verwehren (vgl. moderne Lyrik). Charakteristisch für **Leitwörter** ist ihr wiederholtes Auftreten an wichtigen Textstellen. Dadurch gliedern sie den Inhalt, verbinden seine Teile und heben besondere Aussagen hervor. Auch sie sind einer bestimmten Idee zugeordnet (vgl. „unschuldig" im Drama Hebbels, Text 5).

Mitunter können Wörter **zugleich als Schlüssel- und Leitwörter** fungieren. Ebenso ist der Übergang von Leitwörtern zu Leitmotiven fließend. Beispielsweise hat das Adverb „immer" im Auszug von Eugen Ruge (Text 2) sowohl Schlüssel- wie Leitfunktion. Es führt den Leser in die Zeitmotivik ein und leitet ihn durch seine einprägsame Wiederholung durch den Text.

Emotional aufgeladene Wörter können stimmungstragende, aber auch Spannung auslösende Wirkungen hervorrufen. Vor allem in moderneren Texten finden sich häufig **gruppenspezifische Ausdrücke**. Dabei kann es sich um berufliche Fachausdrücke, um regionalen (Dialekt) oder sozial gebundenen (z. B. Vulgärsprache) Wortschatz handeln. Gelegentlich spielen auch nichtssagende **Floskeln** eine Rolle.

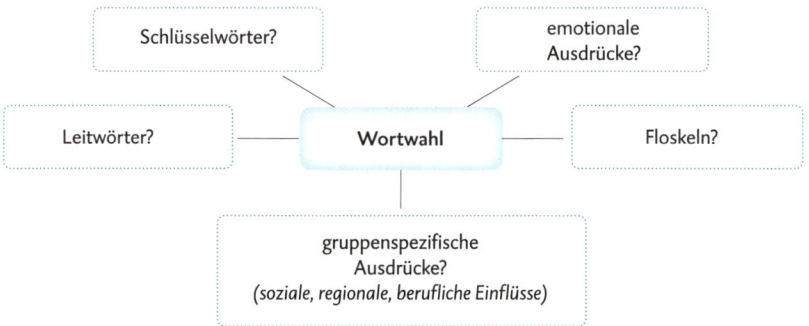

Syntax

Satzarten bringen die im Text vorhandenen Grundabsichten zum Ausdruck: Sie teilen etwas mit, formulieren Fragen, geben einen Ausruf wieder oder fordern zu einer Tätigkeit auf (Aussage-, Frage-, Ausrufe- und Aufforderungssätze). Treten in einem Text bestimmte Satzarten auffällig oft oder an besonders prägnanter Stelle auf, können sie für die Deutung relevant sein.

Schenken Sie insbesondere allen aus der Norm fallenden Satzformen Interesse: Dominieren nebensatzarme **Parataxen** (= Abfolge von Hauptsätzen), um den Blick auf wesentliche Aussagen zu lenken, oder herrschen **hypotaktische Strukturen** (mit verknüpften Haupt- und Gliedsätzen) zur Darstellung komplexer Themen vor?

Jeder Satz besteht aus Wörtern, die Satzteile bilden und damit den **Satzbau** bestimmen. Achten Sie bei **Satzgliedern** vor allem auf ungewöhnliche Anordnung, Auslassung oder Häufung. Dem Prädikat, dem eigentlichen Geschehenskern, kommt dabei besondere Bedeutung zu.

Dieses Geschehen kann aus unterschiedlichen Perspektiven **(Handlungsrichtungen)** betrachtet werden: Im Aktiv ist das Subjekt Träger des Geschehens, im Passiv geschieht umgekehrt mit dem Subjekt etwas, es kann sogar ganz verschwinden.

Bei der Untersuchung der syntaktischen Besonderheiten eines Textes sollten Sie nicht zuletzt möglicherweise vorhandene Satzfiguren berücksichtigen (vgl. Liste der rhetorischen Mittel, zu denen auch die Satzfiguren gehören, auf S. 25 ff.). Konzentrieren Sie sich auf: Wortverbindungen (Asyndeton, Polysyndeton), Worteinsparungen (Ellipse), Worthäufungen (Akkumulation) und Besonderheiten der Wortstellung (Parallelismus, Inversion, Chiasmus).

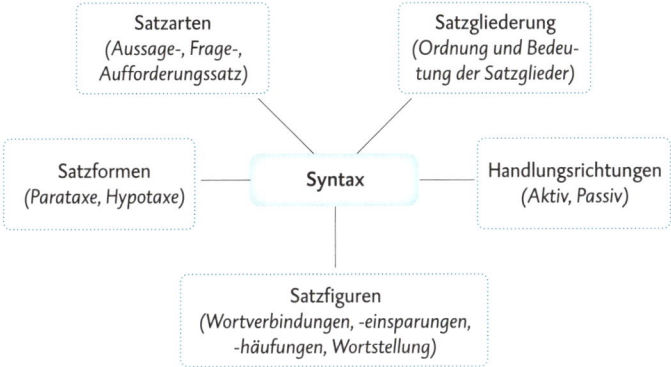

Stil

In der Literaturwissenschaft versteht man unter Stil die sprachliche Ausdrucks- und Gestaltungsart eines Textes (also *wie* bzw. auf welche *Art und Weise* Inhalte ausgedrückt werden). Dabei wirken verschiedene Faktoren zusammen:

- **grammatische Gestaltungsmittel:** Bedeutung der Tempora, der Kasus, des Wortschatzes (vgl. Verbalstil, Nominalstil), der Syntax (vgl. parataktischer Stil, hypotaktischer Stil),
- **phonetische Gestaltungsmittel:** Rhythmus, Metrik, Sprachmelodie, Akzentuierung, Klanggestaltung bei lyrischen Texten,
- **rhetorische Gestaltungsmittel:** rhetorische Mittel, v. a. der Bildlichkeit (Metapher, Allegorie, Symbol).

Man unterscheidet verschiedene Stilebenen:

Stilebene	
hohe Ebene	gehobene, gewählte Sprechweise mit zahlreichen rhetorischen Figuren
mittlere Ebene	unterhaltend, allgemein verständlich, umgangssprachlich
niedere Ebene	einfach, z. T. saloppe Wendungen, z. T. ins Vulgäre abgleitend

Einzelne **Künstler** zeichnen sich oft durch einen ganz persönlichen Stil (Individualstil) aus, und auch **Epochen** werden durch stilistische Grundmuster geprägt (Epochalstil). Der Stil kann zudem von der **Textart** vorgegeben sein (vgl. Bericht-Stil), einen **geographischen** (regionaler Stil, Dialekt), **sozialen** (Bildungs-, Vulgärsprache; Ethnolekt = Sprechstil einer sozialen Minderheit in einem begrenzten Sprachraum), **beruflichen** (Fachsprachen, Behörden-Stil) Hintergrund haben oder **altersbedingt** sein (Jugendsprache).

Rhetorische Mittel

In einer emotional gesteigerten Situation verwenden wir oft ganz spontan sprachliche Wendungen, die unsere Aussagen anschaulicher, eindringlicher und spannender gestalten und die Kommunikation intensivieren. Bereits in der griechischen Antike wurden rhetorische Figuren bei Gerichts-, Fest- und politischen Reden bewusst zur Beeinflussung des Publikums eingesetzt. Heute gehören sie zum festen Bestandteil der Werbesprache. Bei der Analyse literarischer Texte bilden sie eine wichtige Grundlage für das **Verstehen des Inhalts** und der **Aussageabsicht**.

Ein guter Redner weiß, wie er sein Publikum überzeugen kann. So baut er seine Rede geschickt auf, setzt rhetorische Mittel ein und versteht es, auch stimmlich, gestisch und mimisch seine Zuhörer mitzureißen. Die Grundlagen der Rhetorik und der bewussten Verwendung von rhetorischen Mitteln liegen in der griechischen Antike und bestimmen auch heute politische Reden. Eine besonders eindringliche Wirkung hatten etwa die Anaphern (z. B. „Yes, we can") in den Wahlkampfreden Barack Obamas, des ehemaligen US-amerikanischen Präsidenten.

Maßgeblich ist stets die Funktion im Zusammenspiel mit anderen sprachlichen Elementen. Man unterscheidet folgende **Grundfunktionen:**

- **Veranschaulichung und Verdeutlichung** durch Formen der Bildlichkeit, des Vergleichs → z. B. Allegorie, Beispiel, Metapher, Metonymie, Personifikation, Symbol, Synästhesie, Vergleich
- **Eindringlichkeit und Bekräftigung** durch Formen der Wiederholung, der Häufung, der Steigerung, der Umschreibung → z. B. Akkumulation,

Anapher, Asyndeton, Ausruf, Correctio, Ellipse, Emphase, Epanalepse, Epipher, Hyperbel, Klimax, Lautmalerei, Parallelismus, Personifikation, Wiederholung
- **Spannung** durch Formen der Normabweichung, des Gegensatzes (z. B. von Gesagtem und Gedachtem), der Anspielung, des Verschweigens → z. B. Allusion, Antithese, Contradictio in Adjecto, Inversion, Ironie, Litotes, Oxymoron, rhetorische Frage, Synästhesie
- **Kommunikation** durch Formen der Anrede, der Frage → z. B. Anrede, (rhetorische) Frage

Übersicht: Rhetorische Mittel

Rhetorisches Mittel	Erklärung	Beispiel
Akkumulation	Anhäufung von Wörtern ohne Nennung eines Oberbegriffs	Nun ruhen alle Wälder, Vieh, Menschen, Städt' und Felder (Paul Gerhardt)
Allegorie	systematisierte Metapher, durch Reflexion zu erschließen	Justitia (= Gerechtigkeit)
Alliteration	gleicher Anlaut aufeinanderfolgender Wörter	Haus und Hof; Kind und Kegel
Allusion	Anspielung	Sie wissen, was ich meine.
Anapher	Wiederholung eines Wortes/ einer Wortgruppe zu Beginn aufeinanderfolgender Sätze, Verse oder Strophen	Wir fordern, dass … Wir fordern, dass …
Anrede	Hinwendung an den Adressaten	Meine Damen und Herren, …
Antithese	Gegenüberstellung von gegensätzlichen Gedanken/Aussagen/Begriffen	Was dieser heute baut, reißt jener morgen ein. (Gryphius) jenes Thal und diser Felsen Höh' (Gryphius, Text 14, V. 3)
Aphorismus	knapp formulierter Sinnspruch	Der Klügere gibt nach.
Apokope	Wegfall eines Lautes oder einer Silbe am Ende des Wortes; meist durch Apostroph verdeutlicht	ich hab' dich, ich lass' dich
Archaismus	veralteter sprachlicher Ausdruck	abhold
Asyndeton	Reihung ohne Konjunktionen	Er kam, sah, siegte.

Rhetorisches Mittel	Erklärung	Beispiel
Ausruf		Stirb!
Beispiel		beispielsweise …
Chiasmus	Überkreuzstellung von Satzgliedern	Die Kunst ist lang, und kurz ist unser Leben. (Goethe, Faust I)
Chiffre	sprachl. Bild (Symbol), mit einer rätselhaften, komplexen Bedeutung, die entschlüsselt werden muss (häufig in moderner Lyrik)	schwarze Milch der Frühe (Celan), des Abends blauer Flügel (Trakl, Text 15, V. 11)
Contradictio in Adjecto	Widerspruch zwischen Substantiv und Adjektiv	blaues Blut
Correctio	Verbesserung eines Ausdrucks, der zu schwach erscheint	Die Schulaufgabe ist schlecht, ja geradezu miserabel.
Diminutiv	Verkleinerungsform	Stübchen, Schifflein (Eichendorff, Text 12, V. 14, 23)
Elision	Wegfall eines auslautenden unbetonten Vokals vor einem folgenden Vokal	da steh' ich, hätt' ich doch Beschau' ich, Betracht' ich, Grund' all (Gryphius, Text 14, V. 3, 6, 7)
Ellipse	unvollständiger Satz durch Auslassung eines Wortes oder Satzteils	Schaute hinaus in die Welt. Irgendwie bunter. Idiotischer. (Ruge, Text 2, Z. 5 und 7)
Emphase	akustische Steigerung, betonte Verwendung eines Begriffs	Das Volksvermögen wird bewacht in der Nacht, der Nacht und vor allem in der Nacht.
Epanalepse	Wiederholung eines Wortes oder Satzteiles, jedoch nicht unmittelbar hintereinander	Er lief und lief. Und hier und dort (Trakl, Text 15, V. 7)
Epipher	Umkehr der Anapher (Wiederholung eines Wortes/einer Wortgruppe am Ende aufeinanderfolgender Sätze oder Verse)	Nicht jetzt, sagt er … später, sagt er.
Euphemismus	Beschönigung, Verschleierung	„dahinscheiden" statt „sterben"
Hyperbel	Übertreibung	ein Mund, groß wie ein Scheunentor

Rhetorisches Mittel	Erklärung	Beispiel
Inversion	Umstellung von Satzgliedern, abweichend vom normalen grammatikalischen Gebrauch	In seinen Armen das Kind war tot. (Goethe, Text 13, V. 32)
Ironie	Das Gegenteil des Gesagten ist gemeint.	Du siehst heute aber gut aus!
Katachrese	Vermengung von nicht zusammengehörenden Bildern	Der Zahn der Zeit, der schon manche Träne getrocknet hat, wird auch über diese Wunde Gras wachsen lassen.
Klimax	Steigerung	In jeder Partei gibt es Eifrige, Übereifrige und Allzueifrige.
Litotes	Bejahung durch doppelte Verneinung	Die Schüler sind nicht unwillig.
Metapher	sprachl. Bild, bei dem ein Ausdruck durch einen anderen, meist anschaulicheren Begriff mit ähnlicher Bedeutung ersetzt wird; oft als verkürzter Vergleich, bei dem zwei Vorstellungsbereiche ohne „wie" verbunden sind	Redefluss [= unaufhörliches Reden] Quelle [= Ursache] der Freude die toten Fenster (Ruge, Text 2, Z. 21 f.) [verdeutlichen den kulturellen Verfall]
Metonymie	Umbenennung, Übertragung	Goethe lesen, ein Glas trinken, Italien friert
Neologismus	Wortneuschöpfung	„Aufschieberitis" [die für Krankheiten typische Endung -itis bezeichnet hier die Angewohnheit, unangenehme Arbeiten hinauszuzögern]
Onomatopoesie	Lautmalerei bei Wortbildungen	Es knistert und knastert.
Oxymoron	Zusammenfügen entgegengesetzter Begriffe	alter Knabe, bittere Süße, beredtes Schweigen
Paradoxon	scheinbar widersprüchliche Aussage, die sich bei näherer Betrachtung als richtig erweist	Weniger ist mehr. Ich weiß, dass ich nichts weiß.
Parallelismus	gleichartiger Satzbau	Er fasst ihn sicher, er hält ihn warm (Goethe, Text 13, V. 4)

Rhetorisches Mittel	Erklärung	Beispiel
Parenthese	Einschub	Ich möchte Ihnen – ich fasse mich kurz – über den Vorfall berichten.
Paronomasie	Wortspiel	Wir fürchten niemals Verhandlungen, doch wir werden niemals aus Furcht verhandeln.
Periphrase	Umschreibung eines Begriffs	„der Allmächtige" statt „Gott"
Personifikation	Vermenschlichung eines Gegenstandes	Der dunkle Herbst kehrt ein [...] (Trakl, Text 15, V. 1)
Polyptoton	Wiederholung desselben Wortes in verschiedenen Flexionsformen	das Beste vom Besten
Polysyndeton	Aneinanderreihung von Wörtern/Satzteilen, die durch dieselbe Konjunktion verbunden sind	Und wiegen und tanzen und singen dich ein. (Goethe, Text 13, V. 20)
Rhetorische Frage	Scheinfrage	Wer glaubt denn das noch?
Symbol	bildhafter Ausdruck, der auf etwas Abstraktes (einen Begriff, eine Idee) verweist	„Sonne" für „Gott", „Wasser" für „Leben", „Taube" für „Frieden", „Wüste" für „Einsamkeit" (vgl. Gryphius, Text 14, V. 1)
Synästhesie	Vermischung v. Sinnesgebieten	goldene Töne
Synekdoche	Ein Teil steht für das Ganze.	„Klinge" statt „Schwert"
Synkope	Ausfall eines kurzen Vokals im Wortinnern	ew'ger Friede
Vergleich	Verknüpfung zweier Sachverhalte oder Bildbereiche durch Hervorhebung des Gemeinsamen (durch das Wort „wie")	stark wie ein Löwe
Zeugma	Verbindung von Substantiven durch ein Verb, das zu jedem einzelnen, nicht aber zu beiden passt	Er schlug das Fenster und den Weg zum Bahnhof ein.
Zitat	Textübernahme (Wort, Satz, Abschnitt)	der Ausdruck „bunte Büsche" (Z. ...)

5.4 Zur Textdeutung

Bei der Textdeutung verbinden Sie **drei Bereiche miteinander:** die Ergebnisse der Analyse, zentrale inhaltliche Aussagen und Ihr vorhandenes Wissen. Berücksichtigen Sie Aspekte, die durch **Häufigkeit**, **Intensität** und **Verknüpfungsart** auffallen (Handlungen, Begriffe, Sachverhalte, Motive). Dabei erweisen sich die erschlossenen formalen, sprachlichen und inhaltlichen Fakten als hilfreich. Das eigene Vorwissen stellt den Inhalt in größere Zusammenhänge. So lassen sich Sinn und Absicht der oft verschlüsselten literarischen Aussage leichter erkennen.

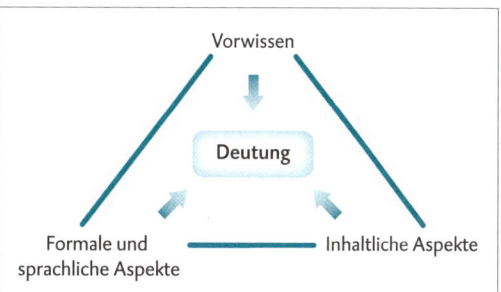

Motive

Selbst wenn die Aufgabenstellung nicht explizit von Ihnen verlangt, einen literarischen Text auf ein bestimmtes Motiv hin zu untersuchen, kann es für die Interpretation durchaus wichtig sein, sich mit vorhandenen Motiven zu befassen. Das **Motiv** ist ein kleines Bauelement, das als Bedeutungsträger einem Text eine **bestimmte Richtung** gibt. Es löst Handlungen aus, begleitet in verschiedenen Erscheinungsformen das Geschehen, verbindet Sinneinheiten und hält diese zusammen.

Da sich dasselbe Motiv oft in verschiedenen Texten findet und über Epochen hinweg verfolgen lässt, spricht man auch von **Motivtradition**. Ein Beispiel dafür ist die Zeit-Motivik. Sie setzt in der Renaissance ein (Tepl: *Der Ackermann aus Böhmen*), verdichtet sich während des Dreißigjährigen Krieges im Barock (vgl. Gryphius-Sonette, auch Text 14) und erhält seit dem 19. Jahrhundert durch die verstärkte Orientierung des Menschen im Diesseits neue Aspekte (vgl. Zeitromane), die in der Moderne noch weiter differenziert werden (unverarbeitete Vergangenheit, Zukunftsängste). „Zeit" ist auch das Grundmotiv im Textauszug von E. Ruge (siehe Text 2). Sie wird als Vergänglichkeit erfahren und konkretisiert sich in Krankheit, Persönlichkeitsverlust, verfallender Kultur und bedrohlicher Natur.

Ein wichtiges **Erkennungsmerkmal von Motiven** ist die **Wiederholung**. Achten Sie also auf sich wiederholende Situationen, Räume, Gegenstände, Ereignisse, Figuren, Eigenschaften, Verhaltensweisen, Bilder. Auf diese Weise erfassen Sie auch **Leitmotive** als häufig wiederkehrende, kleine formale und inhaltliche Einheiten. In dramatischen Texten finden sich oft auf Spannung ausgerichtete Motive (z. B. feindliche Brüder); in der Lyrik werden Motive häufig bildhaft dargestellt (z. B. Dämmerung, Nacht, Frühling, Einsamkeit), in epischen Texten breiter angelegte bevorzugt (z. B. Selbstverwirklichung, Lebensweg, Künstlertum, Familie, Ehebruch).

Mitunter verrät Ihnen bereits der **Titel** das tragende Hauptmotiv: *Der Tod in Venedig; Buddenbrooks: Verfall einer Familie; Der Herbst des Einsamen.* Auch eine **Mindmap** kann Ihnen helfen, **Motive zu erfassen und aufzuschlüsseln** (vgl. zusätzlich: Clustering, assoziative Methode). Das folgende Beispiel zeigt Ihnen, wie eine solche Mindmap zu einem Textmotiv aussehen könnte.

Beispiel: Vergänglichkeitsmotiv im Text von Eugen Ruge (vgl. Text 2):

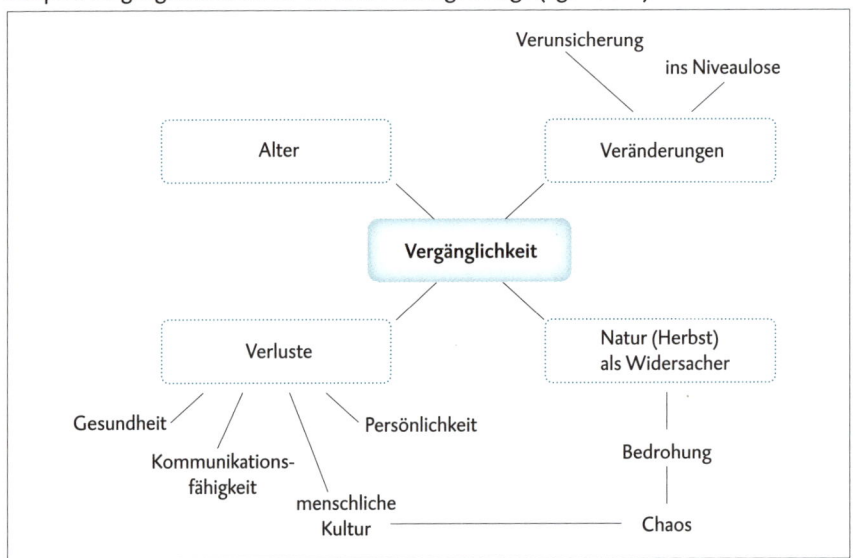

—TIPP—

Ein Kriterium für die **Qualität des Motivs** ist sein Fundort. Kommt es an zentralen Stellen vor, spricht dies für seine Intensität.

Motive haben unterschiedliche **Funktionen**. Sie können

- Handlungen auslösen und als **Sinnträger** fortlaufend begleiten (Leitmotive),
- auf entscheidende **Textstellen** aufmerksam machen,
- Textelemente verknüpfen und zu einer **Einheit** verbinden,

- dem Text eine ihn tragende **Stimmung** verleihen und ihm so eine bestimmte Wirkungsrichtung geben und
- kennzeichnende **Merkmale von Epochen** sein (z. B. das Nacht-Motiv für die Romantik).

Wenn Sie bestimmte **Motive eines Textes darstellen wollen**, können Sie **auf unterschiedliche Weise vorgehen**. Oft lässt schon der **Textinhalt** einen Gliederungsweg erkennen:

- Bei **Entwicklungen** strukturieren Sie nach Ursachen, Kennzeichen und Wirkungen bzw. zeitlichen Veränderungen (z. B. krankheitsbedingte Veränderungen: siehe Text 2; schicksalhafte Entwicklung: siehe Text 1; Lebenswege: siehe Text 12; sich wandelnde Natur: siehe Text 11);
- bei **thematischen Variationen** nach Erscheinungsformen, Eigenschaften und inhaltlichen Vernetzungen (z. B. unterschiedliche Erscheinungsformen einer Krankheit: siehe Text 2; Erscheinungsformen von Einsamkeit: siehe Texte 14, 15);
- bei **Relationen** stellen Sie die einzelnen Perspektiven und Aktionen dar (z. B. die Einstellungen der Figuren zum Krieg: siehe Text 7; zwischenmenschliche Konflikte: siehe Texte 5, 6).

So wie in der Literatur spielen Motive auch in der bildenden Kunst eine Rolle; Vincent van Gogh: Sternennacht (1889), Charles Allan Gilbert: All is Vanity (1892), Alfred Kubin: Der Krieg (1901/02)

Vergleichende Deutung von literarischen Texten

Die Arbeitsanweisung „Vergleichen Sie […]" verlangt von Ihnen, dass Sie vorgegebene oder selbst gewählte Texte, Textteile, Themen, Motive, Figuren, Verhaltensweisen oder andere Aspekte einander gegenüberstellen und in Beziehung setzen. Ziel ist es, **Gemeinsamkeiten**, **Ähnlichkeiten** oder **Unterschiede** zu ermitteln. Sie haben **zwei Möglichkeiten:** Sie untersuchen die Texte bzw. gewünschten Themenbereiche zunächst gesondert **nacheinander**, um anschließend in einem dritten Hauptpunkt Gemeinsamkeiten und Unterschiede festhalten zu können (diachrone Methode). Bei der zweiten Vorgehensweise (synchrone Methode) vergleichen Sie die Texte **parallel**.

Bei einer **allgemein formulierten Aufgabenstellung** orientieren Sie sich an den üblichen Untersuchungskriterien der Interpretation. Stellen Sie gegenüber:

- Informationen der Einleitung (Autor, Titel, Erscheinungsjahr, Epoche)
- Thema und inhaltliche Vermittlung
- formale Aspekte
- sprachliche Auffälligkeiten
- inhaltliche Schwerpunkte (z. B. Figuren, Motive)

Beachten Sie

Auf Details werden Sie nur dann ausführlich eingehen können, wenn Ihnen beide Texte, wie bei einem Gedichtvergleich, vorliegen. Hier ist es sinnvoll, vorbereitend mit einer **Tabelle** zu arbeiten, in der Sie in nebeneinander gesetzten Stichpunkten Unterschiede und Gemeinsamkeiten festhalten (vgl. S. 184).

Meist jedoch bezieht sich ein Vergleich auf **einzelne inhaltliche Aspekte** (z. B. Liebe, Krieg, Stadt, Natur, Gesprächsstrategie). Fächern Sie solche Begriffe nach den im Ausgangstext vorhandenen Hinweisen auf. Fragen Sie nach Entwicklungen, thematischen Variationen und Relationen. Soll etwa ein bestimmtes Motiv in verschiedenen Texten verglichen werden, so fragen Sie nach seinem Stellenwert im Text (→ Hauptmotiv?), seinen formalen Funktionen (strukturbestimmendes Leitmotiv?), seiner sprachlichen Realisation, seinen Erscheinungsformen, seinen inhaltlichen Funktionen (Herstellen inhaltlicher Zusammenhänge, Handlungs- und Stimmungsauslöser, Bedeutungsträger?), ggf. seiner Wirkung auf den Leser.

—TIPP

Stellt Ihnen die Arbeitsanweisung die Wahl eines Vergleichstextes frei, so empfiehlt es sich, auf **gegensätzliche Inhalte** zu achten. So können Unterschiede klarer und einfacher herausgearbeitet werden.

Beim Vergleich lyrischer Texte werden zunehmend **zwei Aufgabenteile** angeboten. Die erste Arbeitsanweisung bildet den Arbeitsschwerpunkt und verlangt von Ihnen eine umfassende Interpretation des ersten Gedichts. Die zweite Teilaufgabe zielt auf einen **aspektorientierten Vergleich** mit einem weiteren Text (Thema, Motiv, Form, Sprache).

6 Übersicht über die literarischen Epochen

Barock (1600–1720)

- Hintergründe: Entwicklung der modernen Wissenschaften; Aufblühen des Humanismus; Absolutismus mit extremen sozialen Spannungen; große Religiosität und Religionskonflikte; **Dreißigjähriger Krieg** mit verheerenden Auswirkungen
- **Vanitas** (lat. „leerer Schein, Nichtigkeit, Eitelkeit") als zentrales Motiv → **Memento mori** (lat. „Gedenke des Todes"): Abkehr von der Welt und Konzentration auf das Jenseits oder **Carpe diem** (lat. „Genieße den Tag"): Genuss des flüchtigen Augenblicks → Streben nach Ordnung in Form und Inhalt
- starkes Formbewusstsein und **Dominanz geregelter Formen**, z. B. **Sonett** mit Alexandriner in der Lyrik, um antithetisches Denken auszudrücken → **Regelpoetik:** poetisches Schreiben durch Orientierung an Regeln
- Lyrik (v. a. Sonette) und Drama (Tragödien mit mythologischen Stoffen) als dominierende Gattungen
- vorherrschende Themen: **Krieg, Tod**, **Vergänglichkeit**

Aufklärung (ca. 1720–1785)

- Hintergründe: (aufgeklärter) Absolutismus; Säkularisierung und Deismus (rationaler Zugang zu Gott); Aufstieg des Bürgertums
- Orientierung an der menschlichen **Vernunft** → distanziertes Verhältnis zu Emotionen; dagegen → **Empfindsamkeit** mit Aufwertung des Gefühls **als Gegenbewegung**
- **autonomes Individuum** mit Menschenrechten im Zentrum → **Toleranz** als zentraler Wert
- **lehrhafte Kurzformen** der fiktionalen Literatur: Fabel, Parabel, Lehrgedicht, Epigramm, Ode und Fortsetzungsroman → Literatur soll nützlich sein
- Themen: Ständekritik, Toleranz, Bildung, **Humanität**, **Erkenntnisfähigkeit** des Menschen
- Stilideal der **Klarheit und Verständlichkeit**

Sturm und Drang (ca. 1765–1785)

- Hintergründe: große soziale Ungerechtigkeit; absolutistische Machtpolitik und Fürstenwillkür → Aufbegehren der jungen Generation
- **starker Subjektivismus** mit Mensch als erlebendem und empfindendem Subjekt im Mittelpunkt → **Gefühlskult und Aufbruchsstimmung**
- Aufwertung der Emotionalität und des ganzen Menschen als **Gegenbewegung zum Rationalismus der Aufklärung**
- jugendliche **Protestbewegung**, die Fürstenwillkür, soziale Ungleichheit, materielle Not und rigide Moralvorstellungen anprangert

- Autonomie des Künstlers und seines Kunstwerkes → **Geniekult, Schöpfergedanke**
- Themen: **Herz**, Natur, Freundschaft, **Liebe, Freiheit**, polit. Widerstand, Gerechtigkeit
- Abkehr von Regelpoetiken → **Leidenschaftlichkeit der Sprache:** Ausrufe, Hyperbeln, Metaphern, Kraftausdrücke und Neologismen
- **Erlebnislyrik:** Wiedergabe der unmittelbaren Empfindungen des lyrischen Ich in freien Rhythmen, reimlosen Versen und hohem Pathos, aber auch in der Einfachheit des Volkslieds
- Tendenz zur freieren Form des offenen Dramas und zum Briefroman

Klassik (ca. 1786–1805)

- Hintergründe: Französische Revolution mit Terrorherrschaft; „Musenhof" unter Herzogin Anna Amalia in **Weimar** (Zusammenarbeit von **Goethe und Schiller**)
- Leitgedanken: **Harmonie**, Ausgleich der Gegensätze, **Würde, Humanität**, Toleranz, Selbstbestimmung, Beherrschung und Mäßigung (*Edle Einfalt, stille Größe*)
- **Ideal des Guten, Wahren und Schönen** → Forderung nach ethischer Vervollkommnung durch Orientierung an der Antike → **Erziehung des Menschen** als Aufgabe der Kunst
- überzeitliches **Humanitätsideal** → historische Umstände, Alltagssprache oder politisches Ideal spielen keine Rolle → Vorwurf an Klassik, bestehende Verhältnisse zu stützen
- Themen: Humanität, **Freiheitsidee, Harmonie von Pflicht und Neigung**
- Ideal der **Formstrenge:** harmonische Verbindung von Inhalt, Sprache und Aufbau
- Lyrik: klassische Formen, z. B. Elegien und Epigramme; Drama: metrisch gebundene Sprache (Blankvers), hoher Stil, geschlossene Form, historische oder antike Stoffe; Epik: Bildungsroman

Romantik (ca. 1795–1830)

- Hintergründe: Französische Revolution mit Terrorherrschaft; zunehmendes Nationalbewusstsein durch Kriege gegen Napoleon
- Idee der Abhängigkeit des Menschen von einem Absoluten oder Unendlichen → Wiederannäherung an religiöse Denkformen → Poesie als Medium des Absoluten (**Universalpoesie**, in der alle Gattungen und Künste vereint sind) → Streben nach **Gesamtkunstwerk**
- Blick nach innen → „**Blaue Blume**" als Symbol für metaphysische **Sehnsucht nach dem Fernen und Unerreichbaren** sowie den eigentlichen Seinszusammenhängen
- Themen und Motive: Natur als Bereich des Unendlichen, **Sehnsucht, Traum, Wahnsinn**, Entgrenzung, Einsamkeit, Vergänglichkeit, Reisen, Wandern, Nacht, Fantastisches
- Idealisierung des Mittelalters im Zuge des aufkommenden Nationalbewusstseins → Interesse an Volksdichtung, z. B. **Volkslied und Märchen** → leichte Verständlichkeit, Wohlklang und „musikalische" Sprache

- Anschreiben gegen Philistertum und Bürgerlichkeit
- **„romantische Ironie":** Aufzeigen der Unerreichbarkeit des Absoluten durch Texte, die sich selbst und ihre Entstehungsbedingungen reflektieren oder kommentieren
- Roman als universale Form, die Gedichte enthalten kann

Restaurationszeit (ca. 1815–1848)

- Hintergründe: Wiener Kongress 1815 und Restaurationspolitik; **Märzrevolution** 1848
- zunehmende Einschränkung von Freiheitsrechten, Zensur → verschiedene Strömungen: **Biedermeier** (Resignation und Rückzug ins Private), **Vormärz** und **Junges Deutschland** (Aufbegehren und politische Agitation)
- rationale Haltung und Orientierung an Fakten → Abkehr von der Romantik
- Themen des Biedermeier: **Familie**, **Ordnung**, **Beschaulichkeit**, Idylle, Schicksalsergebenheit → Schaffen einer **heilen poetischen Welt**
- Themen des Vormärz, des Jungen Deutschlands: **soziale und politische Missstände** → **Kampf gegen soziales Elend und Unterdrückung** als Aufgabe der Literatur
- Veröffentlichungen in Zeitungen und Zeitschriften → vorwiegend kleinere literarische Formen

Realismus (ca. 1848–1890)

- Hintergründe: Scheitern der Revolution von 1848; Gründung des Deutschen Kaiserreichs 1871 → preußischer Militarismus; Bürgertum als führende Schicht; Verschärfung der Sozialen Frage durch Industrialisierung; Verstädterung → **Orientierungslosigkeit** durch Verlust von Normen
- **„objektive" Darstellung** der unmittelbaren Lebenswelt, aber **Ausklammerung des Hässlichen und Niederen** sowie der Sozialen Frage, um bürgerliches Ideal zu entwerfen → **Poetisierung** der Wirklichkeit
- Bürgertum als tragende Schicht → **Schilderungen des bürgerlichen Milieus** vorherrschend, daneben **historische Stoffe** mit überzeitlichem Geltungsanspruch → Streben nach Nationalliteratur, aber auch Aufwertung von Heimat- und Mundartdichtung
- Themen: **Liebe**, **Vergänglichkeit**, **Heimat**, **Naturerleben**
- Entstehung eines großen Literaturmarktes → Zunahme des Lesepublikums → **Unterhaltungsliteratur** (z. B. Abenteuerromane)
- Roman und Novelle als zentrale Gattungen; in der Lyrik v. a. Balladen
- Stil: gewählte, **neutrale Sprache**, **Humor** und Ironie

Naturalismus (ca. 1880–1900)

- Hintergründe: **Milieutheorie = Mensch als Produkt der ihn umgebenden Verhältnisse:** Vererbung, Milieu, historische Umstände; **Industrialisierung und Proletarisierung** → Verschärfung der Sozialen Frage, Anwachsen der Großstädte zu Metropolen
- **radikalisierter, konsequenter Realismus** mit Wegfall der verklärenden Poetisierung → Blick auf **hässliche Wirklichkeit sozialen Elends** und Kritik an sozialen Verhältnissen
- „Kunst = Natur – X" (A. Holz): **möglichst Entsprechung von Kunst und Natur**, Faktor X (Autor und seine Subjektivität) soll möglichst klein sein
- Themen: **Armenmilieus, Familienprobleme** unterer Schichten, **Doppelmoral, Großstadt,** dunkle/hässliche Seiten des Lebens, Kriminalität, Geisteskrankheit, Alkoholismus
- **sozialkritisches Drama** als bedeutendste Gattung
- präzise Beobachtungen, **Sekundenstil** (Deckungsgleichheit von Erzählzeit und erzählter Zeit), natürliche Sprache (Dialekt, Soziolekt, Umgangssprache)

Strömungen der Jahrhundertwende (ca. 1890–1910)

- Hintergründe: Infragestellen der Selbstbestimmtheit des Menschen durch **Erkenntnisse der Psychoanalyse**; starrer Wilhelminismus → Entstehung eines grundlegenden **Krisenbewusstseins** → Strömungen des **Impressionismus und Symbolismus** als Weg nach innen
- Idee einer reinen, sich selbst genügenden Kunst („l'art pour l'art") als **Gegenströmung zum Naturalismus** → **keine politische Funktion der Kunst,** sondern Flucht in eine Gegenwelt
- Träger: großbürgerliche Bohème, die sich in Kaffeehäusern selbst feiert
- **Impressionismus:** Wiedergabe eines subjektiven Sinneseindrucks mit höchster Intensität; **Symbolismus:** Absolutheitsanspruch der Kunst, gegen Abbildungsfunktion der Kunst gerichtet
- Themen: **Abgrenzung zum naturalistischen Erfassen** der Realität, Besinnung auf das „Ich", Individualität, Subjektivität, Sprache, Kultur
- kürzere, zum Teil auch experimentelle Formen, **symbolische Verdichtung, Verfeinerung sprachlicher Mittel,** Auflösung traditioneller Formen, **Bewusstseinsstrom,** innerer Monolog, erlebte Rede

Expressionismus (ca. 1910–1925)

- Hintergründe: Verstädterung und Anonymisierung, technischer Fortschritt, erstarrte wilhelminische Gesellschaft, Funktionalisierung des Menschen → verschärftes Krisenbewusstsein, **Sinnkrise,** Erster Weltkrieg
- Pathos des Aufbruchs und unbedingter Wille zum **Ausdruck des Erlebens**
- Bedrohung des Subjekts durch **Ich-Zerfall** → Darstellung des Körpers in Verfallszuständen

- pathetische **Beschwörung eines neuen Menschen**, der Liebe und Verbrüderung lebt (**„O-Mensch!"-Expressionismus**)
- **Großstadt** (v. a. Berlin) als Ort der Reizüberflutung, Anonymität, Orientierungslosigkeit und Verdinglichung des Menschen
- Erfahrung der Kaiserzeit als verkrustet und erstarrt → **Kriegsbegeisterung** bei einigen Autoren, nach Kriegserfahrung häufig **Pazifismus** und Verarbeitung der Erlebnisse
- Themen: Lebens- und Vitalkult, **Krieg** und Pazifismus, **Weltende und Apokalypse**, Krise des Ich, Tabus (Ästhetik des Hässlichen: Geisteskrankheit, Prostitution, Verbrechen), **Großstadt**
- **Lyrik** als präsenteste Gattung, die der schnellen Lebenswirklichkeit entspricht → **Reihungsstil**, elliptische Konstruktionen, Neologismen, Farbmetaphorik, Auflösung syntaktischer Regeln, Verdinglichung
- Dramatik: **Stationendrama** mit lose aneinandergereihten Szenen, **Wandlungsdrama** mit Wandlung des Einzelnen als erstem Schritt zur Änderung der Welt

Neue Sachlichkeit (ca. 1920–1933)

- Hintergründe: von vielen abgelehnte Weimarer Republik; wirtschaftliche Schwierigkeiten aufgrund von Reparationslasten; „Goldene Zwanziger" mit kultureller Vielfalt
- dezidierte **Abkehr vom Expressionismus**; Hinwendung zur **Lebensrealität** mit ihren sozialen und wirtschaftlichen Verhältnissen und zum **sachlich-nüchternen Schreiben**
- Bewusstsein von Desillusionierung und Übergang in eine neue Zeit (**Schwellenzeit-Gefühl**)
- Themen: Großstadt, Verarbeitung des Kriegs, **Probleme der „kleinen Leute"**, Alltagsleben
- **Gesellschafts- und Zeitromane**, Dokumentartheater und **Episches Theater**, „Gebrauchslyrik" (Lyrik, die aufgrund ihrer Alltagsnähe für den Leser „verwendbar" ist)
- Mischung von journalistischen, dokumentarischen und literarischen Anteilen → kühldistanzierte, einfache, verständliche Sprache

NS-Zeit und Exil (1933–1945)

- Hintergründe: **nationalsozialistische Herrschaft** mit totalitärer Durchdringung des gesamten Lebens → **„Gleichschaltung"** der Kunst und Literatur durch Bücherverbrennung, Verfolgung und Zensur; **Zweiter Weltkrieg**, Erfahrung des Exils → Freitod zahlreicher Autoren
- **NS-Literatur:** regimekonform; **Gestaltung ideologischer Motive** wie Rasse, Führertum, Deutschtum, Kampf, Gewalt, Blut-und-Boden-Ideologie → stereotype Metaphern
- **innere Emigration: getarntes Schreiben** als geistige Opposition gegen Ungeist des NS-Regimes → gehobene, oft verschlüsselte Sprache; Schreiben in europäisch-humanistischer Tradition

- **Exilliteratur:** Ideen von Humanität, **Opposition zur NS-Ideologie**, Repräsentation des „anderen" Deutschland
- Roman vorherrschende Gattung (Reflexion der eigenen Situation), Drama nur Neben- rolle (Ausnahme: Bertolt Brecht), Verarbeitung der emotionalen Situation in der Lyrik
- Abkehr vom Stil des Expressionismus → Bevorzugung traditioneller Formen

Literatur der Nachkriegszeit und des Wiederaufbaus (1945 bis ca. 1960)

- Hintergründe: Ende des Zweiten Weltkriegs; **Welt in Trümmern**; „Stunde Null"; Aufteilung Deutschlands in vier Besatzungszonen; **Wiederaufbau**; Gründung der Bundesrepublik und der DDR; „Kalter Krieg"; Wirtschaftswunder; Scham, Schuld und Verdrängung angesichts der NS-Verbrechen
- **„Trümmerliteratur":** Betonung der Traumatisierung durch Krieg und Zerstörung
- **„Literatur des Kahlschlags":** Betonung des Neubeginns wegen Belastung der Sprache durch Missbrauch im NS-System → Frage, inwieweit Dichtung nach NS-Verbrechen noch möglich ist
- Themen: Schrecken des Kriegs, **Heimkehr**, Orientierungslosigkeit, Schuld, Scham, Klage und Anklage, Versuch der **Aufarbeitung der Vergangenheit**
- Aufkommen der **Kurzgeschichte**, zeitkritische Dramen, oft hermetische Lyrik mit schwer verständlichen Chiffren oder konkrete Poesie als sprachexperimentelle Lyrik
- Stilideal der **Nüchternheit**, Verzicht auf Pathos → **schmucklos-karge Sprache**, indirekte Ausdrucksformen (Parabeln, Chiffren, Gleichnisse)

Politisierung der Literatur (1960er-Jahre)

- Hintergründe: existenzielle Bedrohung durch „Kalten Krieg" → **Angst vor einem Atomkrieg**; Vietnamkrieg → Distanzierung von den USA; Große Koalition → Ent- stehung der **APO** → **68er-Bewegung** als Protestbewegung mit antiautoritären und pazifistischen Zielen
- Diskussionen über Verhältnis von Literatur und Politik → Gesellschafts- und Zeitkritik als Aufgabe der Literatur → **Politisierung der Literatur**
- Themen: **gesellschaftspolitische und soziale Probleme**, **Kritik an Verdrängung der NS-Vergangenheit**, Frage nach Rolle der Eltern im NS-Staat, deutsche Teilung
- politischer Zeitroman, **Dokumentartheater**, **politische Lyrik** und experimentelle Gedichte
- Forderung von Verständlichkeit und Abkehr von jeglichen Ideologien → teilweise Auflö- sung der Grenzen zwischen literarischen und nicht-literarischen Formen

Neue Innerlichkeit/Neue Subjektivität (1970er-Jahre)

- Hintergründe: Rückzug aus politischem Engagement oder Radikalisierung (RAF-Terror); Entstehung der Frauenbewegung; Entspannung im Ost-West-Konflikt (Ostpolitik Brandts, KSZE-Schlussakte in Helsinki)
- Resignation und Identitätssuche → Aufwertung des Individuums und seiner Subjektivität → Neue Subjektivität/Neue Innerlichkeit: Gestaltung subjektiver Wirklichkeit und Verarbeitung innerer Erfahrung → Tendenz zu autobiografischer Bekenntnisliteratur
- feministische Literatur mit gesellschaftskritischen Ansätzen und Infragestellung der traditionellen Rollenbilder
- Themen: Selbstfindung, Selbsterfahrung und Innenschau, Alltag und Beziehungen, inneres Erleben des Einzelnen im Spannungsfeld zur Gesellschaft, Frauenfrage, Gewaltstrukturen im Geschlechterverhältnis
- Lyrik und Epik als bevorzugte Gattungen zur Darstellung von Innerlichkeit; zeitweilig befürchtet man das Ende der Gattung Drama
- Streben nach Authentizität: Tendenz zu sprachlicher Kunstlosigkeit und Umgangssprache, zugleich emotionale und subjektive Sprache

Literatur der DDR (1950–1989)

- Hintergründe: Gründung der DDR als Teil des totalitär regierten, sozialistischen Machtblocks unter der Herrschaft der Sowjetunion; Abschottung gegenüber dem Westen; Stasi → Kontrolle und Zensur; ab 1985 Stärkung der Bürgerrechtsbewegung; 1989 friedliche Revolution und Mauerfall
- staatlich verordnete Strömung des Sozialistischen Realismus: antifaschistisch, antikapitalistisch, arbeiternah → Ideal des selbstlosen und leistungsbereiten Arbeiters für das Gemeinwohl
- staatlich verordnete Aufbauliteratur der 1950er-Jahre: Überlegenheit des Sozialismus gegenüber Faschismus/Imperialismus
- „Bitterfelder Weg": Arbeiter als Schriftsteller und Schriftsteller als Arbeiter → Idealisierung des Arbeiters in der Literatur
- staatlich kontrollierte Ankunftsliteratur der 1960er-Jahre: Einrichten im Sozialismus
- nicht systemkonforme Literatur: subversive Aussagen, die durch Anspielungen, Verschlüsselungen und Verlegungen des Stoffs in den Mythos an Zensur vorbeikommen
- Epik und Lyrik als zentrale Gattungen; Liedtexte als kritische Ausdrucksform

Postmoderne (Strömung der 1980er-Jahre bis heute)

- Hintergründe: **Ökologie** als neues Thema in der Politik; allmähliche Liberalisierung des Ostblocks durch Gorbatschow; atomare, ökologische und soziale Katastrophen → neues **Krisenbewusstsein**
- zunehmende **Vielgestaltigkeit der Literatur** und Fortwirken der Tendenzen der 1970er-Jahre
- Nebeneinander verschiedener „Literaturen": Jugendliteratur, Trivialliteratur, experimentelle Literatur, gesellschaftskritische Literatur
- Annahme der Beliebigkeit von Wirklichkeit → **Infragestellen von Ideologien und Werten**
- **Konstruktivismus:** Wahrheit als gesellschaftliches Konstrukt → Pluralität von Sinnentwürfen
- Aufwertung der **Unterhaltsamkeit von Literatur** → Öffnung hin zu „Trivialgattungen" wie Schauerroman oder Kriminalroman
- Roman als bevorzugte Gattung → zahlreiche **intertextuelle Bezüge**
- Nebeneinander und Montage verschiedener Stile und Formen, Vorliebe für Ironie

Tendenzen der Gegenwartsliteratur (1990 bis heute)

- Hintergründe: Wiedervereinigung 1990; Vormarsch **digitaler Massenmedien** (Internet, Smartphones, E-Books, soziale Netzwerke); islamistische Terroranschläge und Kampf gegen den Terror; **Globalisierung**; Flüchtlingsproblematik; Umgang mit Daten
- **Pluralismus:** gleichberechtigtes Nebeneinander verschiedener Menschenbilder und Kulturen → Herausforderung für Literatur, komplexer werdende Welt zu verarbeiten
- **Vermarktbarkeit** als zentrales Kriterium für Literatur → zunehmende Produktion von **Unterhaltungsliteratur** bzw. von Übersetzungen aus dem Ausland
- Themen: **Identität des Einzelnen** in globalisierter Welt, Auseinandersetzung mit DDR **(Wendeliteratur)**, provokante Selbstinszenierung junger Schriftsteller und Aufgreifen von Alltagsthemen und medialer Sensationsmache **(Popliteratur)**, Fremdheitserfahrung **(interkulturelle Literatur)**, biografisches Schreiben
- Roman als vorherrschende Textform
- facettenreiche Sprache, die teilweise an Ausdruckskraft verliert, um sich auf breites Publikum auszurichten

Epische Texte interpretieren

Epische Texte sind erzählende Texte. Bei ihnen erfolgt die Vermittlung der fiktiven Ereignisse durch einen **Erzähler**, der **nicht mit dem Autor identisch** ist. Seine Vorgehensweise bestimmt wesentlich die Darstellung des Geschehens. Er wählt die Gestaltungsmittel aus, um Räume und Zeiten, Figuren, Themen und Motive entsprechend seinen Absichten zu präsentieren. Damit sind bereits wichtige Untersuchungsbereiche genannt. An ihnen orientieren sich auch die Prüfungsanforderungen.

Obwohl es Parallelen zwischen Goethes Romanfigur Werther und dem Autor gibt, darf der Ich-Erzähler aus Werthers Briefen nicht mit Goethe gleichgesetzt werden.

Illustration (um 1880): Werther liest Lotte vor.

Bearbeitungsschwerpunkte

Die umfassende Interpretation eines epischen Textes beginnt mit einer **Einleitung**. Es folgen **Inhaltszusammenfassung** und Beschreibung des **Aufbaus**. Anschließend bearbeiten Sie weitere prüfungsrelevante Bereiche. Diese zielen häufig auf:

- die Welt des **Erzählers**, seine Position und Strategie,
- die Wirkung der **sprachlich-stilistischen Mittel**,
- die Darstellung von **Raum und Zeit**,
- die Charakterisierung einzelner **Figuren** und das Beschreiben ihrer sozialen Beziehungen (Konstellation),
- das Verhältnis von äußerer und innerer **Handlung**,
- die Aussage von **Thematik und Motivik**,
- die Bestimmung der gewählten **Gattung**.

---**TIPP**

In Prüfungen müssen nicht immer alle dieser Untersuchungsbereiche (ausführlich) behandelt werden. Oft gibt Ihnen bereits die Aufgabenstellung vor, welche **Schwerpunkte** Sie setzen sollen. Überlegen Sie auch bei jedem Text, wo dessen Besonderheiten liegen und welche Bearbeitungsbereiche sinnvoll sind.

Beachten Sie

Die Beispiele und Lösungsvorschläge zu den einzelnen Untersuchungsbereichen sind **exemplarisch** und deshalb ausführlich bearbeitet. In einer Prüfungssituation ist eine knappere Ausführung denkbar.

1 Verfassen einer Einleitung

Ihre Einleitung soll das Interesse des Lesers wecken, ihn zum Thema hinführen und dabei mit den wichtigsten Grundinformationen vertraut machen. Falls Sie bestimmte Sachverhalte oder inhaltliche Schwerpunkte eingehender interpretieren wollen, können Sie hier kurz Ihre Absicht begründen. Bei der Bearbeitung von Teilaufgaben ist es mitunter zweckmäßig, eine knappe Einführung zur speziellen Thematik zu geben.

Arbeitsschritte

1 Lesen Sie den Text sorgfältig durch und machen Sie sich mit dem Inhalt vertraut.
2 Halten Sie die Schlüsselinformationen stichpunktartig fest: Autor, Titel, Textart, Erscheinungsjahr, Thema, Hauptfiguren, ggf. Handlungsort und -zeit sowie bei Auszügen die Textstelle.
3 Verfassen Sie die Einleitung.

■ Beispiel

Heinrich von Kleist, *Das Bettelweib von Locarno* (Text 1, S. 197)

Lösungsvorschlag:

1810 erschien Heinrich von Kleists (1777–1811) kurze Erzählung *Das Bettelweib von Locarno*. Darin wird berichtet, wie eine Bettlerin durch die rüde Geste eines Schlossherrn tödlich verunglückt, aber als Spukerscheinung weiter existiert und zu dessen Untergang führt.

2 Wiedergeben des Inhalts

Die **geraffte Textzusammenfassung** bildet einen wichtigen Arbeitsteil Ihrer Interpretation. Mit ihr weisen Sie nach, dass Sie Wichtiges von weniger Wichtigem unterscheiden und sich auf thematische Schwerpunkte konzentrieren können. Bereits während der ersten Lektüre fallen Ihnen in der Regel Textstrukturierungen auf, sowohl an äußeren Absätzen als auch an Einschnitten im Handlungs- und Geschehensablauf. Diese verweisen auf **Sinneinheiten**, die als inhaltliche Textbausteine aus Situationsbeschreibungen, Geschehensabschnitten, Handlungsschritten und Gedanken bestehen können. Sie sind miteinander thematisch und motivisch verbunden und ergeben in ihrer Gesamtheit den Textinhalt, besitzen aber andererseits eine gewisse Eigenständigkeit. Diese wird oft an Eingangs- und Schlussformulierungen erkennbar. Mitunter lassen sich kürzere Sinnabschnitte zu größeren Einheiten zusammenfassen und umgekehrt umfangreichere Textblöcke in kleinere Teile zerlegen.

TIPP

Indem Sie sich auf diese Weise bereits am Beginn Ihrer Interpretation mit den entscheidenden Textaussagen vertraut machen, schaffen Sie eine sichere und notwendige **Grundlage** für die Bearbeitung weiterer Aufgabenbereiche.

Arbeitsschritte

1 Lesen Sie den Text sorgfältig auf inhaltliche Akzentuierungen und Veränderungen sowie Einschnitte im Handlungs- und Geschehensablauf hin durch.

2 Überprüfen Sie, inwieweit die **äußere Gliederung** in Absätzen der **inneren Struktur** entspricht und Situations-, Perspektiven- und Handlungsveränderungen auf **Sinneinheiten** schließen lassen. Auch die feste Komposition bestimmter Textarten könnte sich als hilfreich erweisen. Überlegen Sie, ob sich kleinere Inhaltselemente zusammenfassen und größere weiter untergliedern lassen. Markieren Sie auf dem Textblatt die von Ihnen erkannten Inhaltssegmente farbig.

3 Halten Sie die Sinneinheiten stichpunktartig am Rand der Textvorlage oder auf einem Notizblatt fest. Folgen Sie dabei dem Textverlauf.

4 Formulieren Sie nun die Inhaltszusammenfassung. Schreiben Sie im **Präsens**, verwenden Sie **eigene Worte** und konzentrieren Sie sich stets auf das Wesentliche. Geben Sie am Ende jeder Sinneinheit den **Zeilenumfang** der beschriebenen Textpassage in Klammern an, und zwar nach dem Punkt am Satzende.

TIPP

Überprüfen Sie bereits jetzt im Hinblick auf eine folgende Beschreibung des Aufbaus, ob sich die von Ihnen erkannten Inhaltselemente **formal benennen** lassen.

■ **Übungsbeispiel**

Heinrich von Kleist,
Das Bettelweib von Locarno
(Text 1, S. 197)

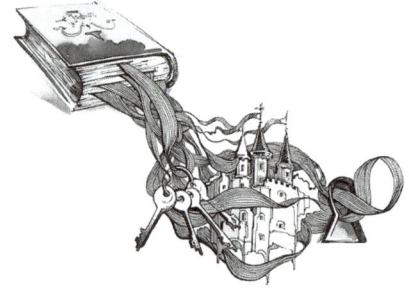

Arbeitsanweisung:

Fassen Sie den Inhalt zusammen.

Lösungsvorschlag:

Schritt 1 und **Schritt 2** Sinneinheiten erkennen

Der Text besteht aus vier unterschiedlich langen Absätzen. Sie bilden bis auf **eine Ausnahme** weitgehend geschlossene Inhaltssegmente. Dies wird durch inhaltliche Schwerpunkte, Handlungs- und Perspektivenwechsel sowie Schluss- und Anfangsformulierungen bestätigt:

- **Z. 1–12:** „niedersank und verschied" (Z. 12) zeigt ein Ereignisende an, während der folgende Satzbeginn „Mehrere Jahre nachher" (Z. 13) einen zeitlichen Abstand signalisiert.
- **Z. 13–28:** Mit den Worten „niedergesunken sei" (Z. 23) beendet der Gast seinen Bericht. Die Perspektive wechselt zwar kurz zum Schlossherrn („Der Marchese, erschrocken, […]", Z. 24), doch dessen Überredungsversuch scheitert. Mit der Abreise des Ritters ist diese kurze Episode beendet („reiste ab", Z. 28). Insofern lassen sich trotz des neuen Absatzes beide Teile zu **einer Sinneinheit** verbinden.
- Ein neuer Textabschnitt beginnt („Dieser Vorfall […]", Z. 29) und führt die Geschichte absatzlos bis zum Ende. Diese längere Texteinheit (Z. 29–76) lässt sich inhaltlich aufteilen in
  - **Z. 29–64:** die drei Initiativen des Schlossherrn,
  - **Z. 65–68:** seinen folgenden Wahnsinnsausbruch sowie
  - **Z. 68–76:** seinen Tod in den Flammen.

Der Text *Das Bettelweib von Locarno* lässt sich also in insgesamt fünf Sinneinheiten einteilen.

Schritt 3 Sinneinheiten formulieren

- Der brüske Befehl des Schlossherrn führt zum Tod einer Bettlerin. (Z. 1–12)
- Spukerlebnisse verhindern den erhofften Verkauf des Schlosses. (Z. 13–28)
- Trotz mehrfacher Versuche gelingt es dem Besitzer nicht, die Situation unter Kontrolle zu bekommen. Die Ereignisse eskalieren. (Z. 29–64)
- Sie treiben ihn in den Wahnsinn und machen ihn zum Brandstifter. Seine Frau flieht aus dem Schloss. (Z. 65–68)
- Für den Marchese gibt es keine Rettung. Er kommt in den Flammen um. (Z. 68–76)

Schritt 4 Ausformulierung

Die mitleidvolle Hausherrin eines oberitalienischen Schlosses gewährt einer alten Bettlerin Obdach. Ihr verärgerter Ehemann vertreibt diese jedoch von ihrem Lager. Dabei stürzt die Alte unglücklich und zieht sich tödliche Verletzungen zu. (Z. 1–12)

Tod einer Bettlerin, verschuldet durch einen Marchese

In den folgenden Jahren gerät der Schlossbesitzer in wirtschaftliche Schwierigkeiten und möchte sein Anwesen veräußern. Ein erster potenzieller Käufer verliert jedoch sein Interesse an diesem Objekt. Ursache ist ein nächtlicher Spuk in eben dem Raum, in dem vormals die alte Bettlerin den Tod fand. Das Gerücht verbreitet sich umgehend und schreckt weitere Käufer ab. (Z. 13–28)

Beginn des Spuks und erste Auswirkungen

Der Marchese versucht nun, solche Spukgeschichten aus der Welt zu schaffen. Doch in der Nacht, die er in dem besagten Zimmer verbringt, hört auch er furchterregende Geräusche. (Z. 29–39) Dies ändert sich weder in der folgenden Nacht, in der er von Frau und Diener begleitet wird (Z. 39–49), noch in der dritten, in der sogar der Haushund knurrend auf den Spuk reagiert (Z. 49–64).

vergebliche Versuche des Marchese, die Situation in den Griff zu bekommen

In Panik stürzt die Marquise aus dem Raum, während ihr Mann wie von Sinnen mit seinem Degen einen unsichtbaren Gegner zu treffen versucht. Völlig außer sich steckt er das Gebäude in Brand. (Z. 65–68)

Wahnsinn des Marchese

Seine Frau, gerade im Begriffe das Schloss fluchtartig zu verlassen, entdeckt das Feuer. Ihr Hilferuf bleibt erfolglos und der Marchese kommt in den Flammen um. (Z. 68–76)

Tod des Marchese

3 Beschreiben des inneren Aufbaus

Epische Texte besitzen nicht nur eine inhaltliche Gliederung, sondern auch eine formale Struktur, sie folgen dem einfachen **Kompositionsschema** Einleitung – Hauptteil – Schluss, unterscheiden zwischen **Haupt- und Nebenhandlungen** oder bestehen aus einer **Binnen- und Rahmenhandlung**.

Beachten Sie

Der formale Aufbau lässt sich auch unter dem Bereich „Darbietungsweise des Erzählers" behandeln, kann aber bei besonderer Auffälligkeit (dramatische Struktur) gesondert untersucht werden. Bei kürzeren, klar strukturierten Texten können Sie – falls nicht anders verlangt – Inhalt und Aufbau in einem Gliederungspunkt bearbeiten. Freilich müssen auch hier deren Unterschiede deutlich werden.

Epische Strukturelemente

linear ablaufende Handlung (vgl. Texte 1, 3)	einfaches Erzählmuster, bei dem der Erzähler seine Geschichte ohne Abschweifung von Ereignis zu Ereignis voranschreitend darbietet
mehrsträngige Handlung	Aufsplitterung der Geschichte in Einzelabläufe und mehrere Handlungsstränge, die der Erzähler abwechselnd aufgreift und am Ende zusammenführt; dabei geht es oft um die Lebensgeschichten gegensätzlicher Figuren
Rahmenhandlung (vgl. Text 1)	Eine epische Einheit umschließt die eigentliche Geschichte (= Binnenerzählung); dadurch werden Sachlichkeit und Distanz vermittelt.

Montagetechnik	lockere Verbindung formal und/oder inhaltlich unterschiedlicher Erzählelemente (z. B. Lied, Zitat, Zeitungsartikel, …); dadurch Auflösung des chronologischen und kausallogischen Handlungsablaufs; erzeugt Überraschungseffekte; dient als Spiegel einer widersprüchlichen Welt

Rückblende oder Vorausdeutung (vgl. Text 2)	• Der Erzähler blickt bei einer Rückblende von einer Handlungsgegenwart auf vergangene Ereignisse zurück und holt diese in das eigentliche Geschehen herein. • Bei einer Vorausdeutung rückt der Erzähler zukünftiges Geschehen in den Blickpunkt, beispielsweise wenn er Wünsche äußert oder künftige Lebensentwürfe vorstellt. 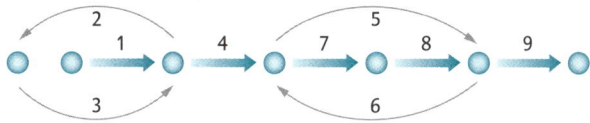
Handlungsphasen, Erzählphasen	inhaltliche Verdichtungen innerhalb von Handlungssträngen; relativ abgeschlossene Sinneinheiten, die durch Spannungselemente, Figuren-, Zeit- und Ortswechsel bestimmt sind 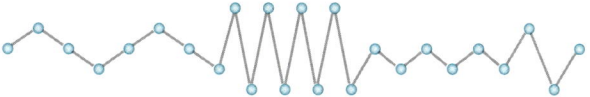
Einleitung (= Exposition)	Vorstellung der Figuren, Einführung in Situation und Grundstimmung
dramatische Strukturen, z. B. bei Novellen (vgl. Text 1)	• pyramidale Struktur: 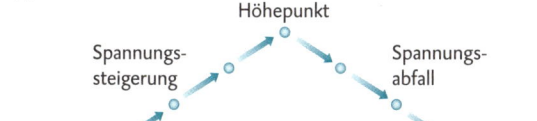 • dialektische Struktur: Handlung ⚡ Kontrasthandlung
Leitmotiv	häufig an Kernstellen wiederkehrendes inhaltliches Element (Worte, Begriffe, Gegenstände, Symbole) zur Herstellung von Zusammenhängen

Arbeitsschritte

1 Orientieren Sie sich an den äußeren Absätzen und der bereits erarbeiteten **inhaltlichen Struktur** (Sinneinheiten): Beim Erfassen des Inhalts haben Sie sich von den Schwerpunkten des Geschehens-/Handlungsablaufs leiten lassen. Auf diese greifen Sie nun zurück.

2 Überprüfen Sie dabei am Text die einzelnen Inhaltsabschnitte auf **formale Aufgaben** und markieren Sie auf dem Textblatt die von Ihnen festgestellten Strukturelemente: Kompositionsschemata (z. B. Rahmen, pyramidale oder dialektische Struktur, Verknüpfung durch Leitmotive), Unterbrechungen, handlungsauflösende und -verzögernde Elemente im Handlungsverlauf (beschreibende Einschübe, Rückblenden, Zukunftsentwürfe)

3 Halten Sie die erkannten **Kompositionseinheiten** stichwortartig fest.

4 Beschreiben Sie den Aufbau.

■ Übungsbeispiel

Heinrich von Kleist, *Das Bettelweib von Locarno* (Text 1, S. 197)

Arbeitsanweisung:

Beschreiben Sie den inneren Aufbau des Textes.

Lösungsvorschlag:

Schritt 1 und **Schritt 2** Inhalt auf Strukturelemente überprüfen

Unschwer erkennen Sie einen kurzen einleitenden Abschnitt, einen Teil, in dem die Spannung zunehmend ansteigt, einen Wende- und Höhepunkt und eine anschließende unabwendbare Katastrophe. Der Schlusssatz weist durch eine Wortwiederholung auf den Beginn zurück.

Schritt 3 Formale Struktureinheiten benennen

- Rahmen mit Exposition und erregendem Moment (Z. 1–12)
- Steigerung (Z. 13–64; Abschnitte: Z. 13–15, 15–28, 29–64)
- Höhe- und Wendepunkt (Z. 65–68)
- Katastrophe (Z. 68–73)
- Schluss mit Rahmen (Z. 73–76)

Die Komposition verweist auf eine dramatische Grundstruktur, wie sie sich auch in Novellen findet.

Schritt 4 Ausformulierung

Eine **kurze Exposition** führt in Situation und Grundstimmung ein, nennt die beteiligten Figuren und den Handlungsort. Außerdem enthält sie **das entscheidende Ereignis**, das als erregendes Moment das folgende Geschehen auslöst. (Z. 1–12) Der Tempuswechsel in der zweiten und dritten Zeile verweist auf einen **Erzählrahmen**, der sich am Ende schließt.

Rahmen mit kurzer Exposition und erregendem Moment

Es folgt eine **schrittweise Steigerung zum Höhepunkt** hin. Dem Protagonisten entgleitet dabei zunehmend die Handlungsinitiative. (Z. 13–64) Dies zeigt der Hinweis auf ein schicksalhaftes Geschehen: Krieg und Missernte haben bereits die Handlungsmächtigkeit des Marchese auf den notwendigen Verkauf des Schlosses eingeschränkt. Der Leser erkennt bei ihm ein Gefühl des Bedrängt- und Ausgeliefertseins. (Z. 13–15)

Steigerung: fortschreitender Verlust der Handlungsautonomie

1. Abschnitt

Dem Schlossherrn gelingt es nicht, seine Absicht zu verwirklichen, denn der Ritter, der seine finanzielle Lage entschärfen und damit seinen Handlungsspielraum vergrößern könnte, nimmt Abstand vom Kauf. Er schlägt auch das Angebot des Marchese, mit ihm die Nacht im Spukzimmer zu verbringen, aus. Das ist der zweite Schicksalsschlag. Die Spannung wächst. (Z. 15–28)

2. Abschnitt

Noch immer ist der Schlossherr verblendet und will seine Ohnmacht nicht wahrhaben. In drei weiteren Phasen wird nun sein Ende schnell vorbereitet. Der einstige Jäger wird selbst zum Gejagten. Vorgeführt wird dies in seinen drei Aufenthalten im Spukzimmer. Bereits der erste Besuch, den er allein unternimmt, verunsichert ihn (Z. 29–39), der zweite, zusammen mit seiner Frau und einem Diener, löst „Entsetzen" aus (Z. 39–49). Der dritte Aufenthalt bringt die letzte Steigerung. Sie zeigt die Macht des Bedrohlichen über jegliche Kreatur, sei es Mensch oder Tier. (Z. 49–64)

3. Abschnitt

Der folgende Abschnitt enthält den **Höhe- und Wendepunkt der Erzählung** in der einzigen wörtlichen Rede des Textes, den Worten des Marchese „wer da?" (Z. 66). Sein vergebliches Herumschlagen mit dem Degen führt endgültig die Sinnlosigkeit seines Handelns vor Augen. (Z. 65–68)

Höhe- und Wendepunkt: Wahnsinn

Die **Katastrophe** ist **nicht mehr abwendbar**. Außer sich steht der Marchese unter der Macht des Rätselhaften, und wie unter dessen Zwang richtet sich sein Handeln gegen das eigene Leben. (Z. 68–73) Das Anstecken des Schlosses und der **Tod** des Marchese werden vom Erzähler nachgetragen. (Z. 70–73)

Katastrophe: Tod des Marchese

Mit dem erneuten Tempuswechsel ins Präsens und dem Temporaladverb „jetzt" (Z. 74) schlägt der Erzähler am Schluss (Z. 73–76) den Bogen zum einleitenden Satz. **Einleitung und Schluss** bilden so den **Rahmen der Geschichte**.

Schlussrahmen

4 Untersuchen der erzählerischen Gestaltung

Charakteristisch für epische Texte ist ein **Erzähler**, der **als Vermittler zwischen Autor und Leser** steht. Er ist eine Erfindung des Autors und darf mit diesem nicht verwechselt werden. Um seinen Lesern eine Geschichte zu präsentieren, stehen dem Erzähler dabei viele Gestaltungsmittel zur Verfügung. So kann er Geschehen und Ereignisse nach seinen Vorstellungen ordnen, seinen Blick (und damit auch den des Lesers) auf bestimmte Aspekte richten, manche betonend in den Vordergrund rücken und anderen weniger Aufmerksamkeit schenken. Mitunter verweilt er lange und ausführlich bei Details, in anderen Fällen beschränkt er sich auf eine knappe Skizzierung. Er vermag es, Figuren ins Rampenlicht zu stellen, sie zu bevorzugen und ihnen die Protagonistenrolle zuzuweisen, Handlungen zu bewerten und sprachliche Mittel so einzusetzen, dass sie – entsprechend seinen Intentionen – den Leser beeinflussen.

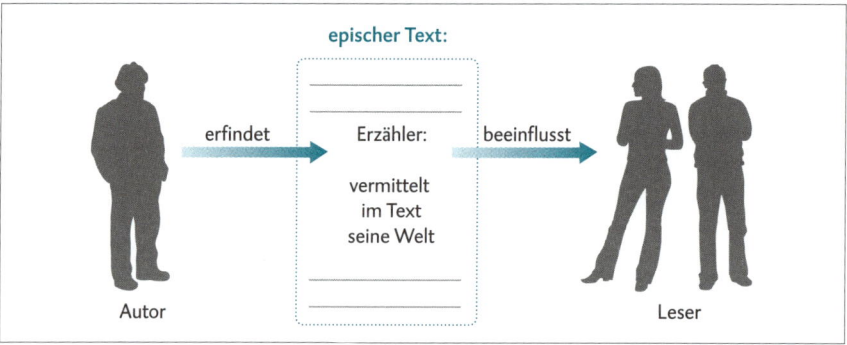

Damit wird deutlich: **Erst durch das Handeln des Erzählers realisiert sich die Geschichte**. Er gibt ihr die besondere, einmalige Note. Aus diesem Grund werden Sie als Leser den Text nur verstehen, wenn Sie sich auch mit dem Erzähler, seiner Position, seiner Strategie (Erzählweise) und Absicht beschäftigen. Folgende Elemente der erzählerischen Gestaltung gilt es also bei einer Untersuchung zu berücksichtigen:

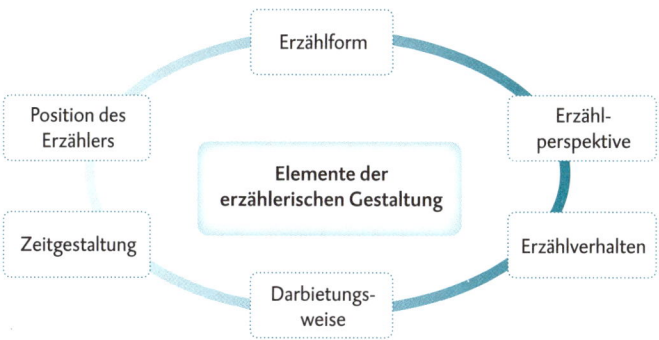

Beachten Sie

Während die einmal gewählte Erzählform meist beibehalten wird, können sich die anderen **Erzählelemente** im Textverlauf **verändern**. Aussagekräftig sind besonders Wechsel bei Erzählperspektive, Erzählverhalten, Darbietungsweise und Zeitgestaltung, denn sie geben Aufschluss über die Position des Erzählers und damit oft auch über den literarhistorischen Hintergrund des Textes.

4.1 Die Erzählform

Der Erzähler hat die Wahl zwischen der Ich- oder der Er-/Sie-Form. Verwendet er die **Ich-Form**, bleibt die Darstellung zwar weitgehend auf den subjektiven Erfahrungsbereich dieses Ich beschränkt, zugleich verringert sie aber die Distanz zum Leser. Dieser nimmt dessen Erlebnisse und Handlungen intensiv wahr und findet sich in die Gedanken- und Gefühlswelt des Ich leicht hinein. Allerdings gibt es auch in der Ich-Erzählung die Möglichkeit zur distanzierten Darstellung, und zwar dort, wo das erzählende Ich in die eigene Vergangenheit zurückgreift und diese kritisch betrachtet.

Mit der **Er-Form** hingegen tritt der Erzähler in einen größeren Abstand zum Geschehen. Mehr oder weniger spürt der Leser die Anwesenheit einer vermittelnden Instanz. Diese Darstellung erweckt in ihm den Eindruck von Objektivität, denn der Erzähler teilt hier fremde Schicksale mit.

Erzählform	Kennzeichen	Wirkung
Ich-Form	• Erzähler als erlebende und handelnde Figur • eingeschränkte, subjektiv bestimmte Erfahrungswelt • Trennung zwischen erzählendem und erlebendem Ich	intensiv, besonders bei Darstellung psychischer Vorgänge
Er-/Sie-Form	• Erzähler berichtet über andere Figuren • meist distanzierte Darstellung vielfältiger Erfahrungswelten • kommentierende Eingriffsmöglichkeit des Erzählers	Vermittlung von Distanz und Objektivität

4.2 Die Erzählperspektive

Die Position des Erzählers verdeutlicht auch die Perspektive, die er einnimmt. Manche Texte vermitteln den Eindruck eines allwissenden Erzählers, als befände sich dieser gleichsam über den Ereignissen, andere Texte zeigen den Erzähler dagegen mitten im Geschehen. In beiden Fällen kann man von **Standorten** reden, die der Erzähler einnimmt, um von dort seinen Blick schweifen zu lassen. Dabei kommt es auch darauf an, wie eng oder weit sein **Blickfeld** ist, ob er seinen Standort verändert und welchen Figuren und Ereignissen sein **Interesse** gilt.

Aussagekräftig ist überdies, welche **Sichtweise** der Erzähler wählt und ob er neben äußeren (Außensicht) auch auf innere Vorgänge achtet (Innensicht). Der **Standort** besitzt eine lokale und eine zeitliche Dimension: Der Erzähler kann sich beispielsweise an Vorgänge erinnern, die in der Vergangenheit liegen, und diese beschreiben. Von Bedeutung ist zudem, mit welcher **Einstellung** der Erzähler den Ereignissen und Figuren gegenübertritt und inwieweit sich diese im Verlauf der Handlung verändert.

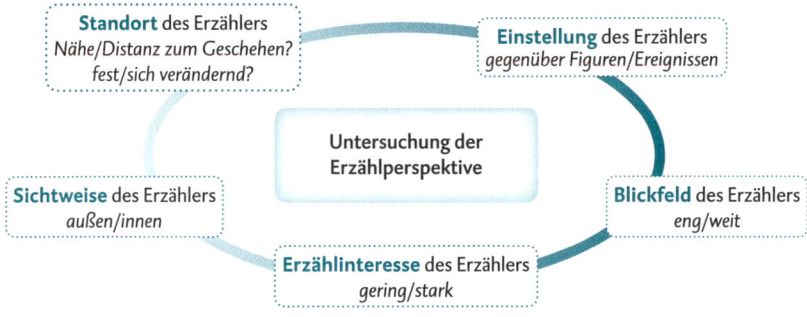

Der Erzähler kann zwischen verschiedenen Perspektiven wechseln: Er heftet sich z. B. in einer Erzählpassage an die Fersen seiner Hauptfigur und betrachtet dann wieder das Geschehen distanziert aus der Vogelperspektive.

4.3 Das Erzählverhalten

Die Perspektive, die der Erzähler einnimmt, kann bereits sein Verhalten gegenüber Geschehen, Figuren und Leser erkennen lassen. Man unterscheidet drei Formen:

Eigenschaften des Erzählers	
auktoriales Erzählverhalten	Der Erzähler • wirkt allwissend, • überblickt das Geschehen, • kann dieses kommentierend begleiten • und den Leser ansprechen.
personales Erzählverhalten	Der Erzähler • bleibt unauffällig, • tritt hinter die Figuren zurück, • übernimmt die Perspektive einer Figur bzw. mehrerer Figuren und • kann ihre/deren Gedanken und Gefühle mitteilen.
neutrales Erzählverhalten	Der Erzähler • wirkt abwesend (die Figuren scheinen selbstständig zu agieren), • vermittelt das Geschehen unbeteiligt aus der Distanz, • oft in der direkten Rede.

4.4 Die Darbietungsweisen des Erzählens

Zur Wiedergabe der Geschichte stehen dem Erzähler verschiedene Möglichkeiten zur Verfügung. Wenn er sich im **Erzählerbericht bzw. Erzählerkommentar** äußert, dann **berichtet** er über Ereignisse, Handlungen, Gedanken und Gefühle, **beschreibt** Figuren, Verhaltensweisen, Gegenstände und Situationen oder **kommentiert** das Geschehen. Der Erzähler kann aber auch Formen der **Figurenrede** wählen, d. h. direkte oder indirekte Rede, erlebte Rede oder inneren Monolog. Diese erkennt man an folgenden Merkmalen:

Direkte Rede

- Sie zeichnet sich meist durch Redeeinleitung oder -abschluss sowie Anführungszeichen aus. Beispiel: *Er fragte sie: „Soll ich morgen fahren?"*
- Gesprochenes wird in der 1. Person Indikativ wiedergegeben.
- Der Erzähler tritt hinter die Figuren zurück.
- Der Leser fühlt sich in das Geschehen hineinversetzt.
- Erzählzeit und erzählte Zeit (s. u.) decken sich.
- Dadurch erhält bei einem längeren Gespräch die Darstellung szenischen Charakter.

Indirekte Rede

- Äußerungen oder Gedanken anderer werden durch den Erzähler wiedergegeben, meist in der 3. Person Konjunktiv. Beispiel: *Er fragte sie, ob er morgen fahren solle.*
- Der auktoriale Erzähler wird als vermittelnde Instanz spürbar.
- Der Leser empfindet Distanz zum Geschehen.

Erlebte Rede

- Der Erzähler wählt die 3. Person Indikativ Präteritum; Formen der Redeeinleitung bzw. des Redeabschlusses („er dachte"/„dachte er") fallen weg. Beispiel: *Sollte er morgen fahren?*
- Gedanken (Innensicht) werden in einer Zwischenform zwischen direkter und indirekter Rede wiedergegeben.
- Die Anwesenheit des Erzählers ist noch spürbar.
- Es ist oft schwer zu entscheiden, ob der Erzähler oder die Figur spricht.

Innerer Monolog

- Gedanken werden in der 1. Person Präsens Indikativ wiedergegeben, jedoch *ohne* Anführungszeichen und Formen von Redeeinleitung oder -abschluss. Beispiel: *Soll ich morgen fahren?*
- Es handelt sich um einen Gedankenstrom.
- Der Erzähler tritt hinter die Figur zurück.
- Der Leser fühlt sich unmittelbar in das Geschehen hineingezogen.
- Wird die Syntax weitgehend aufgelöst und werden lediglich noch Bruchstücke von Gedanken einer Figur in einer assoziativen Kette dargestellt, spricht man vom **Bewusstseinsstrom** („stream of consciousness") – dieser ist eine extreme Variante des inneren Monologs (vgl. das wohl bekannteste Beispiel: James Joyce, *Ulysses*).

4.5 Die Zeitgestaltung

Dem Erzähler stehen verschiedene Mittel zur Zeitgestaltung zur Verfügung: Zeitraffung, Zeitdeckung, Zeitdehnung, Rückblenden und Vorausdeutungen. Man unterscheidet zwei Zeitkategorien: die **Erzählzeit** (EZ), also die zum Erzählen bzw. Lesen aufgewendete Zeit, und die **erzählte Zeit** (eZ), d. h. die Dauer des erzählten Vorgangs. Diese können in ganz unterschiedlichem Verhältnis zueinander stehen:

eZ > EZ	Zeitraffung: Erzählerbericht auf Wesentliches konzentriert, Auslassung von Zeitspannen; Zeitsprünge
eZ = EZ	Zeitdeckung: Figurenrede; szenische Darstellung
eZ < EZ	Zeitdehnung: Detailschilderungen rasch ablaufender Prozesse; Beschreibungen, Reflexionen, Kommentierungen, Erörterungen

Der Erzähler kann in seinem Bericht dem Geschehensablauf **chronologisch** folgen. Er besitzt aber auch andere Möglichkeiten, beispielsweise eine Geschichte vom Ende her aufzurollen oder an bestimmten Stellen den **linearen Ablauf zu unterbrechen**, um Rückblenden einzubauen oder Zukünftiges anzudeuten. (Vgl. S. 46 f.)

4.6 Erzählerposition

Besonders in traditionellen Texten (= Texte, die eine geordnete, überschaubare, auf festen Werten ruhende Welt repräsentieren) besitzt der Erzähler ein **selbstbewusstes Auftreten**. So zeigt er nicht nur, dass er über den Ablauf der Geschichte Bescheid weiß, sondern er mischt sich mit Kommentaren und Bewertungen immer wieder ein. Eine **geschwächte Erzählerposition** findet man vor allem in modernen Texten (= Texte, die auf eine komplexe, labyrinthische und orientierungslose Welt verweisen). Hier tritt der Erzähler hinter die Figuren zurück. Die Mehrdeutigkeit der indirekten und erlebten Rede verweist auf eine **unsichere Erzählerposition**.

Arbeitsschritte

1 Lesen Sie den Text im Hinblick auf Elemente der erzählerischen Gestaltung durch. Achten Sie besonders auf **Wechsel** bei Perspektive, Erzählverhalten, Darbietungsweise und Zeitgestaltung.
2 Markieren Sie diese Stellen farbig und bestimmen Sie die speziellen **Aufgaben der** gefundenen **erzählerischen Mittel**.
3 Ordnen Sie das Material (Reihenfolge: Erzählform, Perspektive, Erzählverhalten, Darbietungsweise, Zeitgestaltung) und **beurteilen** Sie anschließend die **Position des Erzählers**.
4 Stellen Sie Ihre Ergebnisse in einem zusammenhängenden Text dar.

■ Beispiel

Eugen Ruge, *In Zeiten des abnehmenden Lichts* (Text 2, S. 199)

Arbeitsanweisung:

Analysieren Sie die erzählerische Gestaltung.

Lösungsvorschlag:

Der Erzähler wählt die **Er-Form**. Er berichtet über Alexander und dessen Vater Kurt. Dabei vermittelt er nicht den Eindruck sachlicher Distanz. Seine Formulierungen zeigen vielmehr, dass ihn das Geschehen bewegt und er sich der erzählten Wirklichkeit nicht entziehen kann.

Erzählform: Er-Form

Zusammen mit Alexander verändert der Erzähler seinen Standort. Er begleitet die Hauptfigur von deren Wohnung über die Autobahn nach Neuendorf, dem Wohnort von Alexanders Vater. In dessen Haus verengt sich das Blickfeld. In den Fokus rückt nun der mit seinem Essen beschäftigte Vater. Dessen Demenz löst bei

Erzählperspektive: Standortveränderung

Blickfeldverengung

Alexander Gedanken an frühere Zeiten aus, die Außensicht wechselt zur Innensicht.

Außensicht → Innensicht

Der Text enthält **auktoriale, personale und neutrale Stellen**. Der Erzähler kennt das bisherige Leben von Alexander („wie immer", Z. 5); er personifiziert und bewertet die Jahreszeiten („Der Herbst hatte sich eingeschlichen, hinterrücks.", Z. 9), weiß über Örtlichkeiten Bescheid (vgl. Z. 13–27), kleidet dabei seine Empfindungen in sprachliche Bilder („hier schien die Zeit stillzustehen", Z. 19 f., „die toten Fenster von Villen", Z. 21 f.) und äußert sich zu strittigen Besitz- (vgl. Z. 22 f.) und Wohnverhältnissen (vgl. Z. 24). Kurts Erscheinung („wie ein Geist", Z. 33 f.) und Verhalten (vgl. Z. 85–91) bleiben nicht unkommentiert. Der Erzähler übernimmt aber auch oft Alexanders Perspektive und gibt dessen Gedanken und Gefühle wieder (vgl. Z. 3, 7, 32, 39–41, 65–84). Ebenfalls zu einem Element des personalen Erzählens wird die erlebte Rede (vgl. Z. 66–71, 76–84). Zuweilen, besonders in den kurzen Dialogpartien, verschwindet der – nun neutrale – Erzähler hinter den Figuren (vgl. Z. 43 f., 49–52, 57 f.).

Erzählverhalten:
auktorial

personal

neutral

Insgesamt **wechseln sich** im Romanausschnitt **Erzählerbericht und Figurenrede ab:** Der Erzähler berichtet, beschreibt und kommentiert die Vorgänge vor allem am Beginn und Ende des Textes. Neben der direkten Rede finden sich auffällig viele Stellen der **erlebten Rede**. Diese erzeugt einen **schwebenden Zustand**, bei dem der Leser im Unklaren bleibt, ob es sich um Gedanken der Hauptfigur oder um Kommentare des Erzählers handelt (vgl. Z. 6–8, besonders Z. 66–71).

Darbietungsweise:
Erzählerbericht;
Figurenrede: direkte
Rede, erlebte Rede

Der Text enthält Zeitraffungen, bei denen sich der Erzähler auf Wesentliches konzentriert, beispielsweise bei seiner Fahrt nach Neuendorf. Nicht nur in den knappen Dialogen, auch bei der Wiedergabe von Alexanders Gedanken und in der erlebten Rede kommt es zu Zeitdeckungen (vgl. Z. 68–71, 75–84). Der Erzähler folgt dem chronologischen Ablauf des Geschehens und arbeitet zusätzlich Rückblenden ein (vgl. Z. 2; besonders Z. 75–84), vor allem um Kurts Krankheitsentwicklung zu verdeutlichen.

Zeitgestaltung:
Raffungen (eZ > EZ)

Zeitdeckungen (eZ = EZ)

Rückblenden

Der Text lässt einen **Erzähler** erkennen, dem Orte und Geschehen, Vergangenheit und Gegenwart vertraut sind, der jedoch nicht von einer hohen Warte sachlich und unbeteiligt berichtet, sondern zum **Teil der Geschichte** wird und die erzählte Wirklichkeit mit **persönlichen Bewertungen** begleitet. Ja, er scheint sogar in der erlebten Rede hinter dem Protagonisten zu verschwinden, und der Leser bleibt im Unklaren darüber, wer sich hier äußert. So entsteht der Eindruck, dass der **Erzähler** selbst über **keine souveräne Position** verfügt. Tatsächlich besitzt er in diesem Text nicht mehr die überlegene Stellung, die er im traditionellen Roman innehatte.

Fazit und Erzähler-
position:
auktorialer Erzähler mit
personalen Zügen; wird
Teil der Geschichte

schwache Erzähler-
position

5 Analyse der sprachlich-stilistischen Gestaltung

Die Untersuchung der sprachlich-stilistischen Gestaltungsmittel erfolgt immer **inhaltsbezogen**. Die entscheidende Frage lautet also: Wie stützen die sprachlichen Mittel die inhaltliche Aussage?

Die Analyse der Sprache konzentriert sich – wie im Grundlagenkapitel dargestellt – auf folgende Bereiche: **Wortwahl**, **Stil**, **Syntax** und **rhetorische Mittel** (vgl. S. 25 ff.). Dabei müssen Sie die Aufmerksamkeit auf die **Funktionen** der eingesetzten Mittel richten. Neben den grundlegenden Aufgaben (Veranschaulichung, Bekräftigung, Spannungserzeugung und Kommunikationsförderung) kommt es vor allem auf spezifische Leistungen an, die sich aus Thematik, Motivik und Erzählerintentionen ergeben.

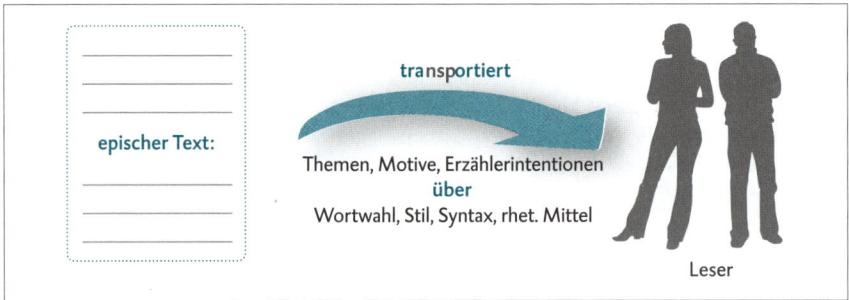

Arbeitsschritte

1. Halten Sie **Themenschwerpunkte**, **Hauptmotive** und/oder **Erzählerintentionen** (und damit erste Deutungsansätze) fest.
2. Lesen Sie den Text auf **sprachliche Auffälligkeiten** in den Bereichen Stil, Wortwahl, Syntax, rhetorische Mittel durch. Bestimmen Sie deren Grundfunktionen und markieren Sie die gefundenen Stellen mit unterschiedlichen Farben.
3. Versuchen Sie nun, die speziellen **Aufgaben der sprachlichen Mittel** im Hinblick auf Thematik, Motivik und Erzählerabsicht zu erkennen.
4. Analysieren Sie die sprachlich-stilistische Gestaltung des Textes.
5. Formulieren Sie Ihre Analyse in einem zusammenhängenden Text.

Beachten Sie

Meist ist es sinnvoll, bei der Analyse dem **Textverlauf zu folgen**. Um Wiederholungen zu vermeiden, ist es jedoch **mitunter** geschickter, die **Ergebnisse** nach bestimmten Gesichtspunkten **zusammenzufassen** (z. B. nach Figuren, Teilthemen, Motiven).

→ Im folgenden Beispiel bietet sich der Fortgang nach dem Textverlauf an.

■ Übungsbeispiel

Eugen Ruge, *In Zeiten des abnehmenden Lichts* (Text 2, S. 199)

Arbeitsanweisung:

Analysieren Sie die sprachlich-stilistische Gestaltung im Hinblick auf das zentrale Motiv des Textes.

Lösungsvorschlag:

> **Schritt 1**   Hauptmotiv, Themenschwerpunkte, Erzählerintention festhalten

- Zeit-Motiv als zentrales Motiv, vor allem als Vergänglichkeits-Motiv; diesem untergeordnet ist die Naturmotivik (Herbst, Verfall)
- Sohn-Vater-Thematik; Probleme durch Krankheit und Persönlichkeitsverlust
- Erzählerintention: Lenken des Leserinteresses auf die Vergänglichkeitsproblematik

> **Schritt 2**   und   **Schritt 3**   Sprachliche Mittel und ihre Funktionen erkennen

Stil: mittlere Ebene: Umgangssprache (z. B. „Keine Wirkung. Null.", Z. 66), einige abwertende Formulierungen (z. B. „beinahe krepiert", Z. 79)

Wortwahl:
- viele Wörter im Text kreisen um Zeit, Tod, Vergänglichkeit/Verfall („wie tot", Z. 2; „Krankenhausluft", Z. 3; „Herbst", Z. 9; „stillzustehen", Z. 19 f.; „[m]orsche", Z. 21; „toten Fenster", Z. 22; „tödlich verschluckt", Z. 54; „Verfall", Z. 74; „krepiert", Z. 79; „Vergangenheit", Z. 80; etc.) → vom **Verfall** gekennzeichnete Naturbeschreibung symbolisiert den Zustand des Vaters
- auffällig: **Temporaladverbien** („immer", „noch", „schon") als **Schlüssel-** und **Leitwörter** → dadurch Verbalisierung des Zeitmotivs; drücken Spannung zwischen Wunsch nach Bleibendem und Erfahrung des Befristeten aus

Syntax:
- dominierende **Ellipsen** (z. B. „Hatte gehabt. Fernste Vergangenheit.", Z. 80) → dadurch eindringliches Aufzeigen von Verlusten (Gesundheits-, Persönlichkeits- und Kommunikationsverlust)

- **Inversionen, Einwortsätze, Aufzählungen** (z. B. „Lächelte, nickte.", Z. 85; „Stopfte, kaute.", Z. 95; „Komisch aber auch", Z. 77) → dienen der Bekräftigung; zeigen Veränderung des Gewohnten als verunsicherndes und bedrohliches Moment auf; geben Hinweise auf unumstößlich Endgültiges

Rhetorische Figuren:

- **Vergleiche, Metaphorik** (z. B. „wie ein Geist", Z. 33 f.) → zur eindringlichen Veranschaulichung; **Personifikation** der Natur mit negativer Konnotation (Natur als Widersacher des Menschen, z. B. „Der Herbst hatte sich eingeschlichen, hinterrücks.", Z. 9)
- **rhetorische Fragen, Pausen, Antithetik** (z. B. „Und – hatte sie?", Z. 6; „Sauberer?", Z. 7; „Der letzte Satz, den Kurt zusammenhängend hatte sagen können, war: Ich habe die Sprache verloren.", Z. 80 f.) → dienen der Spannungssteigerung (auch provozierend); verdeutlichen Hilflosigkeit gegenüber einem unausweichlichen Schicksal
- **Formen der Wiederholung** (z. B. „Ja, sagte Kurt.", Z. 44, 50, 52, 58) → dienen der Eindringlichkeit; erfüllen unterschiedliche Funktionen: sowohl Ausdruck für den Wunsch nach Bleibendem als auch Hinweis auf Formel- und Klischeehaftigkeit; veranschaulichen Unfähigkeit zur geistigen Verarbeitung und Veränderung
- **wiederholte Anreden** („Erkennst du mich, fragte Alexander.", Z. 43; „Hast du Hunger, fragte Alexander.", Z. 49) → stellen vergebliche Kommunikationsversuche dar
- **Ironie** (z. B. „Auch nicht schlecht.", Z. 81 f.; „Verglichen mit seinem heutigen Repertoire eine Glanznummer.", Z. 82) → erzeugt Spannung; verdeutlicht Ablehnung einer Situationsveränderung; zeigt selbstquälerischen Rückblick

---

Schritt 4 Ausführung

Der Text ist der **mittleren Stilebene** zuzuordnen: Die vom Erzähler gewählten Wörter entstammen der Umgangssprache, es finden sich weder Fach- noch Dialektausdrücke. Einige Formulierungen haben jedoch abwertenden Charakter.

Stilebene

Schon der Titel des Romans *In Zeiten des abnehmenden Lichts*, die dem ersten Kapitel vorangestellte Jahresbezeichnung 2001 und der Vergleich in der ersten Textzeile „wie tot" verweisen auf die Bedeutung des **Zeit- bzw. Vergänglichkeits-Motivs**. Auch der Inhalt untermauert diese Behauptung: Alexander Umnitzer ist nach vier Wochen aus der Klinik mit der Diagnose entlassen worden, unheilbar an Krebs erkrankt zu sein. Das unerwartete und in seiner Endgültigkeit schockierende Untersuchungsergebnis begleitet ihn auf dem Weg zu seinem dementen Vater.

Bedeutung des Zeit- und Vergänglichkeits-Motivs im Textausschnitt

Das **Schlüsselwort** „immer" führt am Textbeginn in die Motivik ein. So soll der nachgestellte Vergleich „wie immer" (Z. 5) betont auf eine gewohnte Handlung verweisen, die an keine außergewöhnlichen, auffälligen Abweichungen denken lässt. Doch vor dem Hintergrund seiner aktuellen physischen und psychischen Situation fragt sich Alexander, ob sich in der kurzen Zeitspanne von vier Wochen etwas an seiner „Welt"-Sicht „verändert" (Z. 5 f.) habe. Der Furcht vor einer neuen Perspektive wird der unterschwellige **Wunsch nach Bleibendem** („immer", Z. 5) entgegengesetzt.

Schlüsselwort „immer"
Vergleich

Dabei verraten bereits die Ellipsen (Z. 5 f.) einen **Verlust** (s. u.). Die rhetorische Frage „Und – hatte sie?" (Z. 6), als erlebte Rede formuliert und provozierend mit Konjunktion und Pause eingeleitet, drückt zusätzlich eine **innere Unsicherheit** aus. Der Komparativ „sauberer" (Z. 7) steht als weiteres Indiz für eine **Veränderung**; er löst sofort eine neue Frage aus, die als Einwortsatz und Wiederholung besonderes Gewicht bekommt: „Sauberer?" (Z. 7) Die anschließenden knappen Antworten in Steigerungsform „Irgendwie bunter. Idiotischer." (Z. 7) lassen mit dem Adverb „irgendwie" und dem abwertenden Adjektiv „idiotischer" erkennen, dass Alexander wenig Interesse verspürt, diesen Veränderungen weiter auf den Grund zu gehen. Vielmehr stellt er gegen sie eine definitive Behauptung: „Der Himmel war blau, was sonst." (Z. 8) Der Zusatz „was sonst" soll das Wahrgenommene bestätigen, öffnet aber als verschleierte rhetorische Frage den Raum für Spekulationen.

Ellipsen
rhetorische Frage

Komparative

Einwortsatz und Wiederholung

Abwertung

Behauptung

rhetorische Frage

Das Temporaladverb **„immer"** wiederholt sich mehrfach (Z. 5, 14, 15, 26, 51, 67, 79, 80). Es fungiert auch als **Leitwort**, führt gleichsam durch den Text, als würde hier **Alexanders Wunsch nach Bestand und Dauer** eingefangen. Allerdings wird es mitunter durch ein weiteres Adverb seiner Aufgabe beraubt, nämlich Zeitlosigkeit anzuzeigen. Die Verbindung mit „noch" (Z. 14, 15) stellt das Unveränderliche in **Zweifel**, denn dieses Adverb sagt aus: Das Bestehende gilt nur noch für **befristete Zeit**.

wiederholtes Leitwort „immer"

Der „Herbst" ist die **Jahreszeit des Übergangs**, in der das Vergängliche besonders deutlich erscheint: „Der Herbst hatte sich eingeschlichen, hinterrücks." (Z. 9) Die **Natur** wird hier abwertend als heimtückischer **Widersacher** personifiziert und zum Symbol des Bedrohlichen, das im Kontrast zu geistigen Leistungen des Menschen steht. Der Mensch fühlt sich von der Natur unvermittelt überfallen. Sie bedrängt das von ihm Geschaffene (Wege: vgl. Z. 20 f.; Häuser: vgl. Z. 24 f.) und lässt **Chaos** entstehen (vgl. Z. 25 ff.). Gerade dort, wo „die Zeit stillzustehen" (Z. 19 f.) scheint, wie dies in einem eindringlichen Bild vor Augen geführt wird, dringt Natur in die **vom Menschen kultivierten Bereiche** ein.

Natur-Motiv

Personifikation
Symbol

sprachliches Bild

Wieder findet man das Adverb „noch", nun in der Nähe von „schon" und verbunden mit einer Personifikation: „Eins der wenigen Häuser hier, die noch bewohnt waren: [...] Die Holunderbüsche berührten schon die Veranda." (Z. 24 f.) Die Gärten verwahrlosen, Gras überwuchert die einst vom Menschen kultivierte Natur. Die Metapher „die toten Fenster" (Z. 21 f.) deutet nicht nur auf unbewohnte Häuser. Ihr **Verfall** und die von ihnen vermittelte Leere belegen den **Untergang einer** vom Menschen geschaffenen, **historisch gewachsenen Villenkultur**, Symbole einer gepflegten und gebildeten Gesellschaft. Die Gegenwart offenbart eine andere Seite: „Frisch renovierte Häuser, wärmegedämmt nach irgendeiner EU-Norm. Neubauten, die aussahen wie Schwimmhallen: Stadtvillen nannte man das." (Z. 16 f.) Der abwertende Vergleich und die betont auf Ironie zielende Inversion drücken aus, dass der Erzähler dieser Entwicklung ablehnend gegenübersteht. Der Vergleich mit „Schwimmhallen" betrifft die „Neubauten", deren Hallendimension nichts Intimes zulässt.

Der **Natur** wird etwas arglistig Böses zugeschrieben. Hinter dem **negativ dargestellten Motiv** verbirgt sich zusätzlich der **physische Bereich des Menschen:** Unerwartet wird Alexander mit seiner unheilbaren **Krankheit** konfrontiert; „hinterrücks" (Z. 9) wie der Herbst durchbricht sie das Gewohnte und wird zur Bedrohung.

Die häufigen Ellipsen machen nicht nur auf das Fehlen eines Satzteils, sondern auf etwas Grundsätzliches aufmerksam. In den ersten Ellipsen ist Alexander als notwendiges **Subjekt** („Er") **nicht mehr gegenwärtig:** „Schaute hinaus in die Welt. Prüfte, ob sie sich verändert hatte." (Z. 5 f.) Das Gewohnte, das bisher **Sicherheit** gewährt hat, ist **abhanden gekommen.** Dies drückt sich sogar in seinem Zeitgefühl aus: „Das Datum hatte er während der letzten Tage verloren." (Z. 11 f.)

Zeit wird auch im **Alterungsprozess** fassbar, wie ihn der Sohn bei seinem **Vater** vorfindet. Doch hier scheint das Dauerhafte nicht erwünscht, es verursacht Unbehagen. So hängt „seit langem" (Z. 39 f.) „der Geruch des Alters" (Z. 40) Kurt an. Die Personifikation „Er saß tief in den Zellen" (Z. 40 f.) bringt nicht nur etwas zu Befürchtendes, sondern auch etwas zu Fürchtendes nahe. Kurts stereotype „Ja"-Antworten auf die Anreden des Sohnes signalisieren in ihrer mechanischen Wiederholung **geistige Leblosigkeit**, die **Unfähigkeit zur Kommunikation** und ein Verhaftetsein im Augenblick, in dem weder Vergangenheit noch Zukunft bewusst werden. Auch beim Vater findet man die syntaktisch verkürzte Struktur (vgl. Z. 62 f.). Hier zeigen die Ellipsen ebenfalls einen **Verlust** an, und zwar den einer geistigen Welt, ausgelöst durch die **Demenz-Erkrankung.**

Marginalien:

Personifikation

Metapher

Symbol

abwertender Vergleich; ironische Inversion

Syntax: Häufung von Ellipsen

Zeit-Motiv beim Vater

Personifikation

stereotype Anreden, Wiederholung

verkürzte syntaktische Struktur: Ellipsen

Alexander und der Erzähler sprechen von einem „immer noch" (Z. 67 f.), um den Gedanken an „irgendeine Art Ich" (Z. 68) aufrechtzuerhalten. Doch zahlreiche Wiederholungsformen und rhetorische Fragen bringen **Alexanders Hilflosigkeit** angesichts der väterlichen Demenz eindringlich zum Ausdruck: „Was ging in diesem Kopf vor? In diesem immer noch durch einen Schädel von der Welt abgegrenzten Raum, der immer noch irgendeine Art Ich enthielt. Was fühlte, was dachte Kurt[?] [...] Was dachte er? Dachte er überhaupt? Wie dachte man ohne Worte?" (Z. 66–71). Die wiederholten Fragen betonen die **Ohnmacht** des Betrachters. Sie kreisen um das geistige Tun, das „Ich" (Z. 68) des Menschen. *(Wiederholungen / rhetorische Fragen)*

Noch einmal wird **Kurts Persönlichkeit** beschworen, und zwar in einer **Rückblende** mit betonenden Demonstrativ- und Possessivpronomen, Anaphern und sprachlichen Bildern, die den Gegensatz zur aktuellen Situation eindringlich hervorheben. Zusätzlich schwingt ein bitterer Grundton mit, wenn Kurts einstige Fähigkeiten ironisch überzogen erinnert werden: „Kurt, der Redner. Der große Erzähler. Wie er dagesessen hatte in seinem berühmten Sessel – Kurts Sessel! Wie alle an seinen Lippen hingen, wenn er seine Geschichtchen erzählte, der Herr Professor." (Z. 75 ff.) Noch einmal wird in einem anaphorischen Parallelismus („immer hatte es eine Pointe, immer hatte es Witz", Z. 79 f.) auf das **scheinbar Dauerhafte** von Kurts großer Zeit verwiesen, um es gleich darauf in einer Ellipse und einem Polyptoton unwiderruflich in die **Vergangenheit** zu verbannen: „Hatte gehabt." (Z. 80) Die Parenthese in Zeile 78 f. deutet Kurts Eingesperrtsein im Lager, aber auch seine verlorene geistige Weite an. *(Pronomen, Anaphern, sprachliche Bilder / ironische Hyperbel / anaphorischer Parallelismus / Ellipse, Polyptoton / Parenthese)*

Im Jahre 2001 sieht Kurts Welt anders aus: Normale Kommunikation ist nicht mehr möglich. Bei Kurt reduziert sich alles auf die Nahrungsaufnahme. Auch hier ein „**Verfall**" (Z. 74) **menschlicher Kultur**, der Esskultur: Kurt benutzt seine Finger. Ein Vergleich mit der infantilen Phase hält dies fest (vgl. Z. 89 f.). Die **Natur** erscheint **als triebgebundene Essgier** unmenschlich und unästhetisch. Wieder fehlt das grammatische Subjekt, der Vorgang nimmt **mechanischen Charakter** an: „Stopfte das Stück in den Mund." (Z. 91) Das **Triebhafte** drängt sich in die Anapher „Und noch eins. Und kaute. Und während er [...]" (Z. 91 f.). Schließlich beschränkt sich alles auf die Einwortsätze: „Stopfte, kaute." (Z. 95) Das Vorkulturelle, Chaotische der Natur dominiert über den Menschen und **degeneriert** ihn zur tierischen Fressmaschine. Entwürdigend ist auch der letzte Satz: „Die Soße rann in einer schmalen Spur über sein Kinn." (Z. 95) *(Vergleich / Natur-Motiv / Anapher / Einwortsätze)*

6   Untersuchen der Darstellung von Raum und Zeit

Handlung und Geschehen erfolgen immer eingebettet in Raum und Zeit. Der Erzähler kann beiden Bereichen **besondere Funktionen** zuweisen und sie auf diese Weise mit Bedeutung füllen. Dann wird eine eingehende Untersuchung von Raum und Zeit entscheidende **Hinweise zur Gesamtdeutung** des Textes liefern. Zeit ist also nicht nur als Mittel erzähltechnischer Gestaltung zu untersuchen *(Wie wird erzählt?)*, sondern kann als wichtiges Thema oder Motiv *(Was wird erzählt?)* zum Gegenstand einer ausführlichen Deutung werden. Sofern Raum und Zeit keine wesentlichen Inhaltsschwerpunkte bilden, lassen sie sich unter dem Bereich „Handlung" *(Handlungsort, Handlungszeit)* bearbeiten. Dabei gehören Raum und Zeit zusammen, wie schon der Begriff „Zeitraum" nahelegt.

Welche (Zeit-)Räume unterscheidet der Erzähler in seinem Text und mit welcher Bedeutung lädt er sie auf?

6.1 Raum

Die zahlreichen Raumvarianten lassen sich nach thematischen Aspekten ordnen und zusammenfassen:

- **Handlungsraum:** äußerer Aktionsbereich der Figuren; Orte (Zimmer, Haus, Garten, Landschaft, Stadt) als Handlungshintergrund
- **Lebensraum:** soziales Umfeld der Figuren (Familie, Schule, Arbeitsplatz, gesellschaftliche Gruppen, Milieu); seine Bedingungen (Werte, Normen, Gesetze) als Einflussfaktoren auf persönliche Entwicklung und Verhaltensweisen
- **Geistiger Raum:** Welt der inneren Handlung, der Gedanken und Gefühle, in der konkrete Aktionen reflektiert werden oder sich eigene fantastische Wirklichkeiten erschließen

- **Stimmungsraum:** Schauplatz, der aufgrund seiner besonderen Lage und Beschaffenheit zum Spiegel innerer Zustände wird und Assoziationen auslöst
- **Symbolraum:** verweist auf einen anderen, existenziellen Bereich (Beispiel: der Herbst als Symbol der Vergänglichkeit)

Dabei können Räume durch unterschiedliche Darstellung (eng/weit, hell/dunkel, geordnet/chaotisch) sowohl Vertrautheit, Heimat und Geborgenheit als auch Einsamkeit, Unbehaustheit und Gefahr vermitteln.

TIPP

Besonders interessant für die Deutung sind mögliche **Kontraste** und **Grenzen** zwischen unterschiedlichen Räumen. So kann z. B. ein Kulturraum (Zivilisation) einem Naturraum (Wildnis) gegenüberstehen.

6.2 Zeit

Zeit erscheint in epischen Texten vor allem als **Dauer** von Handlungen und Geschehensabläufen, Entwicklungs- und Reifungsprozessen sowie erinnerter Vergangenheit und erdachter Zukunft. Zeitliche Veränderungen werden meist von **Verlusterfahrungen** begleitet (Trennung, Krankheit, Alter).

Im Textauszug von E. Ruge (Text 2) wird Zeit als persönlicher Alterungsprozess und Krankheit dargestellt. Manche Werke rücken bestimmte **Zeitereignisse** in den Mittelpunkt (vgl. Kriegsromane). Das Genre des Zeitromans liefert ein **Bild der jeweiligen Gesellschaft** (vgl. dabei auch die Literatur der „Stunde Null" = Literatur der unmittelbaren Nachkriegszeit). Die Werke des Fin de Siècle (etwa 1890–1914) halten die besondere Dekadenz-Stimmung dieser Zeit fest. Während es den impressionistischen Autoren um das **Erfassen von Augenblicken** ging, wirken die Inhalte von Märchen **zeit- und ortsenthoben**. (Zur Zeitthematik vgl. auch Th. Manns *Der Zauberberg* und Michael Endes *Momo*.)

Arbeitsschritte

1 Halten Sie **Orte und Zeiten** fest, in denen sich Handlung und Geschehen vollziehen.
2 Überprüfen Sie, ob Raum und Zeit **nur als Hintergrund** für Handlung und Geschehen dienen **oder** ob sie eigene **thematische und motivische Schwerpunkte** bilden. Fragen Sie: Sind (Zeit-)Räume semantisch (d. h. mit Bedeutung) aufgeladen und spielen sie daher eine wichtige Rolle im Text?

3 Trifft dies zu, dann lenken Sie Ihre Aufmerksamkeit auf die **Beziehungen** zwischen Thema/Motiv und Ort/Zeit, um die **Wirkungen**, die Raum und Zeit auf Erzähler und Figuren ausüben, zu entschlüsseln. Diese drücken sich in Erzählerkommentaren und Figurenreaktionen aus (Gedanken, Empfindungen, Assoziationen, Handlungen). Sammeln Sie die Texthinweise und ordnen Sie das Material.

4 Ziehen Sie die **Sprachanalyse** heran und überprüfen Sie diese auf **Übereinstimmungen** mit Ihrer Materialsammlung. Die Analyse der sprachlichen Mittel soll die gefundenen Ergebnisse stützen.

5 Fassen Sie das Resultat zusammen.

■ Übungsbeispiel

Eugen Ruge, *In Zeiten des abnehmenden Lichts* (Text 2, S. 199)

Arbeitsanweisung:

Interpretieren Sie den Text im Hinblick auf die Darstellung von Raum und Zeit.

Lösungsvorschlag:

Schritt 1   Zeitliche und räumliche Gegebenheiten festhalten

Zeit: unmittelbar erlebte Zeit: ein Dienstag im September (vgl. Z. 10 f., 29) 2001 (Z. 1); erinnerte Zeit: vor allem Kurts Vergangenheit als eloquenter Redner (vgl. besonders Z. 75–80), mehr als „zwei Jahre" (Z. 83) zurückliegend; Alexanders Krankenhausaufenthalt und Entlassung, wenige Tage zurückliegend (vgl. Z. 2 f.)

Räume: Krankenhaus; Wohnung von Alexander; Autobahn; Haus des Vaters in Neuendorf; Straße mit renovierten Häusern vs. Straße mit vielen unbewohnten Häusern und vernachlässigten Gärten; Kurts geheime Gedankenwelt

Schritt 2   Zeit in Form von Vergänglichkeit als Hauptmotiv überprüfen

Im Text wird Zeit zur leidvollen Erfahrung und die (physischen, psychischen und auch räumlichen) Veränderungen, die sie mit sich bringt, sind negativ behaftet. Es finden sich Hinweise auf **räumliche und zeitliche Veränderungen** bei:

- Häusern, Straßen, Gärten (vgl. Z. 15 ff., 20 ff., 25 ff.)
- Jahreszeiten (vgl. Z. 9 f.)
- Pflanzen (vgl. Z. 20 f., 25 ff.)
- Menschen (physische Natur und geistiger Bereich, vgl. Z. 3, 36–41, 95)

Schritt 3 Material nach Bereichen (= Räumen) ordnen

Grundeinteilung in drei Bereiche: die vom Menschen geschaffene Welt, der Naturraum und der geistige Raum → weitere Differenzierung in einer gegliederten **Stoffsammlung:**

Hinführung: Verweischarakter der Raum- und Zeitgestaltung
Alle vorkommenden Räume (Handlungs-, Lebens-, Natur-, geistiger Raum) sowie zeitbezogene Handlungen, Entwicklungen und Erinnerungen haben Symbolcharakter; ihre Veränderung verweist auf Vergängliches.

Hauptteil: Vergänglichkeitsmotiv
Vergänglichkeit wird v. a. als ein Kontrast infolge von Veränderungen erfahren:
Bereich der vom Menschen geschaffenen Welt (Kontrastbeispiele)
- **Häuser:** Einst bewohnte alte Villen sind nun unbewohnt und dem Verfall preisgegeben (vgl. Z. 20 ff.: die bemoosten Dächer, die Risse in den Fassaden und die morschen Zäune). ↔ Kontrast: Renovierungen veränderten die alten Häuser. Sie sind genormt (vgl. Z. 16; = ohne individuelle Note, gesichtslos), „wärmegedämmt" (Z. 16; = von abweisender, verschlossener, enger Art). Neubauten gleichen „Schwimmhallen" (Z. 17; = vermitteln keine Geborgenheit).
- **Straßen:** Die alten Villen findet man an schmalen, mit Linden gesäumten Straßen und „[k]opfsteingepflasterte[n]" (Z. 20), von Wurzeln aufgewölbten Bürgersteigen (vgl. Z. 20 f.; = Vermittlung einer harmonischen Beziehung von Mensch und Natur). ↔ Kontrast: Die neuen Straßen haben die Natur sauber zuasphaltiert (vgl. Z. 15).

Bereich der Natur
- **Sichtweise:** der klare, blaue „Himmel" (Z. 8; = freier Blick) ↔ Kontrast: der durch ein chaotisches „Gewirr" von Ästen verstellte Himmel (vgl. Z. 27; = eingeschränkter Blick)
- **Jahreszeit:** Herbst als Symbol des Vergänglichen, unerwartete und unerwünschte Jahreszeit (vgl. „Der Herbst hatte sich eingeschlichen", Z. 9)
- **ungezähmte, wilde Natur** überwuchert die früher gepflegten Gärten; Büsche reichen bereits an die Veranden heran (vgl. Z. 21 f., 25 ff.)
- **biologische Natur, menschlicher Körper:** Alexanders vor kurzem diagnostizierte unheilbare Krankheit, die zunehmende Demenz seines Vaters; der Geruch des Alters; der Mund als bloßes Organ der Nahrungsaufnahme und -verarbeitung (vgl. Z. 3, 36, 38, 40 f., 95)

Geistiger Bereich

- **Intelligenzverlust:** Kurt, der einst brillante Professor und Redner (vgl. Z. 74 ff.) ↔ Kontrast: Kurt, der Gedächtnis und Sprache verloren hat (vgl. den „Raum" des Gehirns: „In diesem immer noch durch einen Schädel von der Welt abgegrenzten Raum, der immer noch irgendeine Art Ich enthielt.", Z. 66 ff.); vgl. auch den „Mund"-Raum, in dem Geistiges konkret zum Ausdruck kommt und sich in sprachlichen Lauten formuliert: „In Kurts Mund verwandelte sich alles in eine Anekdote." (Z. 78)
- **Ich-Verlust, Verlust des Menschlichen:** Nach dem Verlust der Sprache (vgl. Z. 81 ff.) hat der Mund nur mehr biologische Funktion (vgl. Z. 95).

Schritt 4	Sprache und Inhalt verbinden

- bei der **Wortwahl** → Schlüsselwörter, wie z. B. „immer", „noch", „schon", drücken Vergänglichkeit und Furcht vor Veränderung aus.
- im Bereich der **Syntax** → Ellipsen, die den Gesundheits-, Persönlichkeits- und Kommunikationsverlust aufzeigen; Inversionen/Einwortsätze/Aufzählungen, die Bedrohung und Verunsicherung durch Veränderungen erkennen lassen
- bei den **rhetorischen Figuren** → Wiederholungen, die den Wunsch nach Bleibendem und die Unfähigkeit zur Kommunikation verdeutlichen; Ironie, mit der eine Ablehnung der Veränderungen ausgedrückt wird; Metaphern aus dem Bereich der Natur als Widersacher des Menschen und der verfallenden Kultur; Natur als Symbol für Chaos

7 Charakterisieren von Figuren und Beschreiben ihrer Beziehungen

Die Aufgabe kann auf die Kennzeichnung einer einzelnen Figur (**Figurenkonzeption**) oder deren Position im sozialen Beziehungsgeflecht (**Figurenkonstellation**) zielen. Die Komplexität einer Figur offenbart sich nicht auf wenigen Seiten, sondern verlangt stets die genaue Kenntnis des Gesamtwerks. Diese kann aber nur bei wenigen Pflichtlektüren vorausgesetzt werden.

Aufgrund des in der Regel geringen Umfangs des Prüfungstextes beschränken sich die Arbeitsanweisungen deshalb oft auf wesentliche Merkmale der Figur. Diese stehen dann in Verbindung zu einem übergeordneten Thema. Im folgenden Beispiel zu Eugen Ruges *In Zeiten des abnehmenden Lichts* (Text 2) ist es das Thema Krankheit.

7.1 Charakterisierung einer Einzelfigur

Charakterisieren heißt: Vorstellen einer Figur in ihren **individuellen** bzw. **typischen Kennzeichen**. Diese umfassen

- äußere Merkmale: z. B. Name, Alter, Aussehen, Kleidung, Auftreten, Sprache, Beruf,
- innere Einstellungen: Eigenschaften, Interessen, Ziele, Wertorientiertheit, Verhaltenssteuerung (rational/ emotional), Wirklichkeitsbezug, Einflussfaktoren, Entwicklungen (Ausgangssituation – Veränderungen – Ergebnis),
- Handlungen, Verhaltensweisen (aktiv/passiv),
- soziale Beziehungen: Position im Beziehungsgeflecht, Beziehungsfähigkeit (selbst-/fremdbestimmt, sozial eingebunden/isoliert), Beziehungsentwicklungen.

Beachten Sie

> Figurenkonzeption und -konstellation lassen sich oft nicht eindeutig voneinander ab-
> grenzen. Eine einzelne Figur bzw. Person ist stets auch durch ihre sozialen Interaktionen
> („soziale Beziehungen") geprägt. Diese stehen im Mittelpunkt, wenn Sie explizit eine
> Figur in ihrem Beziehungsgeflecht untersuchen sollen.

Der **Erzähler** hat verschiedene Möglichkeiten, Figuren dem Leser zu vermitteln: Er beschreibt sie **aus seiner Sicht**, lässt sie **selbst** zu Wort kommen oder **durch andere** kennzeichnen. Dabei kann er einzelnen Figuren besondere Aufmerksamkeit widmen oder ihnen nur eine Nebenrolle zuweisen. Es steht ihm frei, sie individuell oder typisiert, außen- oder innengeleitet, in starker oder schwacher Position darzustellen sowie sie mit festem oder sich entwickelndem Charakter auszustatten.

Arbeitsschritte

1 Lesen Sie den Text im Hinblick auf **kennzeichnende Figurenmerkmale** genau durch. Beachten Sie dabei Selbstaussagen der Figur, Bemerkungen anderer Figuren, Hinweise und Kommentare des Erzählers sowie eventuelle Angaben in der Vorbemerkung des Prüfungstextes.

2 Markieren Sie die gefundenen Informationen. Verwenden Sie unterschiedliche Farben für die Bereiche: **Äußeres**, **Inneres**, **Verhalten** und **Soziales**.

3 Notieren und ordnen Sie das gefundene Material nach den unter **2** genann-
    ten Bereichen. → Fügen Sie den jeweiligen Quellenbeleg als Zeilennotiz an.
    Ziel ist das Erstellen eines **Gesamtbilds der Figur**.

4 Formulieren Sie die Charakterisierung. Verwenden Sie das **Präsens** und be-
    legen Sie Ihre Aussagen mit **Zitaten**.

7.2 Beschreiben von sozialen Beziehungen

Die Aufgabenstellung kann auch (zusätzlich) von Ihnen verlangen, **Figuren in
ihrem sozialen Umfeld** zu charakterisieren. In diesem Fall sollten Sie noch
weitere Kriterien heranziehen und in den Mittelpunkt Ihrer Untersuchung
stellen. Achten Sie auf

- dominierende Figuren, Kontrastfiguren und Außenseiter,
- Positionsveränderungen,
- Aktionen und Reaktionen,
- Verhaltensstrategien und ihre Auswirkungen,
- Kommunikationsbedingungen, -erfolge und -misserfolge.

■ Übungsbeispiel

Eugen Ruge, *In Zeiten des abnehmenden Lichts* (Text 2, S. 199)

Arbeitsanweisung:

Die Demenz bestimmt das Alter von Kurt Umnitzer. Sammeln Sie Informationen zu einer Charakteristik dieses Lebens. Ordnen Sie das gefundene Material im Hinblick auf den zentralen Aspekt „Krankheit" und begründen Sie in
einer kurzen Einleitung Ihr Vorgehen.

Lösungsvorschlag:

Schritt 1 und **Schritt 2** Textstellen im Hinblick auf „Kurts Krankheit" suchen

Die Krankheit des Vaters wird in folgenden Bereichen erkennbar:

* seinem äußeren Erscheinungsbild,
* seinen physischen Tätigkeiten,
* seinem geistigen Befinden (besonders im Vergleich zu früher),
* den Auswirkungen auf Alexander.

Schritt 3 Material nach Krankheitssymptomen/Bereichen ordnen

Die Krankheit prägt Kurts äußere Erscheinung, seine sichtbaren Handlungen, seinen geistigen Zustand und seine menschliche Beziehungsfähigkeit. Die Darstellung der Krankheitssymptome geschieht deshalb am sinnvollsten in dieser Abfolge, also nach dem gängigen Schema **vom Äußeren zum Inneren**, um anschließend auf die Auswirkungen einzugehen:

Krankheitssymptome im äußeren Erscheinungsbild:

* Aussehen: „wie ein Geist" (Z. 33 f.); ungepflegte Erscheinung, unordentliche Kleidung (vgl. Z. 46)
* unangenehmer Geruch („Geruch des Alters", Z. 40)
* dümmlich-starrer Blick („glotzte", Z. 36)

Krankheitssymptome bei körperlichen Tätigkeiten:

* eingeschränkte Motorik; Unsicherheit beim Gehen („umhertapste", Z. 69); Probleme bereits bei gewohnten Handlungen, so der Handhabung von Besteck
* Gefahr des Erstickens beim Essen
* auf Pflegepersonal angewiesen

Krankheitssymptome in der geistigen Befindlichkeit:

* **frühere Eigenschaften, Fähigkeiten:** begnadeter Redner, fesselnder Erzähler; geistig gewandter Professor, aufgeschlossen und kommunikativ, auch handwerklich agil (Gartentätigkeit, vgl. Z. 26); **negative Erfahrungen:** zermürbender Lageraufenthalt, bei dem Kurt fast „krepiert" (Z. 79) wäre
* **Veränderungen:** zwei Jahre zuvor noch beschränktes geistiges Vermögen; Kurts Eingeständnis: „Ich habe die Sprache verloren." (Z. 81)
  – Verlust an Eigeninitiative: „stundenlang" (Z. 70) am Schreibtisch über der Zeitung sitzend
  – extreme Einschränkung des Sprachvermögens: stereotype, geistlose Antworten; Kommunikationsprobleme

- Anzeichen von Vereinsamung
- Persönlichkeitsveränderung; Beschränkung auf biologischen Bereich; Essgier

Auswirkungen auf den Sohn:
- leidvolle Konfrontation mit körperlichem und geistigem Verfall:
  - sinnlich unangenehme Begegnung (Geruch; Essensweise)
  - kein Erkennen von geistiger Leistung (vgl. Z. 66)
  - kein Vordringen in die Bewusstseinsebene des Vaters
  - Erfahrung gegenseitiger Isolation
- aus der Begegnung erwachsende Fragen bleiben ungelöst

| Schritt 4 | Ausführung (hier nur Einleitung) |

Im zweiten Textteil wendet der Erzähler seine Aufmerksamkeit dem an **schwerer Demenz erkrankten** Kurt Umnitzer zu. Er beschreibt dessen Krankheitssymptome und die **vergeblichen Versuche** des Sohnes, mit dem Vater **ins Gespräch zu kommen**. Kurts körperlicher und geistiger Zustand wird besonders im **Kontrast** zu seiner früheren, gesunden Lebensphase deutlich.

Überblicks-information

Eine Szene der Bühnenfassung von „In Zeiten des abnehmenden Lichts", aufgeführt vom Deutschen Theater Berlin; auf dem Foto: Alexander Khuon (als Alexander Umnitzer) und Bernd Stempel (als Kurt Umnitzer)

8 Untersuchen der äußeren und inneren Handlung

In epischen Texten handeln Menschen und gestalten mit ihrem Tun die Wirklichkeit. Man unterscheidet dabei äußere und innere Handlung. Die **äußere Handlung** bezieht sich auf die **sichtbare Abfolge einzelner zielgerichteter Aktivitäten**. Um diesen Handlungsvorgang zu untersuchen, fragt man nach den Handlungsträgern (von bestimmten Interessen und Zielen geleitete Figuren), dem Handlungsraum (Orte, an denen die Tätigkeiten erfolgen), der Handlungszeit (Zeitpunkt und Dauer der Aktionen), dem Handlungsobjekt (Gegenstand, auf den sich die Handlung bezieht) und dem (den) Handlungsauslöser(n) (Anregungen oder Reize, die zu einer Handlung veranlassen). Handlungen können in ihren Auswirkungen zu weiteren Handlungsauslösern werden.

Innere Handlungen stellen **mentale und psychische Prozesse** dar, die als Gedanken, Assoziationen, Gefühle erkennbar sind und von Erfahrungen, Werten, gesellschaftlichen Normen und Zielen beeinflusst werden können. Die Untersuchung richtet sich auf auslösende Faktoren, Inhalte und Abläufe sowie Auswirkungen dieser Vorgänge.

Meist gehen äußere und innere Handlung fortlaufend ineinander über, sodass eine Gliederung nach den genannten Kriterien nicht ratsam erscheint. Sinnvoller ist es, **dem Textverlauf zu folgen** und an den jeweiligen Stellen das wechselseitige Zusammenspiel von äußerer und innerer Handlung aufzuzeigen.

TIPP

Innere Handlung bezieht sich nicht nur auf die dargestellten Figuren. Auch der **Erzähler** kann seine **Gedanken und Empfindungen** preisgeben!

Arbeitsschritte

1 Lesen Sie den Text aufgabenbezogen durch. Achten Sie dabei auf **Handlungswechsel**.
2 Markieren Sie mit unterschiedlichen Farben die Stellen, an denen Ihnen Elemente **äußerer und innerer Handlung** auffallen.
3 Fragen Sie nach **Relationen** zwischen beiden Handlungsarten. Versuchen Sie aus diesen Handlungswechseln **Verhaltensweisen zu erklären** (Ursache-Wirkung-Prinzip).
4 Führen Sie die Ergebnisse Ihrer Untersuchung aus. Folgen Sie dabei den einzelnen Handlungsphasen.

■ Übungsbeispiel

Elisabeth Langgässer, *Die getreue Antigone* (Text 3, S. 201)

Arbeitsanweisung:
Stellen Sie den Zusammenhang von äußerer und innerer Handlung dar.

Lösungsvorschlag:

| Schritt 1 | bis | Schritt 3 | Elemente äußerer und innerer Handlung markieren; Handlungswechsel erklären |

Äußere Handlungsfaktoren:

Handlungsträger: Carola und Begleiter
Handlungsraum: Grab und Umgebung
Handlungszeit: ein Nachmittag im Spätfrühling der unmittelbaren Nachkriegszeit
Handlungsobjekt: Grabpflege
Handlungsauslöser: leidvolle Kriegserfahrungen, beabsichtigte Grabpflege, herausforderndes Verhalten des jungen Mannes

Handlungsverlauf:

- **Beginn der äußeren Handlung:** Abstellen des Korbes durch Carola und Hinwendung zu ihrem Begleiter (vgl. Z. 6 f.); junger Mann: äußeres Verhalten (Anzeichen aufgesetzter Teilnahmslosigkeit, Anzünden einer Zigarette; vgl. Z. 7 ff.) als Ausdruck innerer Einstellung → Ablehnung der Grabpflege
- problematischer Gesprächsansatz (vgl. Z. 20 f.), Tätigkeiten am Grab (vgl. Z. 21 f.); Begleiter: Gefühl mangelnder Zuwendung → Auslöser einer Provokation (vgl. Z. 27 f.)
- **Handlungswechsel** in die Vorstellungswelt des Begleiters (vgl. Z. 30–32)
- „verlegen[es]" (Z. 28) Lachen: Ausdruck der Unsicherheit (vgl. auch Z. 32) → **Handlungsunterbrechung** und Misstrauen bei Carola (vgl. Z. 32 f.)
- Gedanken des Erzählers (vgl. Z. 33–36)
- gegenseitige Vorwürfe und **Eskalation der äußeren Handlung** (Sticheleien, vgl. Z. 39 f., 51 f.) bis zu Handgreiflichkeiten (vgl. Z. 53–63); vergeblicher Befriedungsversuch (vgl. Z. 64–69)
- Traurigkeit (vgl. Z. 70) als Spannungslöser; Beginn einer Handlungsphase, bei der das Gespräch immer wieder von Gedanken unterbrochen wird (vgl. Z. 71–90; vgl. auch Punktierung, Gedankenstrich)
- Carolas religiöse Bindung (vgl. Z. 91 f.); Naturbilder als Hoffnungssymbole (vgl. Z. 93–95)
- **Innere Handlung:** Carolas Zuwendung vermittelt Geborgenheit (vgl. Z. 98–105); ihre aus christlichem Glauben wachsende Beharrlichkeit stimmt

den gefühlsverhärteten Begleiter um (vgl. Z. 108–117); Punktierungen und Naturbilder (vgl. Z. 112–118) → Hinweise auf Gedanken und Empfindungen

Schritt 4 Ausführung

Carola und ihr **Begleiter** befinden sich an einem örtlich nicht näher bestimmten **Soldatengrab**. Hier und in der nahen Umgebung spielt sich die Handlung an einem Nachmittag im Spätfrühling in der **unmittelbaren Nachkriegszeit** ab. Carola will das Grab säubern und bepflanzen. Die **Grabpflege** ist zwar der Anlass, doch die tiefer liegenden Ursachen, besonders der inneren Handlung, sind die **schmerzhaften Erfahrungen** der jüngsten Vergangenheit. Carola leidet unter dem Tod des Bruders (vgl. Z. 51 f.), und auch an ihrem Begleiter sind die schlimmen Jahre nicht spurlos vorübergegangen (vgl. Z. 98 f.). Ein weiterer handlungsauslösender Faktor ist das provozierende Verhalten des jungen Mannes (vgl. Z. 7 ff.), der offenbar Carolas Aufmerksamkeit auf sich ziehen möchte und deshalb zu sticheln beginnt (vgl. Z. 27 f., 39 f.).

äußere Handlungsfaktoren: Handlungsträger, Handlungsraum

Handlungszeit
Handlungsobjekt

Handlungsauslöser

Mit dem Abstellen des Korbes und der Hinwendung Carolas zu ihrem Begleiter (vgl. Z. 6–8) beginnt die äußere Handlung. Der junge Mann gibt sich betont desinteressiert (vgl. Z. 7 ff.). Ihm scheint zu missfallen, dass er Carolas Aufmerksamkeit mit dem toten Soldaten teilen muss. Das Mädchen redet ihn an, doch er provoziert mit einer abwertenden Geste (vgl. Z. 27 f.). **Spannung** entwickelt sich, die Handlung wechselt ins Innere. Offenbar spürt der junge Mann die psychische Stärke Carolas, und er versucht sie sich in seiner Fantasie als kleines Kind vorzustellen (vgl. Z. 30 ff.). Sein „verlegen[es]" (Z. 28) Lachen dient der eigenen Täuschung und zeigt seine **Unsicherheit**. Carola aber macht diese Geste stutzig (vgl. Z. 32 f.). Hier äußert sich der auktoriale **Erzähler** mit einer **kommentierenden Begründung** (vgl. Z. 33–36).

Beginn der äußeren Handlung

Unsicherheit als Auslöser innerer Handlung

Erzähler teilt seine Gedanken mit

Nun beginnt die **Auseinandersetzung** zwischen den beiden jungen Leuten. Carolas hingebungsvolle Arbeit am Grab und ihr auffordernder Ton (vgl. Z. 37) stacheln den jungen Mann an. Er fühlt sich nicht ernst genommen, empfindet vermutlich selbst Einsamkeit und vermisst Carolas Zuwendung. Deshalb verstärkt er seine **Sticheleien** (vgl. Z. 39 f., 51 f.). Er scheut sich nicht, Carolas Bruder zu erwähnen, der im KZ den Tod gefunden hat. Daraufhin **eskaliert** die äußere Handlung (vgl. Z. 53–63). Während er sich schnell wieder beruhigt, bleiben seine Versuche, sie mit Schwarzmarktwaren zu besänftigen, erfolglos.

erneute Provokation als Auslöser äußerer Handlung

Eskalation der äußeren Handlung, dann Beruhigung des Begleiters

Carolas Fähigkeit, die Situation ihres Begleiters richtig einzuschätzen (vgl. Z. 70), macht ihm seine **Verlorenheit** bewusst und ihn dadurch zur **emotionalen Öffnung** bereit. Das Schlüsselwort „Traurigkeit" (Z. 70) bewirkt ein gemeinsames Schweigen und führt Carolas **Gedanken zu ihrem Bruder** und dessen Tod. Sein Schicksal lässt ihr keine Ruhe. In ihrer Qual wendet sie sich „an einen ganz anderen" (Z. 90). An ihn richtet sie auch ihre Fragen (vgl. Z. 91 f.), in denen ihre Religiosität deutlich wird.

„Traurigkeit" als Auslöser einer Entspannung

innere Handlung

Carolas religiöse Bindung

Carolas gestische Zuwendung hat den jungen Mann beruhigt. Ohne dass ein mentaler Vorgang erkennbar wird (vgl. Punktierungen, Gedankenstriche, Naturbilder als Symbole innerer Bewegtheit), vermittelt Carola ihrem Begleiter doch ein **Gefühl der Geborgenheit** (vgl. Z. 104 ff.). Aus der gesuchten Verbindung von Lebenden (Freund, Mutter, Pfarrer, Gemeinde) und Toten (unbekannter Soldat, Bruder), die sich besonders im Besuch der Totenmesse verdeutlicht, gewinnt sie **innere Festigkeit**. Mit dieser kann sie ihrem Begleiter gegenübertreten und seine **Gefühlsverhärtung** durch zärtliche Hinwendung **aufbrechen**. Es gelingt ihr sogar, ihn zum Kirchendienst zu verpflichten (vgl. Z. 108 – 117).

innere Handlung: Vermittlung von Geborgenheit

christliche Werte Carolas als Orientierung für sich und andere

Der Titel „Die getreue Antigone" spielt auf die Figur der Antigone aus der griechischen Mythologie an. In der gleichnamigen Tragödie von Sophokles (496–406 v. Chr.) wird das tragische Schicksal der Tochter von Ödipus dargestellt. Die Zeichnung rechts zeigt die Szene, als Antigone ihrem toten Bruder durch eine symbolische Bestattung den Einzug in das Totenreich ermöglicht – was jedoch durch ihren Onkel, König Kreon, unter Androhung der Todesstrafe verboten worden war.

9 Erweiterte Arbeitsaufträge

Oft schließt sich der Interpretationsaufgabe zu epischen, aber ebenso zu dramatischen oder lyrischen Texten ein zusätzlicher Arbeitsauftrag an. Dabei gibt es grundsätzlich zwei Möglichkeiten: die Vertiefung eines bestimmten thematischen Aspekts der vorher interpretierten Textgrundlage oder der Vergleich mit einem anderen literarischen Werk, das Sie selbst auswählen können.

Beachten Sie

Die folgenden **Arbeitsschritte** werden exemplarisch an einem epischen Text veranschaulicht, gelten aber für erweiterte Arbeitsaufträge **zu allen Gattungen**.

9.1 Vertiefung eines thematischen Aspekts

Der erweiterte Arbeitsauftrag geht in der Regel vom vorliegenden, bereits erschlossenen und interpretierten Text aus und zielt auf die Vertiefung eines thematischen Aspekts. Gehen Sie folgendermaßen vor:

Arbeitsschritte

1 Lesen Sie den Text themabezogen durch.
2 Markieren und notieren Sie dabei die für die Bearbeitung wichtigen Stellen.
3 Versuchen Sie, den **thematischen Schwerpunkt** (d. h. den Sachverhalt, das Problem oder den Begriff) mit Ihrem **Vorwissen** aufzuschlüsseln (nach Erscheinungsformen, Funktionen).
4 Verbinden Sie die Testaussagen mit Ihren Kenntnissen: Stellen Sie **Übereinstimmungen**, **Ähnlichkeiten**, **Unterschiede** und **Ergänzungsmöglichkeiten** fest. Ordnen Sie das Material nach den Vorgaben der Aufgabenstellung oder des Textverlaufs. → Weitere Gliederungsmöglichkeiten: z. B. nach Erscheinungsformen, Eigenschaften, Funktionen, Leistungen
5 Stellen Sie nun Ihre Ergebnisse übersichtlich strukturiert dar.

■ Übungsbeispiel

Eugen Ruge, *In Zeiten des abnehmenden Lichts* (Text 2, S. 199)

Arbeitsanweisung:

„Ich habe die Sprache verloren." Erläutern Sie, bezogen auf den vorliegenden Text, die Bedeutung von Sprache.

Lösungsvorschlag:

Schritt 1 bis **Schritt 3** Sachverhalt aufschlüsseln

Sprachfunktionen, in denen die Bedeutung der Sprache zum Ausdruck kommt (→ eigenes Vorwissen):

- Benennungs-, Ausdrucks-, Ordnungs- und Deutungsfunktion: Sachverhalte benennen, seine Gefühle und Gedanken ausdrücken
- zeitübergreifende Funktion: Erinnerung konservieren und die eigene Zukunft planen
- Informations-, Kontakt-, Kommunikationsfunktion: sich mit anderen austauschen und sprachlich agieren
- gemeinschaftsstiftende, sozial verbindende Funktion: Zugehörigkeit zu einer Gruppe herstellen
- bildende und identitätsstiftende Funktion: Zusammenhang der Entwicklung von Sprache und Denken; Zusammenhang zwischen Sprache und Identität: die eigene Individualität ausdrücken
- Kreativfunktion: sich über Sprache kreativ, z. B. literarisch, betätigen

Schritt 4 Vorwissen und Folgen des Sprachverlusts im Text verbinden

Folgen des Sprachverlusts

Kurts kranke Lebensphase: Sprachverlust

- Auf Alexanders Anreden folgen keine gesprächs- und situationsgerechten Antworten, nur formelhafte Wiederholungen („Ja, sagte Kurt.", Z. 44, 50, 52, 58); Handlungsaufforderungen bleiben ohne Reaktion („Du hast die Gabel falsch herum [...]. Aß dann aber weiter", Z. 61 f.); keine echte Kommunikation oder Interaktion zwischen Vater und Sohn möglich („Wenn du wüsstest, sagte Alexander. Kurt reagierte nicht.", Z. 93 f.)
  - → **Verständnisschwierigkeiten:** Unfähigkeit, die äußere und innere Welt zu erfassen, zu benennen und zu ordnen (kein Zugang zur Benennungs-, Ordnungs- und Deutungsfunktion von Sprache);
  - → **Verlust der Erinnerung** (Konservierungsfunktion nicht vorhanden);
  - → Unfähigkeit, Informationen zu verarbeiten; **Kommunikationsschwierigkeiten** (fehlende Informations-, Kontakt-, Kommunikationsfunktion);
  - → **Unfähigkeit** Alexanders, durch Sprache Kurts **Verhalten zu beeinflussen** (Steuerung durch Spracheinfluss nicht gegeben);
  - → **Unfähigkeit**, im sprachlichen Austausch mit der Welt **zu lernen und sich zu entwickeln** (Bildungsstagnation, Persönlichkeitsreduktion);
  - → soziale **Isolation** (gemeinschaftsstiftende Funktion der Sprache nicht vorhanden)

- „Was fühlte, was dachte Kurt [...]? Dachte er überhaupt? Wie dachte man ohne Worte?" (Z. 68–71)
  → Alexanders (bzw. des Erzählers) Fragen betreffen den Zusammenhang von gedanklicher, emotionaler und sprachlicher Leistung: Mit Sprache drückt man **Gedanken und Gefühle** aus (Ausdrucksfunktion), das ist Kurt nicht mehr möglich.
  → Denken und Sprache als Voraussetzung und Bestandteile einer **individuellen menschlichen Identität**, eines „Ich" (Z. 68): Sprache und Identität wachsen durch Einfluss von Umwelt, Bildung und Erfahrung; Bedeutung von Muttersprache und Mundart für die eigene Identität

Kurts gesunde Lebensphase: Sprachmächtigkeit

- Vor seiner Erkrankung konnte Kurt fesselnd erzählen („Kurt, der Redner. Der große Erzähler. [...] Wie alle an seinen Lippen hingen [...]", Z. 75 f.).
  → Sprache als **Mitteilungs- und Kommunikationsmöglichkeit**
  → Sprache als sozial verbindendes, **Gemeinschaft** förderndes Instrument
- Kurt benutzt Sprache, um auf vergangene Erfahrungen und Ereignisse hinzuweisen („[...] wenn er davon erzählte, wie er im Lager beinahe krepiert wäre", Z. 79)
  → zeitübergreifende Funktion der Sprache (**Erinnerung** und **Zukunftsplanung**)
- Kurt gestaltet neue Wirklichkeiten („In Kurts Mund verwandelte sich alles in eine Anekdote.", Z. 78).
  → **Kreativfunktion** der Sprache; Sprache als Instrument der Kunst

Schritt 5 Hinweise zur Ausführung

Der Auszug erfasst die Folgen eines Sprachverlusts. Diese werden besonders deutlich, wenn man die einzelnen Funktionen von Sprache heranzieht, die durch die Demenzerkrankung verloren gegangen sind. Dazu werden vom Erzähler Kurts gesunde und kranke Lebensphasen gegenübergestellt. An diesem Gegensatz lässt sich die Bedeutung von Sprache besonders gut erklären und auch eine Gliederung bzw. ein Schreibplan gestalten. → Eine Strukturierung nach Sprachfunktionen wäre ebenfalls möglich.

9.2 Vergleich mit einem anderen Werk

Erweiterte Arbeitsaufträge zielen häufig auch auf einen Vergleich mit einem selbst auszuwählenden anderen Werk. Oft handelt es sich um **grundlegende Themen** wie Liebe, Tod, Leid, Krieg, Natur oder Stadt (→ beispielsweise ließe sich das Aufbruch-Motiv von Text 4 mit dem von Text 12 vergleichen). Als zweckmäßig erweist sich das Anfertigen einer **tabellarischen Übersicht**, in der Sie **Gemeinsamkeiten und Unterschiede** festhalten. So können Sie vorgehen:

- Stellen Sie zunächst zu beiden Texten ganz knapp einige Grundinformationen gegenüber. Sie betreffen: Autor, Titel, Gattung, Thema, Epoche und den Stellenwert des Motivs (→ Hauptmotiv?).
- Fragen Sie dann nach einer formalen Funktion des Motivs: Handelt es sich um ein strukturbestimmendes Element, also z. B. um ein Leitmotiv, das an entscheidenden Stellen auftritt und Textabschnitte verbindet?
- Wenden Sie sich nun dem Inhalt zu und fächern Sie das Thema nach Vergleichskriterien auf, beispielsweise nach Erscheinungsformen (→ In welchen Bereichen und auf welche Weise wird das Motiv erkennbar?) und Leistungen (→ Welche Handlungen und Wirkungen löst es aus? Welche Bedeutungs- und Stimmungsträger gibt es?)

In Ihrer Darstellung können Sie natürlich auch Motivtradition und Leserwirkung berücksichtigen.

Links: Zeichnung eines Reiters von F. Kafka; rechts: Th. Hosemanns Illustration des Aufbruchs von zwei Gesellen; so verschieden die beiden Darstellungen sind, so unterschiedlich ist auch das Aufbruch-Motiv in Text 4 (Kafka: „Der Aufbruch", 1922) und Text 12 (Eichendorff: „Die zwei Gesellen", 1818) umgesetzt.

10 Interpretieren epischer Kleinformen

Neben den bekannten Untersuchungsbereichen epischer Texte (vgl. S. 41), die Sie Ihrer Erschließung immer zugrunde legen müssen, können in Prüfungen auch Kenntnisse von **gattungsspezifischen Aspekten** für die Deutung hilfreich sein. Jede epische Form hat dabei ihre Besonderheiten. Zu den wichtigsten epischen Klein- oder Kurzformen zählen Anekdote, Parabel, Kurzgeschichte, Fabel und Märchen. Allen epischen Kleinformen gemeinsam ist: **geringer** Umfang, **lineare** Struktur, **beschränkte** Figurenzahl, ein **zentrales** Ereignis und eine **verdichtete** Darbietung. Wenn Sie die gattungsspezifischen Merkmale einer epischen Kleinform untersuchen sollen, gehen Sie am besten so vor:

Arbeitsschritte

1. Notieren Sie die **formalen und inhaltlichen Merkmale** der zu untersuchenden epischen Kleinform.
2. Lesen Sie den Text aufgabenbezogen durch.
3. Markieren Sie dabei Passagen, an denen die **gattungsspezifischen Kennzeichen** deutlich werden, und notieren Sie Ihre Ergebnisse.
4. Ordnen Sie diese den einzelnen Untersuchungsaspekten/Merkmalen zu.
5. Führen Sie Ihre Ergebnisse aus.

10.1 Die Anekdote

Eine Anekdote (von griech. *anékdota* = Unveröffentlichtes) ist durch folgende Merkmale gekennzeichnet:

- Es handelt sich um einen **kurzen** Prosatext.
- Der Inhalt beschränkt sich auf ein **einzelnes merkwürdiges Ereignis**, das verdichtet dargestellt wird.
- Der Handlungsaufbau ist spannungsvoll auf eine **Pointe** (= einen geistreichen, überraschenden Schluss) hin konzipiert.
- Raum, Zeit und Figuren können einen **historischen oder realen Hintergrund** haben.
- Dabei werden am **typisierten Einzelfall** allgemeine menschliche Verhaltensweisen deutlich.

Heinrich v. Kleist (1777–1811) ist für seine Anekdoten, z. B. die „Anekdote aus dem letzten preußischen Kriege" (1810), bekannt.

10.2 Die Parabel

Bei einer Parabel (von griech. *parabole* = Vergleichung, Gleichnis) handelt es sich um eine kurze, mitunter lehrhafte **Gleichniserzählung:** Ein dargestellter, konkreter Vorgang (= **Bildebene**) **verweist** auf einen anderen, abstrakten Vorstellungsbereich (= **Sachebene**). Aus dem Gesagten soll also durch Nachdenken das Gemeinte erschlossen und eine **Erkenntnis** gewonnen werden. Die **Figuren** einer Parabel sind **typisiert** und damit *nicht* mit individuellen Charaktereigenschaften ausgestattet.

Früher hatten Parabeln einen **lehrhaften** Zug, der zu ethisch-sittlichem Verhalten aufforderte (Toleranz, Nächstenliebe). Typisch sind z. B. die Parabeln aus dem Neuen Testament (Gleichnis vom verlorenen Sohn). Diese lehrhafte Tendenz kommt bei modernen Parabeln seltener vor. **Moderne Parabeln** sind **verrätselt** und **mehrdeutig.** Bild- und Sachebene gehen ineinander über. Bei den Parabeln von Franz Kafka beispielsweise wird die Verrätselung in der Regel nicht aufgelöst und der Leser bleibt oft ratlos zurück.

Franz Kafka (1883–1924)

—TIPP —————————————————————————

Der **Verweischarakter** eines konkreten Vorgangs (Bildebene) auf einen abstrakten Vorstellungsbereich (Sachebene) stellt ein entscheidendes Merkmal dar und ist der Schlüssel zum Erkennen einer Parabel.

Unterschiede zwischen traditionellen und modernen Parabeln:

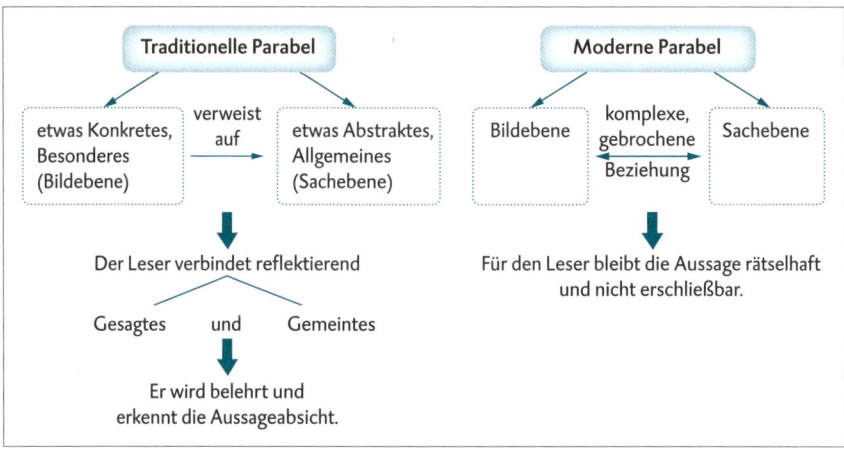

■ Übungsbeispiel

Franz Kafka, *Der Aufbruch* (Text 4, S. 204)

Arbeitsanweisung:

Überprüfen Sie, inwieweit der Text den gattungsspezifischen Merkmalen einer Parabel entspricht. Begründen Sie Ihre Aussage.

Lösungsvorschlag:

Schritt 1   Kennzeichen einer Parabel festhalten

Epische Kurzform; typisierte Figuren; stilisierter Einzelfall; Gleichnischarakter (Bildebene → Sachebene); lehrhafter Grundton, der sich mit der Vieldeutigkeit der Bildebene verringert

Schritt 2   bis   **Schritt 4**   Merkmale markieren; Verweischarakter prüfen; Textstellen zuordnen

Gewiss fällt Ihnen schon beim ersten Durchlesen die schlichte Form des Textes und der Gegensatz von einfachem Vorgang und offenbar rätselhafter Aussage auf. Hier geht Konkretes in Befremdliches über. Dies deutet bereits auf die Textart „Parabel" hin. Weitere Fragen bestätigen die erste Vermutung:

- **Umfang?** Es handelt sich um einen kurzen Text (→ Umfang von 10 Zeilen).
- **Figurenkonzeption und -konstellation?** Im Text treten typisierte Figuren auf (→ Herr und Diener bleiben namenlos und ohne individuelle Kennzeichnung), die Kommunikationsprobleme haben.
- **Transparenter Inhalt?** Inhaltlich wird ein einfacher Vorgang (→ Ich-Erzähler bricht zu einer Reise auf) zum Rätsel (→ Fragen nach dem Grund des Aufbruchs, Reisedauer und Reiseziel bleiben offen).
- **Verweis- und Gleichnischarakter?** Der Vorgang löst Reflexionen aus (→ Was ist gemeint?) und verweist auf einen anderen Vorstellungsbereich (→ Sachebene; vgl. Weg-Metapher: Lebensänderung, Sinnsuche, Transzendierung der Realität). Deshalb kann man von einem Gleichnischarakter (→ konkreter Aufbruch als Lebensänderung) sprechen.
- **Lehrhafte Tendenz?** Ein lehrhafter, zugleich rätselhafter Grundton ist erkennbar: Mut, auf sein Inneres zu hören (→ Trompetenton), sich von alten, engen, scheinbar sicheren Verhältnissen zu trennen und aufzubrechen zu einem neuen, unsicheren und unüberschaubaren Lebensweg, der misslingen, aber auch glücken kann.

Fazit: Die gefundenen Fakten weisen den Text als (moderne) Parabel aus.

Untersuchung der Bild- und Sachebene:

Als **Bildebene** dient ein schlichtes, konkretes Geschehen: Ein Mensch will ausreiten und erteilt seinem Diener einen Auftrag. Doch dieser versteht ihn nicht. Der Vorgang deutet auf einen anderen Bereich, die **Sachebene:**

- Der Ich-Erzähler will Gewohntes verlassen.
- Der Diener, der in der alltäglichen Welt zu Hause ist, und den die Absicht seines Herrn überrascht, begreift nichts.
- Er hört auch nicht das Trompetensignal, das den Aufbruch begleitet.

Dieser Aufbruch ist eine Reise ins Ungewisse und stellt deshalb ein Risiko dar. Sie kann also auch scheitern.

Schritt 5	Hinweis zur Ausführung

Stellen Sie hier die Ergebnisse der Arbeitsschritte 1 bis 4 dar. Diese begründen und bestätigen die Behauptung. Zugleich sollten Sie noch die Rätselhaftigkeit der Parabel Kafkas hervorheben, die dem Leser keine eindeutige Wahrheit erschließt, sondern ihn vielmehr in seinem Weltverständnis verunsichert.

10.3 Die Kurzgeschichte

Unter dem Einfluss der amerikanischen Short Story entwickelte sich in der Nachkriegszeit die Kurzgeschichte. Bis in die 60er-Jahre des 20. Jahrhunderts stellt sie ein beliebtes literarisches Genre dar. An diesen Merkmalen erkennen Sie eine Kurzgeschichte:

- Aufbau: **lineare**, **einsträngige** Struktur: unmittelbarer Einstieg, Spannungssteigerung, überraschende Wendung, offener Schluss; Rückblenden und Zukunftsentwürfe sind möglich
- Erzählform und -haltung: meist **Er-Form** und **personale** Erzählhaltung
- Figuren: geringe Anzahl; meist **typisierte Durchschnittsmenschen**, nicht selten Kontrastfiguren in einem Spannungsfeld, eine Figur in einer Konflikt- und Entscheidungssituation
- Raum und Zeit: **begrenzter** äußerer Raum, Dominanz des inneren Raumes; **kurzer** Zeitabschnitt
- Handlung: **einfache** Vorgänge, unauffällige Tätigkeiten; Bedeutung der **inneren Handlung**

Die Schriftstellerin Elisabeth Langgässer (1899–1950) hat Erzählungen, Kurzgeschichten und Gedichte verfasst.

- Realitätsbezug und Thema: Darstellung eines Ereignisses aus dem Alltagsleben eines oder mehrerer Menschen; **Verweischarakter des Alltagsgeschehens**
- Sprache und Stil: **Alltagssprache**, oft mit symbolischem Gehalt

■ Übungsbeispiel

Elisabeth Langgässer, *Die getreue Antigone* (Text 3, S. 201)

Arbeitsanweisung:

Begründen Sie, weshalb es sich bei diesem Text um eine Kurzgeschichte handelt.

Lösungsvorschlag:

| **Schritt 1** | **Merkmale einer Kurzgeschichte festhalten** |

Notieren Sie die oben angeführten Kennzeichen von Kurzgeschichten.

| **Schritt 2** | bis | **Schritt 4** | **Passagen mit Kennzeichen markieren; Textstellen zuordnen** |

Aufbau

- bildhafter Vorspann mit knapper Orts- und Situationsangabe, danach unvermittelter Handlungsbeginn (Abstellen des Korbes)
- lineare Struktur (einfache Anordnung der Inhaltselemente; Rückblenden und Naturschilderungen)
- Spannungssteigerung im Gespräch durch Provokation und Gegensätze
- überraschende Wendung mit der Bereitschaft des jungen Mannes, am Gottesdienst mitzuwirken
- offener Schluss: Der Leser bleibt im Unklaren über das weitere Schicksal der beiden Figuren.

Erzählform und -haltung

- Er-Form
- Mischung von neutralem, personalem und auktorialem Erzählverhalten:
  - **neutral:** in den Dialogpartien (z. B. Z. 41–50),
  - **personal:** bei der Wiedergabe von Gedanken und Gefühlen (vgl. Z. 30–32; auch Z. 91 f., 110 f., 59)
  - **auktorial:** besonders in den Naturbeschreibungen (vgl. Z. 10–19, 71–74), und kommentierenden Formulierungen (vgl. Titel; „hässliche", Z. 15; „roh und verlegen", Z. 28; „misstrauisch", Z. 33; „verzweifeltem Ausdruck", Z. 53; „einen verstörten Eindruck machte und ein Bild der Verlassenheit bot", Z. 63; „wie auf Verabredung", Z. 74; „wie ein verlau-

fener Hund", Z. 75; „wie im Traum", Z. 97; „verfinstertes, junges Gesicht mit den Linien der unbarmherzigen Jahre", Z. 98; „vertrauensvoll und erschöpft", Z. 115)

Figuren
- nur zwei Personen: durchschnittliche Menschen, deren Verhalten nichts Außergewöhnliches zeigt
- kurzfristig in heftiger Auseinandersetzung, dann versöhnlich
- knappe Charakterisierung durch Tätigkeiten und Verhaltensweisen; Hinweise auf die Familiengeschichte des Mädchens, seine Religiosität und Sinnsuche; Kontakte des jungen Mannes zum Schwarzmarkt
- Namenlosigkeit des jungen Mannes

Raum und Zeit
- begrenzter äußerer Raum: beschränkt auf das Grab und dessen Umgebung
- kurze Zeitspanne: Nachmittag im Spätfrühling der unmittelbaren Nachkriegszeit; festgelegter Zeitrahmen durch Grabpflege und Unterbrechung (Zeitangaben: „Nachmittagssonne", Z. 71; „die schräge fallenden Sonnenstrahlen", Z. 94; zum Ende des Textes hat das Einpflanzen der Blumen noch nicht begonnen, vgl. Z. 118)

Handlung
- spärliche äußere Handlung (Grabpflege, Gespräche, Handgreiflichkeiten, Schweigen)
- intensive innere Handlung

Realitätsbezug, Thema
- Auseinandersetzung am Soldatengrab als zentrales Ereignis
- der von der Vergangenheit belastete junge Mann in innerem Konflikt und in einer Entscheidungssituation (Diesseitsbezogenheit – Mitmenschlichkeit)
- Bereitschaft zur Mitarbeit beim Gottesdienst als Wendepunkt
- alltägliches Geschehen, Vergangenheits- und Todesthematik mit Verweischarakter (Mitmenschlichkeit als Lebenssinn)

Sprache und Stil
- Alltagssprache (vgl. besonders die Dialogpartien), durch Aufzählungen, Ellipsen, Vergleiche, Wiederholungen, Antithesen auf Anschaulichkeit, Eindringlichkeit, Spannung zielend; Nichtsagbares durch Punktierung und Gedankenstriche verdeutlicht
- Weg-Symbolik (Weg läuft am Grab vorbei: Ambivalenz des Grabes als Ort des Todes und der Auferstehung); Natur-Symbolik

Schritt 5 Hinweis zur Ausführung

Beginnen Sie Ihre Ausführung mit einer knappen Bemerkung zur Bedeutung der Kurzgeschichte in der Nachkriegszeit (Stoffe aus der damaligen Lebens- und Erfahrungswelt). Formulieren Sie dann überleitend Ihre Überprüfungs- absicht. Gliedern Sie den Hauptteil nach den aufgezeigten Merkmalen, und stellen Sie abschließend als Ergebnis fest, dass die gefundenen Merkmale die Gattung bestätigen. Zusätzlich bietet sich ein Hinweis auf die Offenheit der Kurzgeschichte (Aufforderung zur Beteiligung des Lesers) bzw. auf den Ver- weischarakter des Ereignisses an.

11 Interpretieren eines Novellenauszugs

Die moderne Novelle (von lat. *novus, novellus* = neu; ital. *novello/a*, Adj. = neu; ital. *novella*, Subst. = Nachricht) steht umfangmäßig zwischen epischen Klein- formen und Roman. Ihr Beginn liegt in der italienischen Renaissance. In Deutschland setzte sie sich erst im 18. Jahrhundert durch.

Eine Novelle erkennen Sie an folgenden Merkmalen:

- eine Prosaerzählung von **kurzem bis mittlerem** Umfang
- ein **einziges**, real mögliches Ereignis im Mittel- punkt
- ein **Konflikt**, beispielsweise der Zusammenstoß von Mensch und Schicksal, Realem und Unge- wöhnlichem
- eine **lineare**, sich **steigernde**, auf einen Höhe- und Wendepunkt zustrebende Handlungsstruk- tur; oft auch Rahmenstruktur
- Vorkommen von **Leitmotiv** und Dingsymbol
- sachlich präziser **Berichtstil**
- Nähe zur **geschlossenen Form**

Giovanni Boccaccio (1313–1375) gilt mit seiner Novellensammlung „Decamerone" als der Begründer der Novellentradition.

■ Übungsbeispiel

Heinrich von Kleist, *Das Bettelweib von Locarno* (Text 1, S. 197)

Arbeitsanweisung:

Überprüfen Sie den Text auf gattungsspezifische Merkmale einer Novelle.

Lösungsvorschlag:

> **Schritt 1**   Kennzeichen einer Novelle

Notieren Sie die oben angeführten Merkmale von Novellen.

> **Schritt 2**   bis   **Schritt 4**   Passagen mit Kennzeichen markieren; Textstellen
> zuordnen

Der Text enthält folgende Merkmale einer Novelle:

- **Einzigartigkeit** des Geschehens (→ eine mitleidlose Geste führt auf ge-spenstische Weise zum Untergang des Marchese),
- **Konflikt**, der Mensch und Schicksal, Reales und Außergewöhnliches ver-bindet (→ unheimliche Kausalität zwischen einer geringfügigen Untat und dem Untergang des Adligen; Einbruch des irrealen Spuks als unbegreifliche, handelnde, vielleicht sogar strafende Instanz in die konkrete Welt),
- eine **lineare**, sich zunehmend steigernde, auf einen Höhepunkt zustreben-de Handlungsstruktur (vgl. S. 48 f.),
- g_raffter, um **Sachlichkeit** bemühter Bericht, der sich nur am Höhepunkt anschaulich entfaltet,
- die Bettlerin, die als Spukerscheinung fortlebt, als **Leitmotiv**.

12 Interpretieren eines Romanauszugs

Der Roman ist die umfangreichste und **komplexeste Erzählform** und Aus-druck der bürgerlichen Welt, die er in **großer Themenvielfalt** spiegelt. Man kann ihn nach Stoffen (z. B. Abenteuer-, Künstler-, Kriminalroman), Themen (z. B. Liebes-, Erziehungs-, Bildungs-, Gesellschafts-roman) oder Erzählverfahren (z. B. Ich-, Brief-, Tage-buchroman) gliedern. Mit dem sich verändernden Weltbild wandelten sich auch die Stoffe, Themen, Erzählweisen, Figuren, Handlungsverläufe und Mo-tive.

Eine deutliche Zäsur sieht man zwischen der **tra-ditionellen** Literatur, die auf einem geschlossenen, gesicherten Weltbild basiert (z. B.: A. Stifter: *Der Nachsommer*, Th. Fontane: *Effi Briest*), und der **mo-dernen** Literatur, bei der es keine festen Werte mehr gibt (z. B.: A. Döblin: *Berlin Alexanderplatz*; Christi-an Kracht: *Faserland*; E. Jelinek: *Die Kinder der Toten*).

Die österreichische Schriftstellerin Elfriede Jelinek (geb. 1946) erhielt 2004 den Nobelpreis für Literatur.

In Prüfungen bildet Ihre Textvorlage nur einen Ausschnitt aus einem Roman. Meist handelt es sich dabei um eine Stelle mit einem besonderen Thema, Motiv oder Problem.

In der Regel müssen und können Sie an dem Textauszug *nicht* explizit die Merkmale eines Romans nachweisen, die **Arbeitsanweisungen** zielen stattdessen häufig auf: den Erzähler und die von ihm eingesetzten Gestaltungsmittel, die Figuren in ihrer Konzeption, die Gestaltung von Raum und Zeit, epochenspezifische Themen, Motive und Probleme sowie den historischen, sozialen und kulturellen Hintergrund. Oft liefert bereits der Romaneingang wichtige Hinweise auf die den Gesamttext bestimmenden Themen (vgl. Text 2).

Interpretation epischer Texte: Zusammenfassung wichtiger Untersuchungsbereiche

Inhalt

- Orientieren Sie sich an äußeren Abschnitten und Sinneinheiten (Perspektiven- und Handlungswechsel!).
- Beschränken Sie sich auf Wesentliches.
- Folgen Sie bei der Ausführung dem Geschehens- und Handlungsverlauf.
- Schreiben Sie sachlich mit eigenen Worten im Präsens; vermeiden Sie Zitate (indirekte Rede!).

Innerer Aufbau

- Orientieren Sie sich an äußeren Abschnitten, Sinneinheiten, formalen Ordnungselementen, Grundstrukturen (Rahmen, pyramidaler oder dialektischer Aufbau, Erzähl- und Handlungsphasen, Leitmotive).
- Folgen Sie bei der Ausführung dem Geschehens- und Handlungsverlauf.
- Achten Sie auf übersichtliche Struktur, sachliche Information, Fachausdrücke, Präsens.

Erzählerische Gestaltung

Analysieren Sie:

1. Erzählform:	Ich-Form oder Er-/Sie-Form
2. Perspektive:	Standort, Blickfeld, Erzählerinteresse, Außen-/Innensicht, Einstellung
3. Erzählverhalten:	auktorial, personal oder neutral
4. Darbietungsweise:	Erzählerbericht oder Figurenrede
5. Zeitgestaltung:	Zeitraffung, Zeitdeckung, Zeitdehnung, Rückblenden, Vorausdeutungen
6. Erzählerposition:	souverän oder geschwächt

Sprache

- Stellen Sie Auffälligkeiten bei Wortwahl, Stil, Syntax und rhetorischen Mitteln fest.
- Überprüfen Sie deren Funktionen im Hinblick auf die Textaussage (Themenschwerpunkte, Hauptmotive, Intentionen).
- Folgen Sie bei der Ausführung dem Geschehens- und Handlungsverlauf.

Raum und Zeit

- Fragen Sie nach Raumformen (Handlungs-, Lebens-, Fantasie-, Stimmungs-, Symbolraum), Zeiten (Handlungsabläufe, Entwicklungen, Erinnerungen) und Auswirkungen.
- Gliedern Sie nach dominierenden Raumformen oder Handlungsabläufen.

Figuren

- Fragen Sie nach Position (Hauptfigur – Nebenfigur), Darstellung (individuell/typisiert) und Ausrichtung (außen-/innengeleitet) der Figur.
- Gliedern Sie **vom Äußeren zum Inneren und Sozialen:**
  äußeres Erscheinungsbild (Aussehen, Alter, Sprache, Auftreten) → Einstellungen, Eigenschaften (Einflüsse, Interessen, Engagement, Orientierung, Entwicklung) → Handlungen und Verhaltensweisen → soziale Beziehungen.

Handlung

- Fragen Sie nach den Anteilen von äußerer und innerer Handlung (Verhältnis, Gewichtung, gegenseitiger Einfluss: Ursache – Wirkung).
- Halten Sie die Handlungselemente (Beteiligte, Ort, Zeit, Gegenstand) und
- Handlungsentwicklungen (Auslöser, Ablauf, Ergebnis) fest.
- Gehen Sie bei der Gliederung zunächst auf die äußeren Handlungsfaktoren ein und folgen Sie dann den Handlungsentwicklungen.

Erweiterte Arbeitsaufträge

Vertiefung eines Themas	• Aufschlüsseln des Themas nach eigenem Vorwissen (z. B. nach Erscheinungsformen, Funktionen, Entwicklungen) • Vergleich der gefundenen Fakten mit den Textaussagen • Zusammenfassung
Vergleich eines Themas mit einem anderen Werk	• Orientierung an den thematischen Vorgaben des Textes • Erstellen eines Katalogs von Vergleichskriterien (z. B. Ursachen, Erscheinungsformen, Wirkung) • Überprüfen der Vergleichskriterien am gewählten Text • Gliederung nach Gemeinsamkeiten und Unterschieden

Gattungsnachweis

- Halten Sie die kennzeichnenden Gattungsmerkmale fest.
- Weisen Sie diese Merkmale am vorliegenden Text nach.
- Suchen Sie ggf. den Bezug zur Epoche.

Dramatische Texte interpretieren

Dramen sind für die Bühne konzipiert. Auf ihr agieren Figuren als Rollenträger und vermitteln den Zuschauern eine fiktive Wirklichkeit. **Dramatische Handlung** entwickelt sich deshalb vor allem in **zwischenmenschlicher Kommunikation**. Hier bewirken gegenteilige Meinungen Spannung und führen zu Konflikten, die tragisch in einer Katastrophe enden oder versöhnlich gelöst werden.

Das Theater, so wie wir es kennen, hat seinen Ursprung in der Antike. Die griechischen und römischen Theater sind heute beliebte Sehenswürdigkeiten (wie z. B. das abgebildete Theater in Taormina auf Sizilien), sie sind aber auch bekannt für ihre hervorragende Akustik; z. T. werden dort immer noch Schauspiele aufgeführt.

Bearbeitungsschwerpunkte

Beginnen Sie eine Interpretation zunächst mit einer einleitenden **Überblicksinformation**, dann fassen Sie den **Inhalt** zusammen und beschreiben den **Aufbau**. Häufig zielen die Prüfungsanforderungen auf **gattungsspezifische Merkmale**. Im Bereich des Dramas sind dies vor allem:
- die sprachliche Gestaltung,
- Figurencharakteristik und -konstellation,
- Handlungs- und Konfliktentwicklungen,
- Gesprächsstrategien sowie
- Gattungsaspekte.

Des Weiteren können neben Thematik und Motivik auch Orts- und Zeitgestaltung sowie die Epochenzuordnung Untersuchungsschwerpunkte werden.

1 Verfassen einer Einleitung

Führen Sie bei einer umfassenden Interpretation den Leser mit **wichtigen Grundinformationen** zum Thema hin. Falls Sie bestimmte Sachverhalte oder inhaltliche Schwerpunkte eingehender bearbeiten wollen, können Sie hier kurz Ihre Absicht begründen. Auch wenn Sie bei einem zweiten Aufgabenteil ein spezifisches Thema behandeln sollen, ist es sinnvoll, dieses und die beteiligten Figuren einleitend kurz zu nennen (vgl. S. 103).

Arbeitsschritte

1 Lesen Sie den Text sorgfältig durch und machen Sie sich mit dem Inhalt vertraut.
2 Halten Sie die **Schlüsselinformationen** fest: Autor, Titel, Dramenart, Erscheinungsjahr, Thema, Hauptfiguren, ggf. Handlungsort und -zeit, sowie bei Auszügen die Textstelle.
3 Verfassen Sie die Einleitung.

■ Beispiel

Friedrich Hebbel, *Maria Magdalena* (Text 5, S. 204)

Lösungsvorschlag:

In der siebten Szene des ersten Aktes von Friedrich Hebbels (1813–1863) bürgerlichem Trauerspiel *Maria Magdalena* (1844) bringt eine Hausdurchsuchung bei Tischlermeister Anton Standesgegensätze, familiäre Spannungen und seelische Konflikte der beteiligten Figuren ans Licht.

Klara (Monique Schwitter) und Meister Anton (Manfred Zapatka) mit der sterbenden Mutter (Irene Kugler) in einer Inszenierung des Schauspielhauses Hamburg aus dem Jahr 2007

2   Zusammenfassen des Inhalts

Bei einer Zusammenfassung weisen Sie nach, dass Sie nicht nur **Wesentliches von weniger Wichtigem unterscheiden**, sondern auch stärker gerafft als bei der Inhaltswiedergabe darstellen können.

Wenn Sie einen dramatischen Text zusammenfassen, orientieren Sie sich an **Einschnitten im Gesprächs- und Handlungsverlauf**. Diese werden äußerlich im Sprecherwechsel und insbesondere durch den Auftritt oder Abgang von Figuren deutlich. Die Entwicklung von Rede und Gegenrede lässt nicht nur Situationsveränderungen, sondern auch wichtige konfliktverursachende und spannungssteigernde Kräfte erkennen. Diese bilden die zu erfassenden Schwerpunkte des inneren Ordnungsgefüges des Textes.

Arbeitsschritte

1   Lesen Sie den Text sorgfältig im Hinblick auf inhaltliche Akzentuierungen und Einschnitte im Gesprächs- und Handlungsverlauf durch.
2   Um **thematische Einheiten** leichter zu erkennen, ziehen Sie den **Auftritt und Abgang von Figuren**, den **Wechsel von Rede und Gegenrede** sowie **handlungsauslösende und -gliedernde Elemente** heran. Markieren Sie auf dem Textblatt die von Ihnen festgestellten Inhaltssegmente farbig.
3   Halten Sie die erkannten Abschnitte stichwortartig fest. Folgen Sie dabei dem Geschehensverlauf.
4   Fassen Sie nun den Text zusammen. Schreiben Sie im **Präsens**, verwenden Sie **eigene Worte** und konzentrieren Sie sich auf das wirklich Wichtige. Geben Sie am Ende jeder Inhaltseinheit den **Zeilenumfang** in Klammern an.

■ Übungsbeispiel

Friedrich Hebbel, *Maria Magdalena* (Text 5, S. 204)

Arbeitsanweisung:

Fassen Sie den Inhalt der Szene zusammen.

Lösungsvorschlag:

Schritt 1   und   **Schritt 2**   Thematische Einheiten erkennen

Entscheidende Texteinschnitte sind mit dem Ende der Auftritte von Leonhard und der Gerichtsdiener verbunden, sodass sich drei inhaltliche Einheiten ergeben: Z. 1–23, 24–55, 56–73. Diese lassen sich noch detaillierter strukturieren.

Schritt 3 Inhaltliche Struktur festhalten

1 Vergeltung einer früheren Demütigung (Z. 1–23)
   - Eindringen der Gerichtsdiener ins Haus Meister Antons
   - Beschuldigung des Sohnes eines Juwelendiebstahls
   - Provokation Antons durch Gerichtsdiener
   - Tod der Mutter
   - Antons gefühlskalte Reaktion
   - Leonhards gemeines Verhalten
2 Antons wachsende Erregung (Z. 24–55)
   - Antons emotionale Reaktion
   - Klaras Eintreten für ihren Bruder
   - Wirkung von Leonhards Brief auf Klara
3 Klaras Verzweiflung (Z. 56–73)
   - Antons Verdacht
   - seelische Foltermethoden des Vaters
   - Klaras Zusammenbruch
   - Klaras Nötigung durch den Vater
   - Klaras Ausweglosigkeit
   - Beruhigung des Vaters

Schritt 4 Ausführung

Zwei Gerichtsdiener betreten das Haus des Tischlermeisters Anton. Im Zimmer befinden sich Anton, seine Frau und Leonhard, der Verlobte der Tochter Klara. Die Gerichtsdiener berichten über die Verhaftung des Sohnes Karl und suchen nach den angeblich von ihm gestohlenen Juwelen. Dabei provoziert der Gerichtsdiener Adam den Handwerker, denn er hat eine zurückliegende Demütigung durch Anton nicht vergessen. Inzwischen ist Klara eingetreten. Der Vorwurf, ihr Sohn sei ein Dieb, erschüttert die Mutter so sehr, dass sie zusammenbricht und stirbt. Meister Anton reagiert auf den Tod seiner Frau gefühlskalt und mit einer seinen Sohn beleidigenden Bemerkung. Leonhard entfernt sich unter dem Vorwand, einen Arzt zu holen. In Wirklichkeit nutzt er den Vorfall, um sich von Klara zu trennen. (Z. 1–23)

Gerichtsdiener dringen in das Haus Antons ein: angeblicher Diebstahl durch Sohn Karl

Vergeltung einer früheren Demütigung: Adams Provokation

Tod der Mutter und kalte Reaktion Antons

Leonhards berechnendes Verhalten

Anton gerät wegen der Hausdurchsuchung außer sich. Vergeblich verteidigt Klara ihren Bruder vor dem herzlosen Urteil des Vaters. Eine Magd überreicht ihr einen Brief Leonhards, in dem er sich von ihr lossagt. Klara ist tief getroffen. Ihre Niedergeschlagenheit über den Briefinhalt schürt das Misstrauen des Vaters. Die Gerichtsdiener, die nichts gefunden haben, verlassen das Haus. (Z. 24–55)

Meister Anton in Rage

Wirkung von Leonhards Brief: Klaras Entsetzen

Der Vater verdächtigt Klara, ebenfalls etwas moralisch Ver- *Antons Verdacht*
werfliches begangen und ihre Jungfräulichkeit verloren zu haben.
Vor der toten Mutter zwingt er sie, die in seelischem Schmerz auf *Verzweiflung Klaras und*
die Knie gesunken ist, einen Eid auf ihre Unschuld zu leisten. *Grausamkeit des Vaters*
Klara schwört, dass sie ihm keine Schande machen werde, womit
sich der Vater zufriedenzugeben scheint. (Z. 56–73)

3 Untersuchen der Komposition

Um die Komposition eines Dramas zu erfassen, fragen Sie nach dem formalen
Aufbau und seiner Gliederung. Wichtige Kompositionselemente sind:
- der **Akt** (früher: „Aufzug" → Hinweis auf das Öffnen und Schließen des
  Bühnenvorhangs) als Hauptabschnitt; er strukturiert den Handlungs- und
  Geschehensablauf,
- die **Szene** (bzw. der „Auftritt") ist meist mit einem Figuren- bzw. Schau-
  platzwechsel verbunden,
- selten findet man dagegen den **Chor**, der kommentierend als verbindendes
  Element zwischen den einzelnen Abschnitten auftreten kann.

3.1 Kompositionsmodelle

1960 hat Volker Klotz für das Drama ein Ordnungsprinzip vorgeschlagen, das
zwei Dramentypen unterscheidet: das geschlossene und offene Drama. Anhand folgender charakteristischer Merkmale erkennen Sie, welche Form vorliegt:

	Geschlossene Form	Offene Form
Komposition	• lineare, kausal verknüpfte Handlung • Dominanz innerer Handlung • drei Einheiten • unselbstständige Teile	• mehrere Handlungsstränge • äußere und innere Handlung • Auflösung der drei Einheiten • selbstständige Teile
Ort und Zeit	• kurze Zeitspanne • ideelle Bedeutung des Raumes	• oft große Zeitspanne • viele Räume
Figuren	wenige, idealisierte Figuren	viele Figuren
Sprache	• einheitliche Kunstsprache • hoher Stil • Vers	• unterschiedliche Sprachebenen • Prosa
Weltbild	geschlossen, feste Werte	offen, Wertevielfalt

Das **geschlossene Drama** besitzt zudem einen **pyramidalen Aufbau**, wie ihn bereits Gustav Freytag 1863 beschrieben hat. Die Einteilung der Akte erfolgt demnach immer nach einem bestimmten Schema, und die einzelnen Teile haben jeweils folgende Funktionen:

- **Exposition:** Einführung in Handlung und Geschehen mit Angaben zu Ausgangssituation, Zeit und Ort, Hauptfiguren und Grundstimmung
- **Steigerung:** zwischen Einleitung und Wendepunkt liegender, von wachsender Spannung erfüllter Handlungsteil
- **fallende Handlung:** Handlung führt zum unvermeidlichen Schluss
- **erregendes Moment:** handlungs- bzw. konfliktauslösendes Ereignis
- **retardierendes Moment:** verzögerndes Ereignis
- **Peripetie** (= Wendepunkt): Höhepunkt, an dem die Handlung umschlägt und ab dem es für den Protagonisten kein Zurück mehr gibt
- **Katastrophe:** tragische Lösung des Konflikts

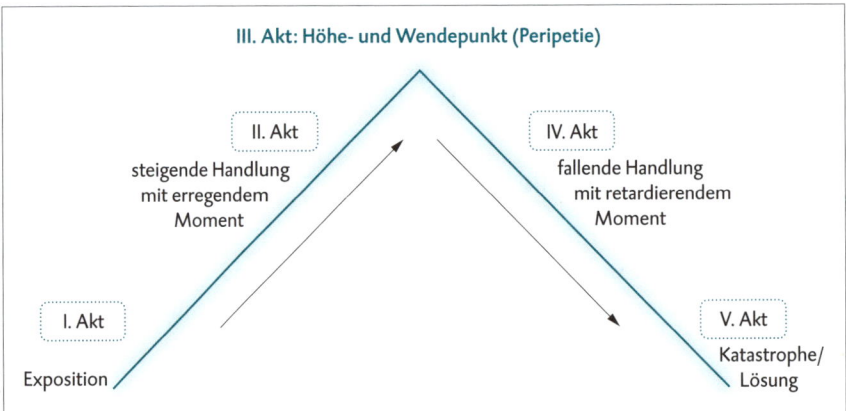

III. Akt: Höhe- und Wendepunkt (Peripetie)

II. Akt
steigende Handlung
mit erregendem
Moment

IV. Akt
fallende Handlung
mit retardierendem
Moment

I. Akt
Exposition

V. Akt
Katastrophe/
Lösung

Beachten Sie

Beide Formen sind idealtypisch zu verstehen. Die einzelnen Dramen nähern sich ihnen stärker oder weniger stark an. Oft sind **keine eindeutigen Abgrenzungen** zwischen offener und geschlossener Form erkennbar.

■ Beispiel für ein geschlossenes Drama

Johann Wolfgang v. Goethe, *Iphigenie auf Tauris*
(Text 6, S. 207)

Folgende Merkmale liegen vor:

- **Komposition:** *ein* linearer Handlungsstrang;
  Dominanz innerer Handlung
- **Ort:** *ein* Ort im gesamten Schauspiel: der Hain
  vor dem Tempel der Diana (vgl. Vorbemerkung)
- **Figuren:** beschränkt auf zwei idealisierte Figu-
  ren von hohem Stand; ausgewogene Redean-
  teile
- **Sprache:** stilistisch hohe Kunstsprache; Blank-
  vers
- **Weltbild:** feste Werte erkennbar

*Illustration aus dem Jahr 1827 von
Johann H. Ramberg (1763–1840)*

■ Beispiel für ein offenes Drama

Bertolt Brecht, *Mutter Courage und ihre Kinder* (Text 7, S. 210)

Folgende Merkmale liegen vor:

- **Komposition:** Montage von zwölf Einzelsze-
  nen; verbunden durch knappe epische Einleitungen und das Kriegsmotiv; thematische Unterbrechungen im Gespräch (vgl. Z. 9 f., 14, 26),
  lyrische Einlage (Soldatenlied)
- **Ort und Zeit:** laufender Ortswechsel über zwölf
  Kriegsjahre hinweg (vgl. Vorbemerkung, S. 210)
- **Figuren:** Mutter Courage als dominierende Figur,
  namenlose Soldaten; Figuren als Vertreter sozialer Schichten
- **Sprache:** Wechsel von Prosa und Vers; Mund-
  artfärbung
- **Weltbild:** offen; dialektisch

*Helene Weigel als Mutter Courage
(1949)*

3.2 Beschreiben des Aufbaus

In der Regel stellt der in einer Prüfung angebotene dramatische Text eine thematisch-motivische Einheit mit einer klaren inhaltlichen und kompositorischen Struktur dar. Beim Erfassen des Aufbaus gilt es, die **einzelnen Elemente** des Textes voneinander zu trennen, nach ihren **Beziehungen** und **formalen Funktionen** zu fragen sowie eine **Ordnung im Gesamtgefüge** des dramatischen Textes zu erkennen.

Arbeitsschritte

1 Lesen Sie den Text genau durch. Orientieren Sie sich dabei an der inhaltlichen Struktur.
2 Überprüfen Sie die einzelnen **Inhaltsabschnitte** auf ihre **formalen Funktionen** und markieren Sie die relevanten Textstellen:
   - Fragen Sie, ob sich diese **dramatischen Strukturelementen** zuordnen lassen (Exposition, handlungsauslösende, verzögernde und unterbrechende Elemente, Abschnitte steigender und fallender Handlung, Höhe- und Wendepunkte, Lösung).
   - Prüfen Sie die **inhaltliche Verbindung der Kompositionsteile** (eher feste oder lockere Verbindung? Offene oder geschlossene Form?) und ein mögliches **Kompositionsschema** (z. B. pyramidaler Aufbau, dialektische Struktur oder Verknüpfung durch Leitmotive).
3 Halten Sie die erkannten Kompositionseinheiten stichwortartig fest.
4 Formulieren Sie die Beschreibung des Aufbaus.

■ Übungsbeispiel

Friedrich Hebbel, *Maria Magdalena* (Text 5, S. 204)

Arbeitsanweisung:
Beschreiben Sie den inneren Aufbau.

Lösungsvorschlag:
Schritt 1 und **Schritt 2** Formale Funktionen der drei Abschnitte festlegen

Jeder Abschnitt stellt eine **eigene kleine dramatische Einheit** dar. Es finden sich spannungsfördernde Elemente, Höhe- und Wendepunkte, fallende Handlung und retardierende Momente.

Schritt 3 Kompositionseinheiten und deren Struktur bestimmen

1. Abschnitt (Z. 1–23): Gesellschaftliche Spannungen

- Spannungsauslösendes Moment: Eintritt der Gerichtsdiener und erste provokative Überlegenheitsgeste (Z. 1–6)
- Spannungssteigerung:
  - Fragen (Z. 7, 11)
  - Autoritätsdemonstration (Z. 8–10) und
  - Demütigung (Z. 13)
  - Lüge als psychische Waffe (Z. 15)
- Höhe- und Wendepunkt: Tod der Mutter (Z. 17)
- Fallende Handlung:
  Klaras emotionale Reaktion (Z. 18) und Leonhards Versuch, sich zu entfernen (Z. 19); Antons scheinbare Gefasstheit (Z. 20 f.)
- Überleitendes Element: Leonhards egoistische Kalkulation (Z. 22 f.)

2. Abschnitt (Z. 24–55): Gesellschaftliches geht ins Private über

- Spannungseinsatz: Antons emotionale Reaktion (Z. 24–26)
- Erregendes Element: Hinweis auf moralische Integrität (Z. 27 f.)
- Spannungssteigerung:
  - Aggressionsumlenkung Antons: Selbstironie (Z. 29 f.), dann verkappte Vorwürfe gegen seine Kinder (Z. 30 f.)
  - emotionaler Ausbruch Adams (Z. 35–39)
  - Klaras Befriedungsversuch und Antons Zurückweisung (Z. 42–44)
  - Leonhards Brief (Z. 45–47)
- Höhe- und Wendepunkt: Klaras Entsetzen (Z. 48–50)
- Fallende Handlung:
  - Überleitendes Element: Antons Verdacht (Z. 51, 56)
  - Retardierendes und zugleich spannungserzeugendes Moment: erneuter Auftritt der Gerichtsdiener (Z. 52–55)

3. Abschnitt (Z. 56–73): Familiäre Auseinandersetzung

- Spannungssteigerung:
  - Antons Zynismus und Nötigung Klaras (Z. 58–66; 72 f.)
  - Klaras emotionaler Zusammenbruch (Z. 67 f.)
- Höhe- und Wendepunkt: Klaras Schwur (Z. 71)
- Handlungsabfall: Antons Ego-Befriedigung und Trotzreaktion gegenüber der Öffentlichkeit (Z. 72 f.)

Schritt 4   Ausführung

Der Auszug stellt eine **konsequente Entwicklung** dar, bei der ein gesellschaftlicher Konflikt ins Private wechselt, die Spannung sich fortwährend verdichtet, die Handlungsspielräume sich verengen und eine Katastrophe immer unausweichlicher erscheint. Obwohl der Text auf diese Weise geschlossen wirkt, gibt es doch **drei inhaltlich und auch formal benennbare Teile**, von denen jeder einen eigenen Höhe- und Wendepunkt besitzt und somit als kleine dramatische Einheit innerhalb einer Szene dient.

    Im ersten Teil (Z. 1–23) stehen **gesellschaftliche Konflikte im Mittelpunkt.** Der Eintritt der Gerichtsdiener und Adams provokative Geste lösen **Spannung** aus. Diese wird durch Adams Verhalten zunehmend forciert: Er verschweigt zunächst den Anlass seines Eindringens, demonstriert seine Amtsautorität, demütigt Anton mit seiner Frage und scheut sich nicht, eine Lüge als psychische Waffe einzusetzen. Dies führt zum **Tod der Mutter**, dem **Höhe- und Wendepunkt** des ersten Abschnitts. Klaras emotionale Reaktion, Leonhards Versuch, sich zu entfernen, und Antons scheinbare Gefasstheit sind **Elemente der fallenden Handlung**. Antons ironische Bemerkung und Leonhards egoistische Kalkulation führen bereits zum nächsten Abschnitt.

    Im zweiten Teil (Z. 24–55) gleitet der **Standeskonflikt** schließlich **ins Familiäre**. Mit Antons emotionaler Reaktion setzt erneut **Spannung** ein. Aber die Bemühungen des zweiten Gerichtsdieners, die Kontrahenten zu beruhigen, erreichen nur das Gegenteil. Als **erregendes Moment** treiben sie den Konflikt voran. Auch Klaras Befriedungsversuch bleibt erfolglos. Antons beißender Spott angesichts Leonhards Brief verschärft die Situation zusätzlich. Diese findet ihren **Höhe- und Wendepunkt** in **Klaras Entsetzen**, als sie den Brief liest und die Vermutung des Vaters bestätigt sieht. Antons Verdacht leitet bereits zum dritten Abschnitt über. Noch einmal wird die Handlung durch den Auftritt der Gerichtsdiener kurz unterbrochen, kann aber in ihrer Entwicklung hin zur Katastrophe nicht aufgehalten werden.

    Nun spielt sich die Handlung nur mehr zwischen **Vater und Tochter** ab (Z. 56–73). Dabei **steigern** Antons Zynismus und Klaras Zusammenbruch die **Spannung**. Der Abschnitt erreicht seinen **Höhe- und Wendepunkt** mit **Klaras Eid** auf ihre Unschuld. Damit ist der **Weg zur unaufhaltsamen Katastrophe** vorgezeichnet. Die **Handlung fällt ab**, denn Antons zerstörerischer Egoismus ist befriedigt. Sein Trotz richtet sich nun gegen die Öffentlichkeit.

Hinführung:
Darstellung eines gesellschaftlichen Konflikts und dessen Wechsel in den privaten Bereich

drei Teile

1. Teil

Spannungsauslösung
Steigerung

Höhe- und Wendepunkt

fallende Handlung
Überleitung

2. Teil
Spannungsverlagerung

erregendes Moment

Wende- und Höhepunkt

Überleitung

3. Teil
Spannungsvertiefung

Wende- und Höhepunkt

fallende Handlung

4 Analyse der sprachlichen Gestaltung und der dramatischen Kommunikation

Die **verbale Kommunikation** auf der Bühne erfolgt in **Prosa oder Verssprache**. Während ein Prosatext dem Fluss der gesprochenen Sprache entspricht, erscheint die rhythmisch und metrisch gebundene Verssprache als Kunstsprache. Passagen in **Prosa** wirken **natürlicher** und stehen dem Publikum deshalb näher als der **distanzierende Vers** mit seinem regelmäßigen Wechsel betonter und unbetonter Silben. Hinter ihm kann man den gestaltenden Einfluss des Verfassers spüren.

Beachten Sie

> Verssprache wurde v. a. von den **Klassikern** wie Schiller und Goethe verwendet, und zwar oft in der von Lessing eingeführten Form des **Blankverses**. Hierbei handelt es sich um einen fünfhebigen reimlosen Jambus mit männlicher oder weiblicher Kadenz. Ziel beim Gebrauch des gleichmäßigen und harmonisch wirkenden Blankverses ist es, extreme Gefühle zu dämpfen, mit Sentenzen den Handlungsverlauf zu durchbrechen und auf Allgemeines, Zeitloses hinzuweisen. Das **moderne Drama** ist dagegen üblicherweise in **Prosa** verfasst. Die Verssprache bleibt überwiegend auf eingefügte Lieder beschränkt oder sie wird insbesondere im komischen, ironischen oder grotesken Sinne verwendet.

4.1 Untersuchen der Kommunikationsformen

Dialogisches Sprechen

Dramatische Handlung realisiert sich anders als bei epischen Texten v. a. im **Dialog**, einer Form der Figurenrede. Mit Dialog ist die abwechselnde Rede zwischen zwei oder mehreren Figuren gemeint, die meist in einem Spannungsverhältnis stehen. Der Dialog

- beeinflusst den Aufbau des Stücks,
- liefert die entscheidenden Hinweise zur Charakterisierung der Figuren,
- zeigt die Beziehungen und Strategien der Figuren untereinander,
- treibt die Handlung voran,
- entwickelt die Konflikte,
- ist verantwortlich für die Atmosphäre zwischen den Beteiligten.

Dialog zwischen Claire und Ill in „Der Besuch der alten Dame" (Deutsches Theater Berlin 2014)

Von Bedeutung sind Anzahl, Umfang und Wechsel der Redeeinheiten (= Repliken). Wichtige Figuren ergreifen häufiger das Wort. Ein **rascher Wechsel** kurzer Repliken, der sich bis zur **Stichomythie** (= Rednerwechsel von Vers zu Vers; vgl. Text 6, V. 24–30, 36–44) steigern kann, deutet auf ein hohes Gesprächstempo und eine gespannte, meist emotional aufgeladene Situation hin. Andererseits verweisen **längere Repliken** auf spannungsabschwächende Absichten. Beim klassischen Drama ist die Verteilung der Sprechpartien ausgewogen (vgl. den Dialog in Text 6).

Monologisches Sprechen

Der Monolog ist ein **längeres** in sich geschlossenes **Selbstgespräch**, das **an keine Figur auf der Bühne gerichtet** ist. Er erfüllt als besonderes Kunstmittel eine Reihe von Funktionen, die sich sonst im Drama nur schwer verwirklichen lassen. So kann er in die Handlung einführen, einzelne Handlungsabschnitte verbinden, Einblick in die Gedanken- und Gefühlswelt der Figuren geben und Handlungsabläufe verzögern. Wichtige Monologarten sind:

- der **Expositionsmonolog** zur Vermittlung notwendiger Informationen über die Vorgeschichte und die Verhältnisse, denen der dramatische Konflikt entspringt (Figuren, Ort, Zeit, Situation, Grundstimmung),
- der **Brückenmonolog** zur Verbindung von Handlungen (inhaltlich) und Szenen (formal),
- der **Binnenmonolog** zur Handlungsverzögerung.

Ein dramaturgisches Mittel, das monologische Züge annehmen kann, ist das **Beiseitesprechen**. Dabei wendet sich eine Bühnenfigur unbemerkt von den anderen Schauspielern zum Publikum, beispielsweise um eine Situation zu kommentieren (vgl. dazu Leonhards Randbemerkung in Text 5, Z. 22, die nicht für

Expositionsmonolog Iphigenies in einer Illustration von Johann H. Ramberg (1827)

die im Zimmer Anwesenden bestimmt ist). Dieser dramaturgische Kunstgriff findet sich besonders in der traditionellen Komödie, aber auch im modernen Drama, z. B. im epischen Theater.

Wenn von Ihnen verlangt wird, den Monolog einer Dramenfigur genauer zu untersuchen, können Sie sich an folgende Arbeitsschritte halten.

Arbeitsschritte

1 Verfassen Sie eine kurze Überblicksinformation.
2 Beschreiben Sie Inhalt und Aufbau des Monologs.
3 Schließen Sie daraus auf die **Art des Monologs** und seine **Funktion**.
4 Formulieren Sie Ihre Untersuchungsergebnisse aus.

■ Beispiel

Johann Wolfgang von Goethe, *Iphigenie auf Tauris* (Text 6, S. 207)

Arbeitsanweisung:

Stellen Sie dar, wie Iphigenies Konflikt in ihrem Monolog (V. 83–111) zum Ausdruck kommt.

Lösungsvorschlag:

Beim vorliegenden Monolog handelt es sich um den 3. Auftritt im 4. Aufzug von Goethes *Iphigenie auf Tauris*. Er folgt unmittelbar auf den Dialog der Protagonistin mit Arkas, dem Vertrauten König Thoas', und zeigt Iphigenies innere Reaktion auf dieses Gespräch.

Überblicksinformation

 Zunächst beschreibt Iphigenie ihre **psychische Verfassung**. Sie ist von der Begegnung mit Arkas noch tief betroffen. Bestürzt muss sie sich eingestehen, dass seine Worte, zu unpassender Zeit gesprochen, etwas in ihrem Inneren verändert haben (vgl. V. 83 ff.).

Inhalt und Aufbau; Einleitung des Monologs

 In einem längeren Abschnitt erklärt sie anschließend, wie sie sich von der Hoffnung auf Heimkehr habe überwältigen lassen (vgl. V. 86–111). In großen **Bildern** der Flut (vgl. V. 86–89), der Wolke (vgl. V. 91–93) und des Schlafes (vgl. V. 93–96) deutet sie ihr überströmendes, emporgehobenes und sich dem Göttlichen hingebendes Gefühl. Der Flucht- und Rettungsplan habe sie derart ergriffen, dass sie sich innerlich bereits fern von Tauris glaubte. Im Vordergrund ihrer **Absichten** steht der Wunsch nach dem eigenen Glück und dem von Orest und Pylades.

1. Teil: die Situation vor dem Gespräch mit Arkas; Iphigenies Seelenanalyse

 Antithetisch folgt nun, was sie in ihrem freudigen Überschwang verdrängt hat. Sie gesteht, dass Arkas' Worte sie aus ihren Träumereien gerissen haben, und erkennt ihre verpflichtenden Bindungen zu den Taurern. Nicht nur die zur Flucht notwendige Lüge, sondern auch der Verrat an den ihr verbundenen, freundlich gesinnten Menschen belastet sie. In der **Anrede** (Apostrophe, vgl. V. 106) **der eigenen Seele** kommt ihre ganze **Erschütterung** zum Ausdruck. Jetzt werden ihr die Folgen des Betrugs bewusst, nämlich die Zerstörung jener moralischen und religiösen Werte, die bislang ihre Lebensgrundlage bildeten. So wächst der **Zweifel** an ihrem Verhalten. Entschlossen möchte sie der Wahrheit folgen.

2. Teil: die Situation nach dem Gespräch; Iphigenies Einsicht

Der Monolog zeigt den Konflikt, in dem sich Iphigenie befindet. Es ist eine **Auseinandersetzung mit sich selbst**, die die Künstlichkeit des Monologs mindert und ihm einen dialogischen Charakter gibt. Dazu tragen auch die **Selbstanrede** („Ich erschrecke!", V. 85), die **Apostrophe** („O bleibe ruhig, meine Seele", V. 106) und die **rhetorische Frage** („Beginnst du nun zu schwanken und zu zweifeln?", V. 107) bei. *Konfliktmonolog*

Der Monolog offenbart Iphigenies **innere Situation**. Sie zweifelt an ihrer bereits getroffenen Entscheidung, die Folgen der Lüge werden ihr bewusst und bereiten eine Änderung ihrer Einstellung vor. Damit erhält der Monolog eine **Schlüsselstellung** für das kommende Handeln Iphigenies. *Funktion*

Nichtsprachliche Vermittlung: die Regieanweisung

In der Regieanweisung gibt der Autor **Anleitungen zur Umsetzung** des Dramas auf der Bühne. Dabei kann es sich um Beschreibungen von Schauplätzen (besonders ausführlich im naturalistischen Drama) sowie um Erklärungen zur Figurencharakteristik handeln. Aus Beschreibungen von Gesten und Verhaltensweisen, die den **sprachlichen Ausdruck begleiten und oft verstärken** sollen, können Sie auf innere Vorgänge schließen. Gerade Anweisungen zu Gestik, Mimik oder bestimmten Sprechweisen sind also für die Untersuchung der Kommunikation und Sprache im Drama wichtig.

Im Theater wie im Film gilt es, die Regieanweisungen des Autors umzusetzen. Der Regisseur sorgt dafür, dass die Schauspieler etwa bestimmte Gesten und Sprechweisen beachten.

Beachten Sie

Ihnen liegt nur ein schriftlicher Textauszug vor, d. h., eine Reihe von dramaturgischen Gestaltungsmitteln ist Ihnen nicht zugänglich oder Sie können diese nur indirekt erschließen (mündliche Ausdrucksweise, Kostüme, Geräusche, Musik, Bühnenbild, Raum etc.). Die Angaben der Regieanweisung sind deshalb von besonderer Bedeutung, auch bei der Untersuchung der dramatischen Kommunikation und Sprache.

4.2 Sprachliche Gestaltungsmittel und ihre Funktionen

Gehen Sie bei der Untersuchung der dramatischen Sprache zunächst von den Bereichen **Wortwahl**, **Satzbau**, **Stil** und **rhetorische Figuren** aus, wie sie im Grundlagenkapitel ab S. 25 erfasst sind. Verbinden Sie dabei Ihre Analyse mit der **Kommunikationssituation** auf der Bühne und fragen Sie, welche grundlegenden **Funktionen** die beteiligten Figuren mit ihren Aussagen erfüllen. Ist der sprachliche Ausdruck ...

- **informativ?**
  Ein Sprecher berichtet aus seiner Sicht über ein Geschehen. Seine Aussage kann sachlich oder subjektiv gefärbt sein. (Vgl. die Erklärung des Feldpredigers über den Krieg, Text 7, Z. 54–64)

- **appellativ?**
  Hier geht es um die gegenseitige Beeinflussung der Dialogpartner. Dabei kann das Spektrum dieser wichtigsten Funktion von sachlicher Argumentation bis zum Befehl reichen. Die eingesetzten Mittel zielen auf Eindringlichkeit (z. B. Formen der Wiederholung) und Spannung (z. B. Antithese, rhetorische Frage, Allusion, Inversion; vgl. Arkas' Befehlssprache, Text 6).

- **expressiv?**
  Die Gefühle des Sprechenden kommen in steigender Erregtheit zum Ausdruck (vgl. Adam und Anton, Text 5). Sie stellen nicht nur die eigene Betroffenheit dar, sondern sollen auch beim Gesprächspartner eine bestimmte Wirkung erzeugen. Die sprachlichen Mittel zielen auf Eindringlichkeit und Spannung (z. B. Parataxen, Ellipsen, Ausrufe, Verwendung der 1. Person Singular; vgl. Konfliktmonolog, Text 6, V. 83–111).

- **kommunikativ?**
  Der Kontakt zum Gesprächspartner soll hergestellt, fortgesetzt oder verstärkt werden (Eingehen auf den Partner, z. B. durch Anrede, Fragen, Zeichen der Zustimmung). Mitunter kommt kein Kontakt zustande, denn die Sprechenden hören einander nicht zu, reden aneinander vorbei (vgl. Text 5). Es kann auch sein, dass die Worte aufgrund plötzlicher innerer Betroffenheit versagen (vgl. Klara, Text 5). Schließlich lassen sich die Äußerungen zur bewussten Herabsetzung des Gegners einsetzen, indem jegliche Kommunikation verhindert werden soll (auf Provokation und Aggression zielende Mittel, z. B. Ironie und rhetorische Frage; vgl. Adams und Antons Auseinandersetzung, Text 5, siehe auch S. 110–113).

Natürlich kann ein Redeteil auch **mehrere Funktionen** erfüllen.

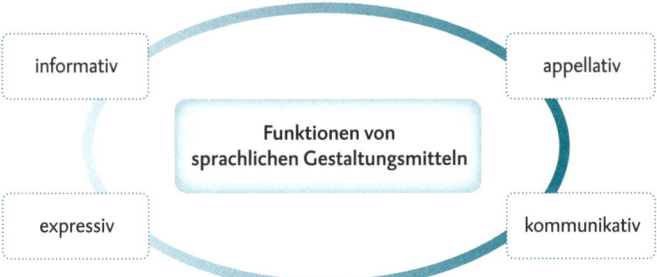

informativ

appellativ

**Funktionen von
sprachlichen Gestaltungsmitteln**

expressiv

kommunikativ

—TIPP—

Wird in einem Drama die **Konkurrenz- und Rivalitätsthematik** behandelt, finden
sich als häufige Ursachen Unsicherheit, Furcht, Egoismus und Machtstreben. Solche Eigenschaften konkretisieren sich **sprachlich** oft in Ressentiments, Vorwürfen, Verdächtigun-
gen, Provokationen, Aggressionen, Gehässigkeit, emotionalem Druck, Häme, Sarkasmus
und Zynismus. Diese sprachlichen Handlungen lösen wiederum emotionale Reaktionen
aus, die die **Kommunikation** zunehmend unter Spannung setzen und **erschweren**.

Arbeitsschritte

1 Um einen Dramenauszug sprachlich zu analysieren, halten Sie zunächst
Ausgangssituation, **Themenschwerpunkte** und **spannungssteigernde
Elemente** des zu untersuchenden Textausschnitts fest. Diese stellen Sie
der eigentlichen Analyse als Überblicksinformation voran (falls nicht eine
Zusammenfassung des Inhalts vorausgeht), um die Untersuchung der
sprachlichen Mittel in ihren inhaltlichen Kontext einzubetten.

2 Markieren Sie mit unterschiedlichen Farben **Auffälligkeiten** in den Bereichen Wortwahl, Stil, Syntax, rhetorische Mittel.

3 Versuchen Sie, die speziellen **Funktionen der sprachlichen Mittel** im
Hinblick auf die Zielsetzung der Sprecher zu erkennen. Notieren Sie also
die mit ihnen verbundenen Verhaltenssignale und **Absichten** sowie deren
Wirkungen. Überprüfen Sie auch die **Regieanweisungen** auf aussagenstützende Gesten und Verhaltensweisen.

4 Bei der Ausformulierung ist es meist sinnvoll, wenn Sie sich **am Textverlauf orientieren**, denn so können Sie am leichtesten spannungssteigernde
Entwicklungen aufzeigen. Beenden Sie Ihre Analyse mit einem zusammen-
fassenden Ergebnis.

Beachten Sie

Bei der umfassenden Aufgabenstellung „Interpretieren Sie […]" ist es oft zweckmäßiger, die Analyse der sprachlichen Mittel nicht gesondert auszuführen, sondern diese in die Bearbeitung des Themas oder Motivs zu integrieren.

TIPP

Dramatische Konflikte werden von **Spannungen** bestimmt, die sich häufig in einer **emphatischen, emotionalen Sprache** entladen. Achten Sie deshalb besonders auf rhetorische Mittel, die

> eindringlich (z. B. Formen der Wiederholung, Akkumulationen, Imperative und Ausrufe, Metaphorik) und

> spannungssteigernd (z. B. Antithesen, rhetorische Fragen, Ellipsen, Satzabbrüche, Anspielungen, Ironie)

wirken.

■ Übungsbeispiel

Friedrich Hebbel, *Maria Magdalena* (Text 5, S. 204, Z. 2–6)

Arbeitsanweisung:

Analysieren Sie Adams Sprachgebrauch.

Lösungsvorschlag:

Schritt 1	**Ausgangssituation und Konfliktursache festhalten**

zurückliegende Demütigung Adams durch Anton (vgl. Text-Vorbemerkung) → erzeugt bei Adam: emotionale Reaktion, Vergeltungsdrang, Aggression

Schritt 2	**Sprachliche Auffälligkeiten markieren**

ADAM *(zu Meister Anton).* Nun geh Er nur hin und bezahl Er
Seine Wette ! Leute im roten Rock mit blauen Aufschlägen *(dies betont er stark)* sollten Ihm nie ins Haus kommen? Hier sind wir unsrer zwei! *(Zum zweiten Gerichtsdiener.)* Warum behält er seinen Hut nicht auf wie ich ? Wer wird Umstände machen, wenn er bei seinesgleichen ist ?

Befehlston: Imperative, Ausrufesatz

Allusion (Anspielung auf Gerichtsdiener)

Ironie: Betonung einer früheren Aussage Antons, die sich nun ins Gegenteil verkehrt hat

zwei rhetorische Fragen

| **Schritt 3** | Funktionen der sprachlichen Mittel, Absichten, Auswirkungen benennen |

- appellative und expressive Funktion: eindringliche, emotionale, beeinflussende Sprache
- Adam will Anton provozieren und kränken.
- Adams sprachliche Handlungen erzeugen bei Anton eine emotionale Reaktion, Wut und Verunsicherung.

| **Schritt 4** | Ausführung |

Eine **zurückliegende Demütigung** hat bei Adam Hass erzeugt und einen Vergeltungsdrang ausgelöst. In der aktuellen Situation benutzt Adam **rhetorische Mittel als Waffen**. Mit **Ironie, Allusion, rhetorischen Fragen** und **befehlendem Ton** will er Anton provozieren und verletzen. Spannung entsteht, die Situation erhitzt sich und entfacht bei Anton emotionale Reaktionen. Er ist verunsichert, aufgebracht und wütend. Adam hat somit sein **Ziel erreicht**, die von ihm mit einer bestimmten Absicht verwendete Sprache hat die gewünschten Auswirkungen.

Ausgangssituation

Funktion der sprachlichen Mittel

Adams Absicht

Wirkung der verwendeten sprachlichen Mittel

■ Übungsbeispiel

Friedrich Hebbel, *Maria Magdalena* (Text 5, S. 204)

Arbeitsanweisung:

Stellen Sie dar, wie im vorliegenden Dramenausschnitt der Einsatz sprachlicher Mittel Kommunikation zwischen den Figuren verhindert.

Lösungsvorschlag:

| **Schritt 1** | Ausgangssituation und spannungsauslösende Elemente festhalten |

- Gegensätze zwischen sozialen Ständen und innerhalb eines Standes
- Vergeltungsdrang des gedemütigten Gerichtsbeamten Adam
- Meister Antons enge, unmenschliche Moralvorstellungen

| **Schritt 2** | und | **Schritt 3** | Sprachliche Auffälligkeiten untersuchen |

- **Redeweise:** Prosa; meist kurze Repliken, Figurenrede: rascher Wechsel von Rede und Gegenrede → Spannung, verbaler Schlagabtausch; Aneinander-Vorbeireden
- **Wortwahl:** Schlüsselwort „Ehrlichkeit" (Z. 29); Leitwort „unschuldig" (vgl. Z. 32) → spannungssteigernd
- **Stil:** niedere Stilebene; emotional aufgeladen mit Schimpfwörtern (vgl. Z. 7, 26) und Vulgärausdrücken („Halt Er's Maul!", Z. 55)

- **Syntax:** zahlreiche Parataxen, Aufforderungs- und Ausrufesätze, Ellipsen, Satzabbrüche → Eindringlichkeit, Spannung
- **Rhetorische Figuren** (Sie müssen nicht alle sprachlichen Mittel, die Sie finden, ansprechen – treffen Sie aus diesen eine sinnvolle Auswahl für Ihre Ausarbeitung!)

Zeile(n)	sprachliche Mittel	Absicht/Wirkung
2–6	ironische Anspielung, Imperative, rhetorische Fragen, hämisch-aggressiver Ton	provozierend, demütigend
7	rhetorische Frage, abwertendes Schimpfwort	emotionale Reaktion
6–10	Wortspiel, Allusion, Ausrufe, Befehlssprache	provozierende Demütigung
11	wiederholte Frage	Unsicherheit
12	Satzabbruch	Erschrecken
13	ironische Frage	aggressiv-provozierend, spannungssteigernd
14	rhetorische Gegenfrage	Schwächebeweis
15 f.	falsche Behauptung, Parataxen	dramatische Wirkung
17	Invocatio	Tod der Mutter
18	Ausrufe	Klaras Bestürzung
20	elliptische Ausrufe	Vortäuschung von Stärke
21	Anspielung	sarkastische Abwertung
22	Satzabbruch, elliptische Antithese	Spannungsaufbau
24 ff.	elliptische Ausrufe, Zitat, Gestik	von Sinnen sein
27 f.	Anrede, Lob	Beruhigung
29–32	rhetorische Fragen, Geste, Ausrufe, Schlüsselwort, Metapher, Ironie; Geste, rhetorische Frage, Satzabbruch, Euphemismus, Leitwort	ironische Distanzierung, unausgesprochene Verdächtigung
33	Ausruf	Betroffenheit, extreme Spannung
35–39	rhetorische Fragen, Metaphorik	spannungssteigernd, Verdeutlichen des Vergeltungsdrangs
42 f.	Ausrufe, Anaphorik	eindringlicher Appell
44	Wiederholung des Leitbegriffs, rhetorische Frage, sarkastische Geste	Vorwurfswiederholung, aggressiv-destruktive Einstellung, eindringlich

46 f.	ironische Ausrufe, Antithese, Schimpfwort, vernichtende Geste	bewusst gewolltes, sarkastisches Verletzen
48	Ausrufe, Apostrophe	eindringlich; verzweifelt
49	Befehlston	väterliche Dominanz signalisierender Appell; eindringlich
50	Geminatio, Ausruf	verzweifelter Appell; eindringlich
51	Anaphorik, Aposiopese, Fragenhäufung	Verdacht schöpfend; eindringlich, spannend
53	Bibelzitat, Geste	Erfolg vortäuschende Häme
56	Feststellung, Satzabbruch, rhetorische Frage	moralischer Druck
58–66	Anrede, rhetorische Frage, Anaphorik mit Antithese, Metaphorik, Aufzählung, Verbindung von Gegensätzen (Zuwendung und Unterstellung durch Meister Anton)	Appell, wachsender emotionaler Druck, seelische Folter
67 f.	Geminatio, Hilferuf, Wiederholung (vgl. Z. 18), eindringliche Geste	Ohnmacht, Verzweiflung
69 f.	Appell	eindringlicher Zwang
71	Schwur, betonendes Sprechen	Verdeutlichen des Entschlusses
72 f.	Metapher, Geste	emotionale Entspannung; thematischer Wechsel

- **Regieanweisungen:** Gesten des Zeigens (vgl. Z. 9, 13, 30) und Gesten der inneren Bewegung (vgl. Z. 3, 12, 24, 29, 44, 46 f., 58, 67 f.) → Verstärkung des sprachlichen Ausdrucks, Hinweis auf innere Vorgänge

Schritt 4 Ausführung

Die Szene zeigt einen **Standes- und** einen **Familienkonflikt**. *Überblicksinformation* Meister Anton als Vertreter des Handwerksstandes steht dem Gerichtsdiener Adam gegenüber, den er vor längerer Zeit gedemütigt hat, und der nun auf Rache sinnt. Während der Szene treiben Antons enge, unmenschliche Moralvorstellungen seine Tochter Klara in die Verzweiflung.

Der Text ist in **realitätsnaher Prosa** verfasst, er gehört der **niederen Stilebene** an und besteht aus einem **raschen Wech-** *Stil* **sel** von **Rede und Gegenrede**. Es gibt nur eine etwas längere *Figurenrede* Redeeinheit. Die Syntax besteht vorwiegend aus **Parataxen**, es finden sich viele Aufforderungs- und Ausrufesätze, **Ellipsen und** *Syntax*

Satzabbrüche. Damit deuten bereits Syntax und Dialog auf einen spannungsvollen Inhalt hin.

Vor längerer Zeit ist der Gerichtsdiener Adam vom sozial höher stehenden Tischlermeister Anton öffentlich gedemütigt worden. Er hat diese **Schmach** nicht vergessen und will sie nun dem Handwerker **heimzahlen**. Ohne Gruß betritt er zusammen mit seinem Kollegen dessen Haus. Sein **scharfer Befehlston**, intensiviert durch eine **ironische Anspielung**, verfehlt nicht die beabsichtigte verletzende Wirkung. Er setzt seine begonnene Stichelei mit **provozierenden rhetorischen Fragen** fort, die er, absichtlich für Meister Anton hörbar, an seinen Kollegen richtet (vgl. Z. 2–6). Der hämisch-aggressive Grundton löst bei Meister Anton sogleich die erwünschte emotionale Reaktion aus (vgl. Z. 7). Adam will nicht kommunizieren, nur verletzen. Mit einem **Wortspiel** („seinesgleichen" – „deinesgleichen" – „unsersgleichen", Z. 6–8), einer **Allusion** und deutlichem **Befehlston** verleiht Adam seiner Rachsucht Ausdruck (vgl. Z. 8–10). Es beginnt ein verbaler Schlagabtausch, bei dem Meister Antons wiederholte **Frage** („Was? Was?", Z. 11) erste Anzeichen von Unsicherheit und Betroffenheit erkennen lässt. Er übersieht und überhört dabei die eingetretene Tochter, der, erschrocken durch die aufgeladene Spannung im Raum, das Wort im Halse stecken bleibt (**Satzabbruch**, vgl. Z. 12). Erneut facht Adam provozierend mit einer aggressiv-ironischen **Frage** die Spannung an (vgl. Z. 13). Meister Antons **rhetorische Gegenfrage** liefert als schwache Reaktion und Unterlegenheitszeichen Adam eine neue Angriffsmöglichkeit (vgl. Z. 14), die dieser sogleich mit der **falschen Behauptung** nutzt (vgl. Vorbemerkung), Antons Sohn sei ein Juwelendieb. Er tut dies in vier **parataktischen Sätzen** mit dramatischer Wirkung (vgl. Z. 15 f.). Mit der **Invocatio** „Jesus!" (Z. 17) auf den Lippen stirbt die Mutter. Eine Reihe kurzer, zum Teil **elliptischer Ausrufe** zeigt Meister Anton in aufgesetzt gefasster Haltung; er täuscht Stärke vor (vgl. Z. 20 f.). Mit der Bemerkung und dem **Bild** „Du starbst, als du's hörtest! Das soll man dir aufs Grab setzen!" (Z. 21) spielt er indirekt und **sarkastisch abwertend** auf seinen Sohn an, an dessen Unschuld er offenbar nicht glaubt. Leonhard, der sich wegen der verlorenen Mitgift jeglicher Verantwortung entziehen möchte, sucht eine passende Fluchtgelegenheit. Die Spannung, die sich hier aufbaut, wird sprachlich in Leonhards **Satzabbruch**, kombiniert mit einem **Ausruf** und einer **elliptischen Antithese**, verdeutlicht: „Es ist doch vielleicht – *(Abgehend.)* Schrecklich! Aber gut für mich!" (Z. 22).

Untersuchung der sprachlichen Mittel entlang des Textverlaufs

Absicht: Vergeltung → **provokativ-aggressive Sprache Adams**

provokative Absicht Adams zeigt gewünschte Wirkung bei Meister Anton

weiterer Angriff durch falsche Anschuldigung des Sohnes

Meister Antons vorgetäuschte gefasste Haltung

sarkastisches Bild: Antons Zweifel an Unschuld des Sohnes

Leonhard entzieht sich (auch sprachlich) der Situation

Meister Anton, der Adams Worte „Schelme und Diebe" (Z. 26 und 8) aufgreift, gerät mit kurzen **elliptischen Ausrufen** außer sich. Seine Aggressivität wird von heftigen **Gesten** begleitet (vgl. Z. 24 ff.). Der zweite Gerichtsdiener redet Anton mit Namen an und versucht ihn zu beruhigen, doch dieser übergeht mit der doppelten **rhetorischen Frage** „So? So?" (Z. 29) und verlegen lachend dessen gesteigertes Lob („der ehrlichste Mann", Z. 27 f.) und wendet das Schlüsselwort „Ehrlichkeit" (Z. 29) mit einer **Metapher** ins **Ironische**: Er habe diese „in der Familie allein verbraucht" (Z. 29 f.). Es folgen drei abwertend spöttische **Ausrufe**, deren Wirkung die **Geste** des Zeigens noch verstärkt (vgl. Z. 30 f.). Seine **rhetorische Frage**, die in einen **Satzabbruch** mündet, formuliert bereits spannungsvoll einen Verdacht (vgl. Z. 31 f.). Er wendet sich scheinheilig **fragend** mit einem **euphemistisch verschleierten Vorwurf** seiner Tochter zu. Der Zuschauer spürt die beißende **Ironie** in der Formulierung „unschuldiges Kind" (Z. 32). Unschuld wird nun zum **Leitbegriff** der folgenden Auseinandersetzung. Klaras **appellativer Aufschrei** „Vater!" (Z. 33) zeigt ihre Betroffenheit. In dieser spannungsvoll aufgeladenen Situation wird Adams ganzer Hass erkennbar: sowohl direkt („ich hasse ihn", Z. 37) als auch indirekt in **rhetorischen Fragen** und **metaphorischen Wendungen** (vgl. Z. 35–39).

Nachdem beide Gerichtsdiener den Raum verlassen haben, wendet sich Klara in einer von **Anaphern** und **Ausrufen** geprägten **Emphase** ihrem Vater zu (vgl. Z. 42 f.). Den von ihr wiederholt verwendeten **Leitbegriff** „unschuldig" (Z. 42) übernimmt nun der Vater und verbindet ihn mit einer **rhetorischen Frage**. Dabei verschärft eine sarkastische Geste seinen Vorwurf, der Sohn sei ein „Muttermörder" (Z. 44). Das Eintreffen von Leonhards Brief kommentiert Anton mit **ironischen Ausrufen** und dem **Schimpfwort** „Lump" (Z. 47). Gehässig stellt er die Realität fest und will seine Tochter bewusst verletzen, was ihm auch gelingt: In Klaras **Ausrufen** und ihrer **Apostrophe** drückt sich Verzweiflung aus (vgl. Z. 48). Seine **Geste** wird durch den abschließenden **antithetischen Ausruf** („Lass ihn!", Z. 49) intensiviert. Erneut verhindert hier Antons Rücksichtslosigkeit jeden normalen Dialog.

Auf Klaras verzweifelten **Ausruf** (vgl. Z. 50) antwortet er mit einer Reihe sprachlicher Mittel, unter anderem mit **Anaphorik** und einer **Aposiopese**: „Kannst nicht? Kannst nicht? Was ist das? Bist du –" (Z. 51) Wieder legt sich sein Verdacht über die Szene. Nachdem die Gerichtsdiener, ohne etwas gefunden zu haben, zurückgekehrt sind, äußert sich Adams Unzufriedenheit in Häme. Ein **Bibelzitat** soll Erfolg vortäuschen (vgl. Z. 53).

Sprache des Hasses, der psychischen Verletzung und des Schmerzes
Meister Antons aggressiv-emotionale Sprache

beißende Ironie: Meister Antons Verdacht bzgl. seiner Tochter

Adams von Hass geprägte Sprache

vergeblicher Versuch Klaras, ihren Vater von der Unschuld ihres Bruders zu überzeugen

Antons bewusst verletzende Sprache

Klaras Sprache der Verzweiflung und Meister Antons Verdacht

Erneut greift Anton nun das **Leitwort** „unschuldig" auf und bricht seine anklagende **Anrede** ab (vgl. Z. 56). Auf Klaras **Ausruf** (vgl. Z. 57) folgt eine längere Replik Antons. Eine scheinbar ruhig-zärtliche **Geste** und die **unglaubwürdige Anrede** „Liebe Tochter" (Z. 58) leiten seine Fokussierung auf diese ein. Er wertet zunächst Karl sarkastisch mit „Stümper" (Z. 59) ab, dem es lediglich gelungen sei, die Mutter – und nicht auch ihn – umzubringen. Mit einer Reihe von sprachlichen Mitteln setzt er Klara unter steigenden emotionalen Druck bis zu einem Höchstmaß an seelischer Folter. Insbesondere erreicht er diese Wirkung durch eine **rhetorische Frage**, eine **Antithese** („der Karl […] Der Vater […]") und die **Baum-Metaphorik**, die ihn selbst als knorrigen Stamm zeigt, der leicht gefällt werden kann – dazu reiche das unmoralische Verhalten der Tochter (vgl. Z. 61 ff.). Dies deutet er mit einer auffälligen **Pausierung** (vgl. Z. 65) an. Die Verbindung von Zuwendung („du hast ein hübsches Gesicht", Z. 63) und Unterstellung („gib du mir den Rest", Z. 61) treiben seine Tochter fast in den Wahnsinn, wie Klaras Reaktion zeigt: Ihre **Apostrophe** bzw. **Geminatio** „Mutter! Mutter!" (Z. 68) ist wie bereits in Zeile 18 ein **ohnmächtiger Hilferuf**, der ihre sprachliche und tatsächliche **Isolation** zeigt. Er wird durch Klaras Verhalten noch verstärkt (vgl. Regieanweisung: „stürzt der Toten […] zu Füßen und ruft wie ein Kind", Z. 67 f.). Antons zwingender **Aufforderung** (vgl. Z. 69 f.) kann Klara nicht entgehen. Ihr **Schwur**, bei dem sie eindringlich jedes Wort betont, verdeutlicht ihren Entschluss (vgl. Z. 71). Meister Anton ist zufrieden und scheint sich emotional zu entspannen, wie sein Themenwechsel mit der **Metapher** „wir wollen Spießruten laufen" (Z. 72 f.) erkennen lässt.

Das Verhältnis zwischen Gerichtsdiener und Tischlermeister ist durch Adams Hass und Rachsucht sowie Antons enge Weltsicht so belastet, dass es zu **keiner vernünftigen Auseinandersetzung** kommen kann. Der Dialog wird von **ungerechtfertigten Forderungen**, **Sticheleien**, **Beschuldigungen** und **Lügen** beherrscht. Ebenso steht die Vater-Tochter-Beziehung unter großer **emotionaler Spannung**, Antons Verständnislosigkeit und Engherzigkeit isolieren Klara und treiben sie ins Schweigen und in die Einsamkeit. Die eingesetzten sprachlichen Mittel – wie Ironie, Abwertungen, Befehlssprache, sarkastische Gesten und rhetorische Fragen – belegen die **Unmöglichkeit einer offenen Kommunikation**.

Sprache des emotionalen Drucks und der Verzweiflung

Antons sprachliche Fokussierung auf Klara und Abwertung Karls

Klaras Zusammenbruch angesichts der seelischen Folter durch den Vater

Klaras erzwungener Schwur und Entspannung der Situation

Fazit:
Aggression, Lügen, Beschuldigungen und emotionaler Druck bestimmen die sprachliche Gestaltung → keine echte Kommunikation möglich

5 Charakterisieren von dramatischen Figuren

Die Aufgabe, Figuren zu charakterisieren, kann sich auf die Konzeption wesentlicher Merkmale einer **einzelnen Figur oder** auf **Beziehungen zwischen Figuren** konzentrieren. Im Drama betrifft Letzteres häufig die Konstellation **Held vs. Gegenspieler**. Aus deren Verhältnis entwickelt sich eine die Handlung vorantreibende Spannung.

Da der Ihnen vorliegende Prüfungstext nur einen Auszug aus dem Drama umfassen kann, beschränken sich die Arbeitsanweisungen auf wenige **wesentliche Merkmale** der Figur bzw. der Beziehung zwischen Figuren.

Beachten Sie

Im Drama fehlt der Erzähler, der in der Epik als vermittelnde, beschreibende und erklärende Instanz auftritt. Die Darstellung individueller Sichtweisen, Einstellungen und komplexer psychischer Vorgänge muss sich hier auf die sprachlichen und gestischen Möglichkeiten (vgl. auch Regieanweisungen) beschränken. Die **Sprache** der Figuren ist also im Drama die **eigentliche Informationsquelle** zur Charakterisierung von Figuren.

Das Bild der **Hauptfigur**, des „Helden", **veränderte sich im Lauf der Zeit.** Im Barock erscheint der Held aktiv handelnd, heroisch, in der Aufklärung ist er an ethische Werte gebunden, im Sturm und Drang dann leidenschaftlich, genial, sich selbst verwirklichend. Der klassische Held ist dagegen bildungsfähig, vernunftgeleitet und autonom entscheidend. Die folgende Entwicklung bringt schließlich eine zunehmend fremdbestimmte (umwelt-, anlage- oder ideologisch geprägte) Außenseiterfigur auf die Bühne.

Die **traditionelle Tragödie**, deren Hintergrund ein festes Weltbild bildete, zeigt einen Helden, der durch eine bewusste oder unbewusste Verfehlung das Gleichgewicht der Weltordnung stört und durch seinen Tod wiederherstellt. Sein Schicksal bot dem mitfühlenden Zuschauer die Möglichkeit einer **Identifikation**. Mitleid und Furcht vor einem ähnlichen Schicksal konnten beim Zuschauer eine Verhaltensänderung, einen inneren Wandel (griech. *katharsis* = Reinigung) bewirken. Dies ist nach Ansicht **moderner Autoren** nicht mehr möglich. Brecht plädiert für eine **rational-distanzierte Betrachtung** des

Bühnengeschehens und damit auch des Helden (vgl. episches Theater, S. 138 f.). Für Dürrenmatt gibt es in einer chaotischen Welt (vgl. Texte 8, 9, 10) Schuld, Tragik und Identifikation nur im Einzelfall (vgl. Ill, Text 10). Der moderne Held wird so zum Antihelden, mit dem sich der Zuschauer nicht mehr identifizieren kann und will. Denn dieser stellt sich nicht – wie der traditionelle Held – aktiv handelnd seinem Schicksal, sondern ist passiv und resignativ.

5.1 Charakterisierung einer Einzelfigur

Charakterisieren heißt, Sie stellen eine Figur in ihren **individuellen bzw. typischen Kennzeichen** vor. Wie bei der Charakterisierung von epischen Figuren (siehe S. 68 ff.) gilt also auch bei dramatischen Figuren: Erfassen Sie diese

- in ihren **äußeren** Merkmalen (z. B. Name, Alter, Aussehen, Kleidung, Auftreten, Sprache, Beruf),
- prägenden Einflüssen, **persönlichen Einstellungen** und **Entwicklungen** (u. a. Eigenschaften, Interessen, Ziele, Werte),
- **Verhaltensweisen** (rational oder emotional gesteuert)
- und **sozialen Beziehungen** (Position im Beziehungsgeflecht; Beziehungsfähigkeit und -entwicklungen).

Dabei muss auch die **Bedeutung** klar werden, die der Figur in dem Stück zukommt. Grundlage für diese Zusammenstellung von wesentlichen Merkmalen bilden sowohl **Selbst-** als auch **Fremdaussagen** (also von anderen Figuren) sowie **Regiebemerkungen**. Achten Sie darüber hinaus auf die **Redeanteile** bzw. die **Dauer der Bühnenpräsenz** der verschiedenen Figuren. Das hilft Ihnen dabei, Haupt- von Nebenfiguren zu unterscheiden.

Arbeitsschritte

1 Lesen Sie den Textausschnitt auf kennzeichnende Figurenmerkmale hin genau durch. Achten Sie besonders auf Selbstaussagen der Figur, Hinweise anderer Figuren, Regiebemerkungen und Angaben in der Vorbemerkung.
2 Markieren Sie die gefundenen Informationen. Verwenden Sie dazu unterschiedliche Farben für verschiedene Bereiche:
  - **äußere Merkmale**,
  - **persönliche Einstellungen** und **Entwicklungen**,
  - **Handlungen** und **Verhaltensweisen**,
  - die **Figur in ihrem sozialen Umfeld**.

3 Notieren Sie das gefundene Material in Stichworten nach den Bereichen Äußeres, Inneres, Verhalten und Soziales. Verwenden Sie **eigene Formulierungen** und fügen Sie den jeweiligen **Quellenbeleg** als Zeilennotiz an.

4 Verfassen Sie die Charakteristik im **Präsens** und belegen Sie Ihre Aussagen mit Zitaten. In der Einleitung gehen Sie auf die **Bedeutung** (qualitativer Aspekt) der Figur und die Dauer ihrer **Bühnenpräsenz** (quantitativer Aspekt) ein. Gliedern Sie den Hauptteil nach den genannten Bereichen.

— TIPP —

Lassen Sie beim Erstellen der Stoffsammlung (Arbeitsschritt 3) hinter dem gefundenen Material bereits Platz für **erste Deutungsansätze**. Es ist auch hilfreich, mit zwei Spalten zu arbeiten: In der 1. Spalte notieren Sie die strukturierten Textbelege, in der 2. Spalte die Deutungsansätze.

■ Beispiel

Friedrich Dürrenmatt, *Der Besuch der alten Dame* (Text 8, S. 212)

Arbeitsanweisung:

Entnehmen Sie der Regieanweisung Merkmale, die die Figur kennzeichnen.

Lösungsvorschlag:

Neben äußeren Merkmalen (Name, Alter, Haarfarbe, Schmuck, vgl. Z. 1 f.) werden Angaben gemacht, die auf eine besondere soziale Stellung weisen, Aufmerksamkeit erregen („Dame von Welt", Z. 2 f.; „Gefolge", „Butler", Z. 3; „Gatte VII", Z. 4; „riesige goldene Armringe", Z. 1 f.), vor allem aber auf überspannte, abnorme Wesenszüge deuten. Das bestätigt auch das Partizip „aufgedonnert" (Z. 2), das an übertriebene Schminke und Kleidung denken lässt. Zusätzliche Wendungen verbinden Verzerrtes („Groteske[s]", Z. 3) und von der üblichen Norm Abweichendes („seltsamen", Z. 3) mit dem Begriff „Grazie" (Z. 3). So erhält die Figur einen Zug ins Komische, Parodistische.

Beachten Sie

Oft verfolgen Figuren bei ihrer Beschreibung eigene Interessen, sodass ihre Aussagen ein **falsches Bild** vermitteln. Dies geschieht im folgenden Beispiel. In diesem Fall sind Sie ganz besonders auf die Beschreibung durch andere Figuren angewiesen!

■ Beispiel

Friedrich Dürrenmatt, *Der Besuch der alten Dame* (Text 9, S. 213)

Arbeitsanweisung:

Arbeiten Sie heraus, wie der Bürgermeister Informationen manipuliert.

Lösungsvorschlag:

Das Ziel des Bürgermeisters ist klar erkennbar. Er hat keine Skrupel, die **Aussagen** der Bürger **grotesk zu verbiegen**, um an das Geld der Milliardärin zu kommen. Euphemistisch **wertet** er brauchbare Hinweise der Bürger **auf** und **unterschlägt** unangenehme. Unerwähnt bleiben in seiner Rede die schlechten Leistungen und das unangepasste schulische Betragen der Klara Wäscher (vgl. Z. 4 f.). Stattdessen spricht er von Ergebnissen, die die Lehrerschaft als beispielhaft empfunden habe. Den lediglich mit „genügend" (Z. 6) bewerteten Einsatz in Pflanzen- und Tierkunde wertet er auf und leitet daraus ihre humane Gesinnung und ihr besonderes Einfühlungsvermögen gegenüber allem Hilflosen in der Welt ab. Pflanzen- und Tierkunde wird dabei von einer Nebenfachrolle zum zentralen Schulfach erhoben. Er betont ihre „Gerechtigkeitsliebe" (Z. 21), unterlässt es aber, ihren Übergriff auf den Polizisten zu erwähnen (vgl. Z. 10 ff.). Schließlich verweist er auf ihre Hilfsbereitschaft gegenüber Bedürftigen. Claire Zachanassian **erkennt die Absicht** und **rückt die Aussagen** über ihr früheres Lebens wieder **zurecht**. In Wirklichkeit sei sie in der Schule wegen ihrer schlechten Noten und ihres Verhaltens geschlagen worden, und ihre mitmenschliche Zuwendung beruhte auf Eigennutz (vgl. Z. 28 ff.).

Manipulation über Aufwertung und Unterschlagung von Hinweisen durch den Bürgermeister

Beispiel: Leistungen und Betragen in der Schule

Beispiel: Sinn für Gerechtigkeit

Aufdecken und Richtigstellen der Manipulation durch Claire

Claire (Nicole Heesters) inmitten der Bewohner von Güllen. Aufnahme aus der Aufführung des Ernst-Deutsch-Theaters in Hamburg von 2001

5.2 Charakterisieren einer Figur im Beziehungsgeflecht

Wenn Sie die **Figurenkonstellation** eines dramatischen Textes genauer untersuchen, fragen Sie nach dem Verhältnis der Figuren, ihren sozialen Interaktionen und der Entwicklung ihrer Beziehungen. Allerdings bietet der meist kurze Textauszug, der Ihnen in der Abiturprüfung vorliegt, nur einen sehr beschränkten Einblick in die oft komplexen sozialen Verflechtungen der *dramatis personae* (= Figuren des Dramas). Die **häufigste Grundkonstellation**, die Sie auch in Textauszügen finden, besteht aus einem **Protagonisten** und einem **Antagonisten** (= Spieler und Gegenspieler). Das sind beispielsweise in Goethes *Iphigenie auf Tauris* (Text 6) Iphigenie und Arkas, in Hebbels *Maria Magdalena* (Text 5) Meister Anton und Gerichtsdiener Adam sowie Vater und Tochter. An den Beispielen erkennt man, dass Protagonist und Antagonist einen Gegensatz bilden und ihre Handlungen einander bedingen. Der Antagonist stellt sich dabei immer wieder in den Weg des Protagonisten. Manchmal entlädt sich auch der **Gegensatz in einer einzigen Figur:** In Brechts *Der gute Mensch von Sezuan* erscheint der Held gespalten in die gute Shen Te und den hartherzigen Shui Ta.

─TIPP─

Bei vielen gleichzeitig auftretenden Figuren erleichtert Ihnen ein einfaches **Soziogramm** den Überblick. Sie halten dazu auf einem gesonderten Blatt die Figuren fest und verbinden sie mit Pfeilen unterschiedlicher Farbe, je nachdem, ob es sich um eine positive oder negative Beziehung handelt. Mit dieser grafischen Darstellung **visualisieren** Sie die sozialen Relationen und können mit nur einem Blick die Konstellation der Figuren erfassen.

Beispiel für ein Soziogramm zu Hebbels *Maria Magdalena* (Text 5):

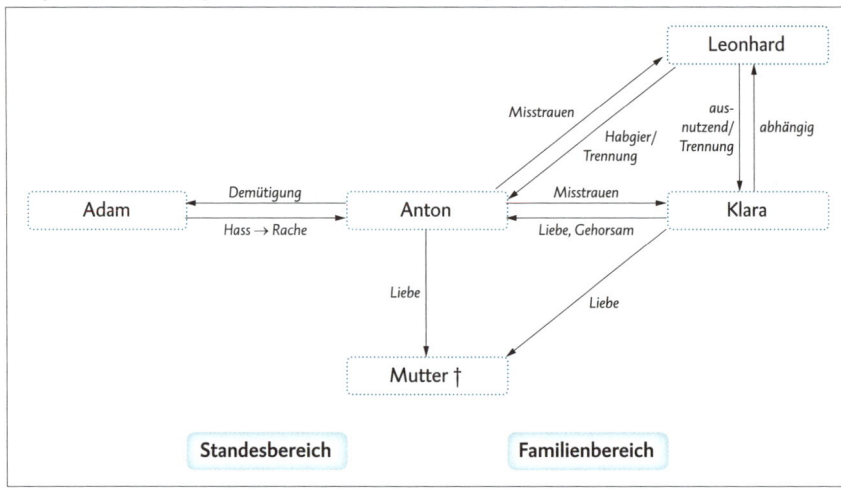

Arbeitsschritte

1 Lesen Sie den Text der Vorlage im Hinblick auf die zu beschreibenden Figuren und deren Position im gesamten sozialen Umfeld durch. Handelt es sich um **Haupt- oder Nebenfiguren**? Stehen sich die Figuren spannungsvoll gegenüber? Welcher Art sind diese **Spannungen**?

2 Markieren Sie im Text die **Interaktionen** der betreffenden Figuren in ihren positiven und negativen Erscheinungsformen mit unterschiedlichen Farben. Ziehen Sie zu den sprachlichen Aussagen auch Hinweise in **Regieanmerkungen** und Vorbemerkungen heran. Fragen Sie v. a. nach den **Ursachen**, dem konkreten **Anlass** und den **Auswirkungen** der Verhaltensweisen.

3 Gliedern Sie nun das gefundene Material nach den **Bereichen:** Hintergrund bzw. Ursachen und Ziele, Anlass, Beschreiben der Interaktionen, Auswirkungen.

4 Formulieren Sie Ihre Untersuchungsergebnisse.

—TIPP—

Auch beim Erfassen einer Figur, die in einer von starken Gegensätzen geprägten Beziehung (Kontrastbeziehung) steht, gehen Sie in entsprechender Weise vor.

■ Beispiel

Friedrich Hebbel, *Maria Magdalena* (Text 5, S. 204)

Arbeitsanweisung:

Charakterisieren Sie den Gerichtsdiener Adam innerhalb seiner sozialen Beziehungen.

Lösungsvorschlag:

- **Hintergrund:** Standeskonflikte; konkrete Ursache: öffentliche Demütigung Adams durch Tischlermeister Anton als Auslöser für Adams Vergeltungsdrang; Absicht: Demütigung Antons
- **Anlass:** Hausdurchsuchung bei Anton
- **Interaktionen der Figuren:** Adams strategisches Vorgehen; Bestätigen der Absicht („ich hasse ihn", Z. 37) durch sprachliches Verhalten (auf Spannung bedachte, aggressive, der Vernunft unzugängliche Sprache → Syntax: Parataxen, Ellipsen, Befehls- und Ausrufesätze, rhetor. Fragen; rhetor. Figuren: Ironie und Metaphorik, um Aggression und Demütigung auszudrücken)
- **Auswirkungen:** Tod der Mutter, Anton fokussiert sich in seiner moralischen Enge auf Klara.

6 Darstellen von Handlungs- und Konfliktentwicklungen

6.1 Handlung und Geschehen

Man kann grundsätzlich zwischen Handlung und Geschehen unterscheiden: Bei menschlichem Tun und Verhalten spricht man von **Handlung**. Sie umfasst sowohl die einzelne Aktion als auch den gesamten Handlungsvorgang und vollzieht sich für den Zuschauer sichtbar und hörbar auf der Bühne. Neben der **äußeren Handlung** werden auch **innere Handlungen**, also Gedanken, Gefühle und Affekte, meist vernehmbar im Monolog und anschaulich in Gestik und Verhalten zum Ausdruck gebracht. Dramatische Handlung enthält also Verhaltensweisen und Tätigkeiten der Figuren, verbale Äußerungen in der Figurenrede sowie zeitlich oder räumlich versetzte Handlung, die in der Exposition, im Botenbericht oder in der Teichoskopie vermittelt wird. Der **Verlauf der Dramenhandlung** wird im **Dialog** erfahrbar. Hier entfalten sich die Spannungen und Konflikte.

Unter **Geschehen** versteht man dagegen Situationsveränderungen, die nicht vom Menschen verursacht oder beeinflusst sind, das Leben aber entscheidend verändern können, beispielsweise Naturereignisse oder Schicksalsschläge.

TIPP

Um Handlung und Geschehen zu unterscheiden, hilft oft die einfache Frage: „Geht es um etwas, das eine Figur aktiv getan hat, oder eher um etwas, das ihr passiv zugestoßen ist?"

Beachten Sie

Nicht immer wird in der Praxis zwischen den beiden Begriffen strikt unterschieden: „Handlung" und „Bühnengeschehen" werden mitunter auch synonym verwendet.

Es gibt aber auch Vorgänge, die aus technischen oder künstlerischen Gründen auf der Bühne nicht dargestellt werden können. Um eine solche **verdeckte Handlung** bzw. ein solches **verdecktes Geschehen** dennoch zu **vermitteln**, gibt es zwei Möglichkeiten:

- den **Botenbericht:** Ein Bote berichtet von einem zeitlich zurückliegenden Ereignis (z. B. einer Schlacht),
- die **Teichoskopie** (= „Mauerschau"): Eine Figur berichtet von einer höheren Position aus, z. B. einer Mauer, einem Fenster oder einem Balkon, von einem gleichzeitig außerhalb der Bühne ablaufenden Geschehen.

6.2 Der Konflikt als typische Handlungsentwicklung

Der Konflikt gehört zu den wesentlichen Elementen des Dramas. Im Kern beruht er auf einer dualistischen Weltsicht, bei der gegensätzliche Kräfte aufeinanderprallen. So können einzelne Menschen aufgrund unterschiedlicher Wertvorstellungen, Interessen und Ziele aneinandergeraten, der Lebensentwurf des Protagonisten kann mit den Normen der Gesellschaft oder mit einem unerklärlichen Schicksal kollidieren, das ihn einfach überrollt. Bewusst oder unbewusst lädt er Schuld auf sich, die in seinem unvermeidbaren Scheitern, der Katastrophe, gesühnt wird.

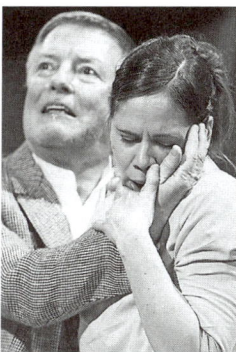

Der Konflikt in „Maria Magdalena" zwischen Meister Anton und Tochter Klara: dargestellt durch Manfred Zapatka und Monique Schwitter in der Inszenierung des Schauspielhauses Hamburg (aus dem Jahr 2007).

Der Operator „darstellen" verlangt, dass Sie auf größere Zusammenhänge verweisen, Prozesse in ihren Abläufen detailliert verfolgen, auslösende Faktoren benennen und Ergebnisse formulieren. Bei knappen traditionellen Texten sind die Ursachen oft nur indirekt aus Figurenäußerungen und der Vorbemerkung zu ermitteln. Im Zentrum steht jedoch die Konfliktentwicklung. Sie lässt sich dem Handlungsverlauf entnehmen. Richten Sie Ihre Aufmerksamkeit auf die einzelnen Phasen, um so die wachsende, sich zunehmend verschärfende Spannung zu erfassen und um zu zeigen, wie ein Handlungsimpuls zwingend den nächsten hervorruft. Es kann sein, dass der Textauszug noch nicht die Katastrophe enthält, aber doch ein bestimmtes Ergebnis. Dieses sollte erkannt und dargestellt werden.

Arbeitsschritte

1 Lesen Sie den Textausschnitt und konzentrieren Sie sich dabei auf die **W-Fragen:** Wer, wo, wann, warum, was, wie?
2 Markieren Sie entsprechend:
   - die handlungstragenden Figuren,
   - die Ausgangssituation mit Handlungsraum und -zeit,
   - den (bzw. die) Handlungsauslöser,
   - das (bzw. die) Handlungsobjekt(e),
   - den Handlungsverlauf und
   - das Handlungsergebnis.
3 Notieren und strukturieren Sie Ihre Stichpunkte gegliedert nach der **Handlungsentwicklung**.
4 Formulieren Sie Ihre Ergebnisse, indem Sie in der **Einleitung** die Handlungsträger und den Handlungsgegenstand nennen, im **Hauptteil** auf Ursachen verweisen sowie der Handlungsentwicklung folgen und im **Schluss** das Ergebnis festhalten.

■ Übungsbeispiel

Friedrich Hebbel, *Maria Magdalena* (Text 5, S. 204)

Arbeitsanweisung:

Stellen Sie Konfliktursachen und -entwicklungen dar.

Lösungsvorschlag:

Schritt 1 und **Schritt 2**   W-Fragen klären

- Hauptfiguren: Meister Anton, Gerichtsdiener Adam, Klara
- Handlungsraum: Haus des Tischlermeisters Anton
- Handlungsauslöser: Standeskonflikt
- thematischer Schwerpunkt: Meister Antons Standesdünkel und verengtes Weltbild
- Handlungs- und Konfliktverlauf: Standeskonflikt geht in einen Familienkonflikt über
- Ergebnis: unausweichliche Katastrophe

Schritt 3   Strukturierte Handlungs- und Konfliktentwicklung festhalten

A Einleitung

Hauptbeteiligte der Konflikte: Meister Anton, Gerichtsdiener Adam, Klara
Konfliktbereiche: Standeskonflikt, Familienkonflikt

B Hauptteil

I. Ursache: Gegensatz zwischen positiven Normen und ihrer willkürlichen Interpretation

   1. Bürgerliche Werte

   2. Verengtes Weltbild

II. Handlungs- und Konfliktentwicklung

   1. Der **Standeskonflikt:**

     Anlass: zurückliegende Demütigung

     Folge: Vergeltungsdrang

     Realisierung: vier Provokationen in zunehmender Schärfe

     Folge: Tod der Mutter

     vergeblicher Beschwichtigungsversuch

     weitere Provokation

     Ambivalenz des Bibelzitats als Überleitung

   2. Der **Familienkonflikt:**

     Despotismus als Folge von Unsicherheit

     Erniedrigung und Misstrauen

     moralischer Druck und innerer Konflikt

     Klara als Opfer

C Schluss: Die unausweichliche Katastrophe

Schritt 4 Ausführung

In der vorliegenden Szene sind Meister Anton, Gerichtsdiener Adam und Antons Tochter Klara die Hauptbetroffenen. **Zwei Konfliktbereiche** sind erkennbar: die Konfrontation zweier sozialer Schichten und die familiäre Kontroverse innerhalb eines Standes.

Einleitung:
Beteiligte des Konflikts und Konfliktbereiche

Die wesentlichen **Ursachen** dieser Konflikte liegen im **Verhalten Meister Antons**. Vordergründig scheint sich der Tischlermeister an den **positiven Normen seiner bürgerlichen Welt** zu orientieren. Auf sie wird wiederholt direkt und indirekt verwiesen: „Ehrlichkeit" (Z. 29, vgl. Z. 27 f.), Sittsamkeit (vgl. Z. 31), Redlichkeit (vgl. Z. 42 ff.) und Ehrbarkeit (vgl. Z. 58–66). Er selbst bezeichnet sich als „alte[r] Stamm" (Z. 61) und meint damit seine Bindung an die Tradition seines bürgerlichen Standes.

Hauptteil:
Konfliktursachen:
Repräsentation bürgerlicher Werte durch Anton

Diese **positiven Werte** werden allerdings durch Meister Antons engstirnigen Egoismus **ad absurdum geführt.** Dieser kommt nicht nur in seinem Standesdünkel gegenüber dem Gerichtsdiener Adam (vgl. Vorbemerkung) zum Ausdruck. Er äußert sich zudem in seiner ironischen Weltverachtung, so in seinem Kommentar zum Verhalten Leonhards (vgl. Z. 46 f.), sei-

gleichzeitig verengtes Weltbild Antons:
Egoismus, Standesdünkel, Weltverachtung

ner Gefühlskälte beim Tod seiner Frau (vgl. Z. 20 f., besonders
Z. 59), seinem Sarkasmus gegenüber seinem Sohn, den er als
„Muttermörder" (Z. 44) und „Stümper" (Z. 59) bezeichnet, und
schließlich in seinem erbarmungslosen Psychoterror (vgl. Z. 58–
66) gegenüber Klara.

Zwischen dem angesehenen Handwerksmeister Anton und
dem Gerichtsbeamten, dessen Beruf in der bürgerlichen Welt als
unehrlich gilt, ist ein **Standeskonflikt** ausgebrochen. Adam hat
eine frühere öffentliche **Kränkung** durch den Tischlermeister
nicht vergessen und wartet seitdem auf eine **Chance zur Rache**.
Nun sieht er seine Stunde gekommen. Der Haftbefehl verleiht
ihm Macht über den verhassten Widersacher, die er mit zynischer
Schadenfreude ausspielt. So tut er alles, um Meister Anton zu **provozieren**. Ohne Gruß betritt er Antons Haus und erinnert diesen
an den zurückliegenden Vorfall. Höhnisch wertet er Meister
Antons Stand ab. Er hält ihm den Durchsuchungsbefehl entgegen
und erniedrigt ihn zusätzlich, indem er ihn als Analphabeten
bloßstellt. Nun setzt er die Waffe der Lüge ein und verdreht den
Verdacht zur Tatsache. Die Folge seiner Vergeltungsstrategie ist
der **Tod der Mutter**. Seinem **verblendeten Hass** kann weder
sein Kollege, der ihn zur Mäßigung aufruft, noch die erfolglose
Suche nach den verschwundenen Juwelen Einhalt gebieten. Das
„hämisch" (Z. 53) beim Verlassen des Hauses hingeworfene
Bibelzitat „Suchet, so werdet ihr finden!" (Z. 53; vgl. Lk 11,9)
bekommt durch seine Nachwirkung ambivalenten Charakter. Es
schürt unbewusst den bereits erkennbaren **Verdacht Antons**
gegenüber seiner Tochter.

Das **Auftreten des Handwerksmeisters** ist keineswegs
selbstsicher. Er lässt sich provozieren und zu Beschimpfungen
(„Schuft", Z. 7) und heftigen Reaktionen (vgl. Z. 24) hinreißen.
Offenbar drückt sich hier eine bereits vorhandene, aber nicht zu-
gegebene **Unsicherheit** aus, hinter der die Auflösung alter Stan-
desgrenzen erkennbar wird.

Dieses Gefühl der Bedrohung hat auch das **unmenschlich-
tyrannische Auftreten Antons in der Familie** zur Folge. Es
drückt sich in seinem extremen **Vorwurf** gegenüber seinem
Sohn (vgl. Z. 21, 44) und seinem **Misstrauen** gegenüber seiner
Tochter aus. Klara wird durch seine pedantisch vertretene Moral
und enge, unrealistische Weltanschauung **in einen ausweglosen inneren Konflikt getrieben**. Sie leistet einen Schwur, der
bereits gebrochen und somit Lüge ist. Auch hier weisen die Ursachen in eine brüchig gewordene Umwelt. Ihrem Einfluss vermag
sie sich nicht zu entziehen und wird so ihr Opfer. Sie ist unfrei,
gebunden an die Wert- und Normvorstellungen eines sich bereits auflösenden Standes und ausgeliefert den erbarmungslosen
Ordnungsprinzipien eines despotischen Vaters. Als Kind liebt sie

*Handlungs- und
Konfliktverlauf*
*Standeskonflikt:
angesehener Hand-
werksmeister vs. ver-
achteter Gerichtsdiener*
*Adams Vergeltungs-
drang für zurückliegende
Demütigung →
mehrmalige Provokation*

*Tod der Mutter als Folge
von Adams Verhalten*
*vergeblicher Beschwich-
tigungsversuch*
*erneute Lüge/ Provokati-
on leitet zum Familien-
konflikt über*

Zwischenfazit

*Familienkonflikt: Antons
despotisches, abwerten-
des Verhalten gegenüber
Tochter und Sohn*

*moralischer Druck ver-
ursacht inneren Konflikt*

Klara als Opfer

ihn, aber mehr noch ist sie ihm zum Gehorsam verpflichtet und fürchtet eine Normverletzung mehr als das Bekenntnis zur Wahrheit. Die **Drohung des Vaters** lässt ihr **keine Wahl**.

Die Familiensituation offenbart, wie sich der **Konflikt zwischen den Ständen** zu einem **Konflikt innerhalb eines Standes** verschiebt. Das Verhalten Meister Antons treibt Klara in eine Situation, der sie nicht entrinnen kann. Am Ende der Szene gibt es für sie keine Umkehr mehr, die **Katastrophe** scheint **unausweichlich**.

Schluss:
Ergebnis

7 Analyse der Gesprächsstrategien

Im Drama stehen sich meist Konkurrenten gegenüber, deren unterschiedliche Absichten den Dialog vorantreiben. Zur Verwirklichung ihrer Ziele setzen sie sprachstrategische Mittel ein, die das gegnerische **Verhalten** in ihrem Sinne **steuern und verändern** sollen. Je heftiger sich der verbale Schlagabtausch gestaltet, desto höher wird die Gesprächstemperatur und desto kürzer werden die Redepartien bis hin zur Stichomythie. Sachliches Argumentieren weicht dann emotionalem Appellieren und gefährlichem Manipulieren.

Wer im Gespräch also bestimmte **Ziele erreichen** will, wird sich sein taktisches Vorgehen genau überlegen und zu verschiedenen Techniken und Mitteln greifen, bei denen ethische Maßstäbe eine Rolle spielen können. Die eingesetzten **strategischen Mittel** hängen jeweils von der **Art der Einflussnahme** bzw. **Taktik** ab, mit der die Figuren auf der Bühne ihre Ziele verfolgen. Fragen Sie: Will der Sprecher ...

- **überzeugen?**
  Es geht ihm um die Sache. Deshalb setzt er auf eine nachvollziehbare, **logische Argumentation** und bringt **anschauliche Beispiele**. Dem Gesprächspartner bleibt Entscheidungsfreiheit.
- **überreden?**
  Er verfolgt eigene Interessen. Dabei tritt er sicher auf, beruft sich auf seine oder fremde Autorität, übt emotionalen Druck aus. Er **appelliert**, **fordert**, **befiehlt**. Der Partner soll etwas tun, was er ursprünglich nicht wollte. (Vgl. Text 6)

- **manipulieren?**
Der Sprecher ist ausschließlich auf den eigenen Vorteil bedacht. Zur Durchsetzung seiner Ziele ist ihm jedes Mittel recht. Mit **Täuschungsmanövern**, **Falschinformationen** und **Lügen** wird auf den Dialogpartner direkter oder indirekter Zwang ausgeübt. (Vgl. Text 9)

- **vernichten?**
Es geht nicht um eine bestimmte Sache. Diese dient nur als Vorwand, um einen Gegner mithilfe einer **aggressiven Sprache** (Ironie, Sarkasmus, Schimpfwörter) **aufzustacheln**, zu **demütigen**, psychisch zu **verletzen** und letztlich zu zerstören. Dessen Reaktion kann sich von einem unsicheren Verhalten bis zum inneren Zusammenbruch steigern. Die verbale Kommunikation ist gestört, verstummt und endet häufig in Gesten. (Vgl. Text 5)

In Konkurrenzkonstellationen lösen sich in den Dialogen oft Angriff und Verteidigung ab (Wechsel von Behauptung und Zurückweisung). Während des Gesprächsverlaufs wächst die Spannung durch den **Einsatz bestimmter Argumentationstechniken und sprachstrategischer Mittel**. Zu ihnen gehören:

Techniken:		
Vereinfachen	scheinbares Nachgeben	Polarisieren
einseitiges Auswählen (von Zahlen, Fakten, Zitaten etc.)	Vorschieben von Autoritäten	Vermengen von Wahrheit und Lüge
Verwenden von Leerformeln	Beschuldigen	Übertreiben und Untertreiben
Beschwichtigen	Drohen	Aufwerten und Abwerten
Ablenken	Vorwerfen	suggestives Appellieren
Hinhalten	Verschweigen	emotionales Appellieren

TIPP

Bei der **Strategiebestimmung** erweisen sich oft **Gegensatzpaare** als hilfreich, z. B.:

behaupten – infrage stellen, bezweifeln, widersprechen ■ fordern – zurückweisen ■ provozieren – beschwichtigen ■ angreifen – verteidigen ■ beweisen – widerlegen

Arbeitsschritte

1 Lesen Sie den Text themabezogen durch, und halten Sie dabei folgende **Gesprächsfaktoren** fest: Teilnehmer, Hintergrund und Gesprächsanlass, Ausgangssituation sowie Gesprächsziele.

2 Überprüfen Sie, ob sich **inhaltliche Gliederungselemente** und **thematische Schwerpunkte** erkennen lassen.

3 Untersuchen Sie das Verhalten der Figuren während des Dialogs (Angriff – Abwehr; Forderung – Zurückweisung etc.), dessen Entwicklung (Steigerung) und die Verwirklichung der angestrebten Ziele. Benennen, markieren und notieren Sie dabei die eingesetzten **Taktiken** und **strategischen Mittel**. Halten Sie das Ergebnis des Dialogs fest.

4 Stellen Sie den **Gesprächsverlauf** mit seinen Strategien dar.

■ Übungsbeispiel

Johann Wolfgang von Goethe, *Iphigenie auf Tauris* (Text 6, S. 207)

Arbeitsanweisung:

Stellen Sie den Dialogverlauf (V. 1–82) dar, und zeigen Sie, mit welchen strategischen Mitteln beide Gesprächspartner ihre Ziele zu erreichen versuchen.

Lösungsvorschlag:

Schritt 1 Gesprächsfaktoren festhalten

Gesprächsteilnehmer:
- Iphigenie (Griechin): Priesterin der Diana im fremden Tauris
- Arkas (Taurer): Vertrauter des taurischen Königs

→ Die Gesprächspartner kennen und schätzen sich; sie gehören sozial höheren Schichten an.

Hintergründe und Anlass des Gesprächs:
- Iphigenies unfreiwilliger Aufenthalt auf Tauris; ihr Heimweh; ihr segensreiches Wirken; ihr Weigern, dem Werben von König Thoas nachzugeben
- Gefangennahme von Orest und Pylades
- Zorn des abgewiesenen Königs: Wiederaufnahme des grausamen Rituals; als erste Opfer vorgesehen: Orest und Pylades
- Iphigenies an Betrug gebundene Fluchtchance

→ Anlass: Arkas' Forderung nach Beschleunigung der Opfervorbereitungen

Ausgangssituation des Gesprächs:
Zusammenstoß unterschiedlicher Interessen und Ziele, verdeutlicht durch die Gegensätze von staatlicher und göttlicher Autorität, Wahrheit und Lüge, individuellem und kollektivem Wohl

Gesprächsziele:
Um die Flucht zu ermöglichen, muss Iphigenie Arkas hinhalten, ablenken und täuschen. Arkas hat den königlichen Befehl durchzusetzen; zusätzlich versucht er, bei Iphigenie für den König zu werben. Er appelliert, fordert und setzt Iphigenie unter emotionalen Druck.

Schritt 2   Inhaltliche Gliederung des Textes, thematische Schwerpunkte prüfen

1. Gesprächsteil von Iphigenie bestimmt; thematischer Schwerpunkt: Iphigenies Täuschungsplan (V. 1–30)

2. Gesprächsteil von Arkas bestimmt; thematischer Schwerpunkt: Arkas' Appell, innerer Konflikt Iphigenies (V. 31–82)

Schritt 3   Materialsammlung anlegen

1. Gesprächsteil: Iphigenies Täuschungsplan (V. 1–30)
- Arkas' selbstbewusstes Auftreten; seine Forderung (V. 1 f.)
- Iphigenies Hinhalte- und Ablenkungstaktik (V. 3–5)
- Arkas' Druckmittel: königliche Autorität (V. 6, 8 f.)
- Iphigenies Abwehr: göttliche Autorität (V. 10)
- Iphigenies selbstsichere Begründung der Verzögerung (V. 11–20)
- Iphigenies scheinbarer Erfolg (V. 21–23)
- Verfestigung der Standpunkte in einer Angriffs- und Abwehrsituation (V. 24–29)
- Iphigenies scheinbares Nachgeben (V. 30)

2. Gesprächsteil: Arkas' Überzeugungsstrategie (V. 31–82)
- Gesprächswendung: Arkas' neue Initiative → zielt auf Auslösen eines inneren Zwiespalt bei Iphigenie (V. 31–35)
- Spannungssteigerung: erneute Angriffs- und Abwehrsituation (V. 36–44)
- Arkas' Appell (V. 45–62)
- Iphigenies Betroffenheit und Abwehrversuch (V. 63–76)
- Arkas' Verbitterung und erneuter Appell (V. 77–82)

Ergebnis: Iphigenies innerer Weg zur Einsicht ist vorbereitet.

Schritt 4 Ausführung

Iphigenie ist unfreiwillig auf Tauris. Ihr humanes Verhalten als Priesterin hat das Aussetzen der dort üblichen Menschenopfer bewirkt. Allerdings weigert sie sich, dem **Werben König Thoas'** um ihre Hand nachzugeben. Sie sehnt sich nach Rückkehr in ihre griechische Heimat. Thoas, erzürnt über Iphigenies Verhalten, will die **Menschenopfer wieder einführen**. Das grausame Ritual soll an zwei gefangen genommenen Fremden praktiziert werden. Bei ihnen handelt es sich um Iphigenies Bruder Orest und dessen Freund Pylades. Ein **Täuschungsmanöver** könnte die Flucht der drei ermöglichen. Iphigenie hat sich bereits zu diesem Betrug entschlossen, als **Arkas**, der Bote des Königs, auftritt. Beide Figuren stehen sich im Dialog gegenüber. Aufgrund der unterschiedlichen Interessen und Zielsetzungen ist die Ausgangssituation überaus angespannt.

Einleitung:
Gesprächsteilnehmer, Hintergrund und Anlass des Gesprächs, Ausgangssituation

Die Szene beginnt mit Arkas' unvermitteltem Auftritt. Sein schroffer Verweis auf die Ungeduld von König und Volk und seine scharf formulierte Forderung nach schnellem Abschluss der Opfervorbereitungen zeigen die selbstbewusste Haltung eines Menschen, der sich dem staatlichen Machtträger nahe weiß (vgl. V. 1 f.).

Analyse der Gesprächs-strategien im Dialog-verlauf
1. Gesprächsteil:
Arkas' sehr bestimmt formulierte Forderung

Iphigenie steht in der Bestimmtheit ihrer Antwort Arkas nicht nach: Sie kenne ihre priesterliche Aufgabe, doch habe sich ein unerwartetes Problem ergeben (vgl. V. 3–5). Dessen Art verschweigt sie noch. Sie versucht, **Zeit zu gewinnen**, Arkas' Neugier zu wecken und ihn dadurch **abzulenken**. Unbeirrt verlangt Arkas aber die Erfüllung des königlichen Beschlusses. In seinem Munde wirkt die **staatliche Macht als Argument**, das jede Widerrede ausschließt (vgl. V. 6, 8 f.). Iphigenie pariert mit dem Hinweis auf die **höhere Macht der Götter**, deren Zustimmung noch ausstehe (vgl. V. 10). Beide Figuren versuchen ihre Argumentation durch den Verweis auf Autoritäten zu stärken. In der Hoffnung, Arkas zu **überzeugen**, begründet Iphigenie nun in einer längeren Replik die **Verzögerung**: Das Götterbild sei entheiligt worden und müsse am Meer neu geweiht werden. Diese Handlung dürfe man nicht stören (vgl. V. 11–20). Arkas scheint Iphigenie zu glauben. Er **untersagt** ihr aber die Ausführung ihres Vorhabens bis zum Bescheid des Königs (vgl. V. 21–23). In der folgenden Stichomythie **verfestigen sich** die gegensätzlichen **Standpunkte**. Erneut berufen sich beide auf höhere Autoritäten, Iphigenie auf die Götter, Arkas auf den König. Dreimal gelingt es Iphigenie, seine **Forderung zurückzuweisen** (vgl. V. 24–29). Dann gibt sie nach, aber nur, weil ihre Strategie aufzugehen scheint: Arkas ist getäuscht, und dem betrügerischen **Rettungsversuch steht** offenbar **nichts mehr im Wege**.

Iphigenies Täuschungs-versuch

Arkas' Beharrlichkeit und Verweis auf staatliche Autorität

Gegenargument: göttliche Macht

Iphigenies Verzögerungs-taktik

Verfestigung der Standpunkte

Täuschungsstrategie Iphigenies geht auf: Arkas glaubt ihr

Auch Arkas glaubt, sich behauptet zu haben, und wertet Iphigenies Nachgeben als eigenen Erfolg. Aus dieser Perspektive erfährt das **Gespräch** eine **Wendung:** Arkas erinnert Iphigenie an König Thoas' Werbung (vgl. V. 33–35). Iphigenies **Weigerung,** sich dieser zu fügen, ist die eigentliche Ursache der verwirrten Situation (vgl. V. 34) und der Wiederaufnahme der Menschenopfer, die sie durch ihr priesterliches Wirken bisher verhindern konnte. Im schnellen Wechsel von Rede und Gegenrede **versucht sich Iphigenie** den drängenden Bitten Arkas' **zu entziehen** (vgl. V. 36–44).

Dieser hat **Iphigenies Methode durchschaut.** Er muss sie, die sich hinter den Göttern zu verstecken scheint, an ihre **eigene Verantwortung erinnern,** an die „schöne Seele" (V. 73) **appellieren.** Wiederholt redet er sie deshalb in der 2. Person an. Ihr Geschick wie das Schicksal der Fremden liege nicht, wie sie vorgebe, „in der Götter Hand" (V. 42), sondern ausschließlich in ihrer eigenen.

War der erste Dialogteil von der längeren Replik Iphigenies beherrscht, so ist es nun Arkas, der in umfangreicherer Rede an Iphigenies humane Gesinnung **appelliert.** Seine Äußerungen zeigen **Wirkung.** Sie treffen Iphigenie, die sich vergeblich zu behaupten versucht (vgl. V. 68, 72). Ihre Bitte, ihr seelische Qualen zu ersparen, verrät bereits **Anzeichen von Beunruhigung und Unsicherheit** (vgl. V. 67 f.). Da gelingt es ihr durch den Hinweis auf das unangemessene Verhalten des Königs, Arkas über ihre innere Situation zu **täuschen** (vgl. V. 75 f.).

Arkas wirkt **unzufrieden,** fasst sich aber und betont vor seinem Weggang noch einmal die edle Haltung des Königs gegenüber Iphigenie. In seinen letzten Worten schwingt auch ein **Vorwurf** mit. Er glaubt sich erfolglos und weiß nicht, dass gerade sein Hinweis auf das edle Verhalten des Königs ein **Umdenken bei Iphigenie** eingeleitet hat. Dieses wird in ihrem folgenden Monolog deutlich (vgl. V. 77–82).

Der Dialog besteht aus zwei Teilen. Im ersten befindet sich **Iphigenie** im Mittelpunkt. Hier hat sie einen längeren Redeabschnitt. Ihr geht es um **Täuschung und Realisierung des Fluchtplans.** Arkas verlangt Gehorsam gegenüber weltlicher Macht, während Iphigenie auf göttliche Autorität verweist. Am Ende des ersten Teils glaubt sie sich am Ziel. Andererseits lässt das scheinbare Nachgeben der Priesterin auch Arkas hoffen. Er spricht das eigentliche Problem an: Thoas' Werbung und Iphigenies ablehnende Haltung. Im zweiten Teil dominiert **Arkas.** Hier hat er in einer längeren Replik das Wort. Sein **kluges Vorgehen,** das nicht wie im ersten Teil auf den Vollzug einer äußeren Handlung, sondern **auf die innere Einstellung Iphigenies zielt,** verändert tatsächlich die Lage. Die Priesterin gerät in einen **inne-**

2. Gesprächsteil:
Arkas' Überzeugungs-
strategie: Appell

Iphigenies
Abwehrversuch

Arkas' Erkennen von
Iphigenies Täuschungs-
versuch, erneuter Appell

Arkas' eindringlicher
Appell
erster Erfolg: Betroffen-
heit Iphigenies

Verschleierung der
inneren Situation

Arkas' Enttäuschung
und abschließender
Appell

Arkas' unwissentlicher
Gesprächserfolg: Anstoß
für Umdenken

Zusammenfassung
der Untersuchungs-
ergebnisse

ren Konflikt. Der nichtsahnende Arkas glaubt seine Mission bereits misslungen, ist aber gerade in dieser Situation Iphigenie besonders nahe.

Das Gespräch geht für Iphigenie anders als erwartet aus. Arkas' Worte haben sie verunsichert und betroffen gemacht. Damit ist die **Grundlage für eine Einsicht** gelegt.

Ergebnis des Gesprächs

Eine Inszenierung von „Iphigenie auf Tauris" von Ivan Panteleev am Deutschen Theater in Berlin (2016); Iphigenie dargestellt von Kathleen Morgeneyer.

8 Bestimmen der Gattungsmerkmale

Gerade bei besonderen Dramenformen wie dem bürgerlichen Trauerspiel oder dem epischen Theater kann es für die Interpretation wichtig sein, die Gattungsmerkmale am Textausschnitt nachzuweisen. Gehen Sie am besten so vor:

Arbeitsschritte

1 Notieren Sie sich die Gattungsmerkmale (z. B. des epischen Theaters etc.), auf deren Vorkommen Sie den Textausschnitt untersuchen müssen.

2 Lesen Sie anschließend den Dramenauszug im Hinblick auf diese Kennzeichen durch und markieren Sie die entsprechenden Textstellen farbig.

3 Erstellen Sie eine Stoffsammlung und ordnen Sie dazu das gefundene Material (z. B. zu Stoff und Thema, Komposition, Handlung, Figuren, Raum und Zeit, Sprache, ggf. Intention, Weltbild).

4 Stellen Sie Ihre Ergebnisse in einem zusammenhängenden Text dar.

Beachten Sie

Falls die genaue Gattungsbezeichnung nicht vorgegeben ist und Sie den Textausschnitt einer Gattung zuordnen sollen, gehen Sie den umgekehrten Weg und untersuchen vor allem folgende Bereiche auf gattungsauffällige Merkmale: Stoff ■ Thematik ■ Komposition ■ Handlung ■ Figuren ■ Sprache ■ Intention ■ Weltbild.

8.1 Tragödie

Die Tragödie (griech. *tragodia* = Bocksgesang) ist neben der Komödie die wichtigste dramatische Gattung. Ihr Ursprung liegt im antiken Dionysos-Kult. Höhepunkte der attischen Tragödie bilden die Stücke von Äschylos, Sophokles *(Antigone)* und Euripides im 5. Jahrhundert v. Chr. Nach der *Poetik* (= Lehrbuch der Dichtkunst) des Aristoteles (385–323 v. Chr.) soll die Tragödie den Zuschauer innerlich erschüttern, *eleos* und *phobos* (= Jammer und Schaudern, nach Lessing: Mitleid und Furcht) erregen und eine *katharsis* (innere Reinigung) bewirken, d. h. ihn von seinen Leiden-

Kopie einer Aristoteles-Büste

schaften befreien und damit einen sittlichen Wandel auslösen.

In der Tragödie gerät der Protagonist in einen **ausweglosen Konflikt** gegensätzlicher Werthaltungen (z. B. Ich und Gesellschaft, Staat, Gott, Schicksal; beispielsweise ist es bei Sophokles' *Antigone* der Konflikt zwischen dem göttlichen und dem staatlichen Gesetz). Das kann aus mangelnder Einsicht, Leichtsinn oder Selbstüberschätzung geschehen. Wenn er seine Verfehlung erkennt, ist es bereits zu spät, die Katastrophe ist nicht mehr aufzuhalten. Sein früheres Unwissen schützt ihn nicht vor dem Leid, denn er trägt – jenseits seines individuellen Falles – aus der Perspektive einer höher stehenden Ordnung für sein Tun die Verantwortung. **Schuld** ist hier als **unverdientes Leid** zu verstehen. Sie verlangt nach Sühne, d. h. den Untergang des Helden.

Merkmale einer Tragödie

- ein unauflösbarer **Gegensatz** zwischen konkurrierenden Kräften,
- die **Ausweglosigkeit** des Protagonisten (→ vorbestimmtes Schicksal),
- seine **Schuld** (→ wie auch immer er sich entscheiden mag, stets lädt er Schuld auf sich),
- sein **bewusstes Durchleiden** des Geschehens und
- seine **Sühne** im **Untergang**.

■ Beispiel

Friedrich Dürrenmatt, *Der Besuch der alten Dame* (Text 10, S. 214)

Arbeitsanweisung:
Überprüfen Sie den Textausschnitt auf Elemente des Tragischen.

Lösungsvorschlag:

- Ill hat sich aus eigennützigen Gründen von Klara getrennt und seine Vaterschaft mithilfe von Falschaussagen bestritten. Dadurch hat er **Schuld** auf sich geladen (vgl. Vorbemerkung; Z. 10 ff.).
- Nach Jahren holt ihn das **Schicksal** in der Gestalt der Milliardärin ein. Sie fordert seinen Tod (vgl. Vorbemerkung).
- Er versucht sich zu wehren. Doch dieser Versuch scheitert. Vergeblich hat er auf die Solidarität der Güllener gehofft (vgl. Z. 22 f.). Ein Fluchtversuch ist fehlgeschlagen. **Unentrinnbar** treibt er seinem **Untergang** entgegen.
- Die anfängliche Verblendung/Selbstüberschätzung schlägt in **Erkenntnis** um (vgl. Z. 7, 10, 12–15).
- Bewusst und leidend durchlebt er seine Furcht und **nimmt** sein Schicksal bzw. seine **Schuld an** (vgl. Z. 25 ff.).

8.2 Bürgerliches Trauerspiel

In der Literatur des Barock war die Darstellung des Tragischen auf höhere Standespersonen beschränkt. Es galt, in der Literatur die sogenannte Ständeklausel einzuhalten, denn nach den Lehrbüchern (= Poetiken) der Renaissance und des Barock sollten in der Tragödie nur Mitglieder aus dem höheren Stand, dem Adel, auftreten; dem niederen Stand, dem Bürgertum, blieb die Komödie vorbehalten. Diese strenge Trennung erfuhr in der Epoche der Aufklärung eine Weiterentwicklung. Parallel zum wachsenden bürgerlichen Selbstbewusstsein in der Realität wurde nun auch der Bürger in der Literatur zum tragischen Erleben

Gotthold Ephraim Lessing

fähig. Dabei ereignete sich der tragische Konflikt zunächst zwischen den Ständen, d. h. Adelswillkür traf auf Bürgertugend (vgl. Lessing: *Emilia Galotti*). Später verlagerte Hebbel in *Maria Magdalena* das tragische Schicksal ausschließlich in die bürgerliche Welt. Dieses Werk des Realismus gilt als das letzte bürgerliche Trauerspiel, das somit die durch Lessings *Miß Sara Sampson* begründete Gattungstradition abschließt. Der Übergang zum sozialen Drama des Naturalismus erfolgt fließend.

Merkmale des bürgerlichen Trauerspiels

- **Bürger** als tragische Hauptfiguren,
- ein **unauflösbarer Gegensatz:** zwischen moralisch-integren Bürgern und skrupellosen Adeligen bzw. innerhalb eines gewissenlosen und pedantisch-engen bürgerlichen Milieus (als Ursache und Inhalt des tragischen Konflikts),
- die **Ausweglosigkeit** des Protagonisten,
- seine **Schuld,**
- sein **bewusstes Durchleiden** des Geschehens und
- seine **Sühne** im **Untergang.**

■ Beispiel

Friedrich Hebbel, *Maria Magdalena* (Text 5, S. 204)

Arbeitsanweisung:

Erläutern Sie anhand der Textvorlage wesentliche Elemente des bürgerlichen Trauerspiels.

Lösungsvorschlag:

- Alle beteiligten **Figuren** stammen aus dem **Bürgertum.**
- Der **Konflikt** erfolgt innerhalb kleinbürgerlicher Verhältnisse (Gerichts-diener – Handwerksmeister) sowie im familiären Umfeld (Vater – Tochter).
- Die **Konfliktursache** liegt in der moralischen Enge der kleinbürgerlichen Welt, wie sie besonders im Hass des sozial gedemütigten Adam, in der Gewissenlosigkeit Leonhards und im rücksichtslosen Verhalten Meister Antons zum Vorschein kommt.
- Durch sein rücksichtsloses Verhalten lädt Anton **Schuld** auf sich, er ist aber unfähig, über seinen eingeschränkten Standeshorizont hinauszuschauen und diese Schuld bewusst wahrzunehmen.
- Auch Klara wird **schuldig:** Mit ihrem Fehltritt verstößt sie gegen die väterlichen Ordnungsvorstellungen und gegen gesellschaftliche Konventionen. Sie ist durch ihr Handeln in einen **unversöhnlichen Gegensatz** mit ihrer Umwelt geraten und sich ihrer Situation durchaus bewusst.
- Doch die **Ausweglosigkeit** der Verhältnisse, in die Klara eingebunden ist, wird ihr zum Verhängnis. Aus diesem Schicksal gibt es keine Befreiung.

8.3 Komödie

Neben der Tragödie ist die Komödie die **zweite der traditionellen Hauptgattungen**; sie hat ihren Ursprung ebenfalls im Theater der **griechischen Antike**. Auf den damals typischen Gebrauch von Masken zur Darstellung von Gefühlen geht auch das Symbol zurück, das heute noch für „Theater" steht: eine Kombination aus lachender und weinender Maske. Diese repräsentieren gleichzeitig die Gattungen der Komödie und der Tragödie.

Im griechischen Theater trugen die Schauspieler Masken, um die Gefühle der Figuren besser zu verdeutlichen.

Das **Lustspiel**, wie die Komödie im Deutschen auch genannt wird, will **unterhalten**. Es verspottet menschliche Schwächen, hinterfragt festgefahrene Vorstellungen und richtet sich an den erkennenden Verstand. Das Komische kann in der Sprache, an Gegenständen, Situationen und Charakteren deutlich werden.

Merkmale der Komödie

- **Kontrast** zwischen Schein und Sein, Erreichtem und Erhofftem,
- **versöhnliche Lösung** der Widersprüche,
- **Übertreibung**, **Ironie**, **Witz**, **Parodie** als gestaltende Mittel und
- als **Ziele**: Aufdecken menschlicher Unzulänglichkeiten; Erkennen als Befreiungs- und Veränderungsmöglichkeit.

■ Beispiel

Friedrich Dürrenmatt, *Der Besuch der alten Dame* (Text 9, S. 213)

Arbeitsanweisung:

Überprüfen Sie den Textausschnitt auf Elemente des Komischen.

Lösungsvorschlag:

Der Zuschauer, der die Vorgeschichte kennt, weiß, was der Bürgermeister beabsichtigt, und ist auf dessen Vorgehen gespannt, vor allem, wie er versucht, den **Schein als Sein** zu vermitteln. Der Betrachter merkt, dass der Redner mit **Übertreibung, Auslassung und Täuschung** arbeitet und ist überrascht von den vielen **Unwahrheiten**, die der Bürgermeister mit großer Geste und ohne zu zögern von sich gibt. So stellt er Kläri Wäscher als

Kontrast zwischen Schein und Sein

Übertreibungen und Täuschungen

vorbildhafte Schülerin heraus (vgl. Z. 17 ff.); das einzige Fach, in dem sie wenigstens eine ausreichende Note erzielt hat, wird zum zentrale Fach stilisiert (vgl. Z. 19–22), er übertreibt, wenn er dabei die Leistung, ohne die Note zu erwähnen, als Ausdruck besonderer Empathie wertet. Auch hier hat der **Zuschauer den Redner durchschaut.** Es wirkt lächerlich, mit welcher Hingabe der Bürgermeister von „Gerechtigkeitsliebe" (Z. 21) und „Wohltätigkeit" (Z. 21) spricht und Emotionen zu wecken versucht, in Wirklichkeit aber auf das Geld der Milliardärin aus ist. Der **Gegensatz** erzeugt Komik.

Darstellung menschlicher Unzulänglichkeiten

Erkennen der Zusammenhänge durch den Zuschauer

Gegensätze

8.4 Die Tragikomödie

Es gibt dramatische **Mischformen**, die sowohl tragische als auch komische Elemente enthalten. Sie sollen die wechselhafte, oft **gegensätzliche Welt** wiedergeben. Dabei erhält durch die Darstellung des Tragischen das Komische mehr Tiefe – gleichzeitig wird durch die komischen Elemente die tragische Handlung etwas aufgelockert und so für den Zuschauer leichter erträglich.

Friedrich Dürrenmatt

Friedrich Dürrenmatt selbst nannte sein Stück *Der Besuch der alten Dame* eine „tragische Komödie". Er glaubte, dass man nur auf diese Weise dem Chaos in unserer modernen Welt beikommen könne.

Merkmale einer Tragikomödie

Tragische Elemente	• Leiderfahrung
	• Schuldbewusstsein möglich
	• Ausweglosigkeit des Protagonisten gegenüber dem Schicksal und Untergang des Helden
Komische Elemente	• Kontrast zwischen Schein und Sein
	• Mittel der Übertreibung
	• versöhnlicher Ausgang möglich

■ Beispiel

Friedrich Dürrenmatt, *Der Besuch der alten Dame* (Text 9 und 10, S. 213, 214)

Arbeitsanweisung:

Überprüfen Sie die Textausschnitte auf Elemente des Tragikomischen.

Lösungsvorschlag:

- **Tragische Elemente** (siehe auch S. 132 f.) sind: Ills Leiderfahrung (vgl. seine „Angst", sein „grauenhafte[s] Fürchten", S. 214, Z. 24), sein Schuldbewusstsein, seine Annahme der Schuld (vgl. S. 214, Z. 10, 12–14, 26 f.), sein Untergang und seine Sühne (vgl. S. 214 f., Z. 27–31)
- **Komische Elemente** (siehe auch S. 135 f.) sind: Paradoxien (Widerspruch von Lüge und Wahrheit in der Rede des Bürgermeisters, vgl. S. 213, Z. 18–25, 27–31) und Übertreibungen

8.5 Die Groteske

Wo die vielschichtige und widersprüchliche Welt intensiv erfahren wird und der Vernunft nicht mehr zugänglich erscheint, findet sie nicht selten in einer **übersteigerten, verzerrten Komik**, einem **paradoxen Nebeneinander des Grauenvollen und Lächerlichen**, literarischen Ausdruck. Diese groteske Wirklichkeit ist weder gattungs- noch zeitgebunden (vgl. die Werke Wilhelm Buschs, E.T.A. Hoffmanns und Franz Kafkas), sie findet sich aber verstärkt in der modernen Kunst.

Kennzeichen des Grotesken

- Verbindung von **Komischem und Abartigem**
- Überzogenes **Karikieren** bis zur Entstellung von Figuren und Situationen
- Einbau des **Unglaubhaften, Fantastischen, Dämonischen**
- Absicht: Begegnung einer grotesken Wirklichkeit mit grotesken dramatischen Mitteln → das Erkennen des Grotesken als Möglichkeit **kritischer Distanzierung**

Das Groteske in „Der Besuch der alten Dame" wird in Bastian Krafts Inszenierung am Deutschen Theater in Berlin (2014) besonders in Szene gesetzt: Die Figur Claire wird z. B. von vier Schauspielerinnen und einem Schauspieler, alle bizarr verkleidet, dargestellt.

■ Beispiel

Friedrich Dürrenmatt, *Der Besuch der alten Dame* (Texte 8, 9, 10; S. 212–215)

Arbeitsanweisung:

Überprüfen Sie die Textausschnitte auf Elemente des Grotesken.

Lösungsvorschlag:

- Paradoxes, Abartiges: Verbindung von finanzieller Hilfe und Mord (vgl. Texte 9 und 10: Vorbemerkung)
- Extreme Übertreibung bei der Figurendarstellung Claire Zachanassians: Claires überzogenes Äußeres und ihre exzentrische Begleitung (vgl. Text 8, Z. 1–5) sowie Claires maßlose Forderung: Sie hat „ein Kopfgeld von einer Milliarde für die Bewohner von Güllen ausgesetzt, wenn jemand den Krämer Alfred Ill tötet" (Text 10, Vorbemerkung).
- Dämonisches: Claire Zachanassian als gnadenlose Rächerin, die systematisch und perfide ihre Rache plant: Zuerst sorgt sie dafür, dass die Bewohner von Güllen verarmen, damit diese dann umso anfälliger für ihr Angebot werden (vgl. Text 10, Vorbemerkung); das in Selbstjustiz gefällte Urteil (Todesstrafe) für ihren ehemaligen Geliebten erscheint unverhältnismäßig drastisch.

8.6 Episches Theater

Bertolt Brecht wollte mit dem epischen Theater eine Veränderung der gesellschaftlichen Verhältnisse bewirken. Das Bühnengeschehen sollte den **Zuschauer** nicht wie im traditionellen Drama emotional bewegen, sondern ihn zu einer **kritisch-distanzierten Haltung** gegenüber den politischen und sozialen Realitäten führen. Um diese Absicht zu erreichen, setzte er verschiedene Mittel ein, mit denen ein **Verfremdungseffekt** (V-Effekt) erzielt werden sollte. Verfremdungen verändern das Gewohnte und machen es dadurch auffälliger, außerdem erschweren sie es dem Zuschauer, sich mit dem Dargestellten zu identifizieren.

Bertolt Brecht (1898–1956)

Merkmale des epischen Dramas

Stoff	Historisierung: aktuelle Situationen in historischer Perspektive verfremdet → Möglichkeit kritischer Betrachtung
Komposition, Inszenierung, Handlung	• offene Struktur: häufiger Wechsel von Orten, Zeiten und Handlungen • Eigenständigkeit der Szenen • sparsam-nüchternes Bühnenbild: Verwendung von Bildern, Plakaten, Schriften • Handlungsunterbrechungen durch epische (Prolog, Epilog, Publikumsansprachen, vorgesetzte Inhaltsangaben = Titularien, Berichte, besonders Botenbericht, Mauerschau), lyrische (Einbau von Songs, Liedern) und dramatische Einschübe (Spiele im Spiel, Pantomimen)
Figuren	• größere Anzahl • dialektische Anlage (Gegensätze) und • Fremdbestimmung (Verhinderung von Identifikation) • Bedeutung des Demonstrativen, Gestischen (d. h. Verhalten, Gestik, Kleidung) als Ausdruck gesellschaftlicher Stellung
Raum und Zeit	Sprengung enger Raum- und Zeitgrenzen; Zeitsprünge
Sprache	• Wechsel von Prosa und Vers (Liedelemente) • unterschiedliche Sprachebenen
Absicht	• Desillusionierung der Zuschauer • Förderung der Urteilsfähigkeit

■ Beispiel

Bertolt Brecht, *Mutter Courage und ihre Kinder. Eine Chronik aus dem Dreißigjährigen Krieg* (Text 7, S. 210)

Arbeitsanweisung:

Begründen Sie, weshalb es sich bei dem Auszug um episches Theater handelt.

Lösungsvorschlag:

Eine Reihe von Merkmalen zeigt, dass es sich beim Ausschnitt aus Bertolt Brechts *Mutter Courage und ihre Kinder* um episches Theater handelt. Das Stück wurde 1941 uraufgeführt, dessen geschichtlichen Hintergrund bildet jedoch der Dreißigjährige Krieg (1618–1648). Brecht benutzt die **Historisierung**, um auf die bei Erscheinen des Dramas **aktuelle Situation des Zweiten Weltkriegs** aufmerksam zu machen.

Stoff
historisches Ereignis

    Die Angaben im Vorspann verweisen auf einen inhaltlichen Einschnitt und Neubeginn. Handlungs- und Geschehensumfang werden abgegrenzt und erhalten so **Episodencharakter**. Ob-

Komposition, Handlung
Eigenständigkeit der Szene

wohl es sich nur um einen Textausschnitt handelt, lässt sich auf eine weitgehend eigenständige Szene schließen.

Die vorangestellte Inhaltsangabe verringert die Spannung und ermöglicht dem Zuschauer **kritische Distanz** (vgl. Z. 1–4), wie es typisch für das epische Theater ist.

Desillusionierung durch epische Vermittlung: Inhaltsangabe

Die Ausführungen des Feldpredigers über den Krieg werden vom **Reiter-Lied** überlagert (vgl. Z. 66 ff., 73 ff., 81–86). Die Aufmerksamkeit des Zuschauers richtet sich kurzfristig auf den Gesang. **Verfremdungen** sollen auch die unterschiedlichen Tätigkeiten von Mutter Courage bewirken. Sie schenkt aus (vgl. Z. 14 ff.), macht Inventur (vgl. Z. 7) und unterhält sich über den Krieg. **Verschiedene Handlungen überlagern sich** also in dem Dramenausschnitt.

Verfremdungen: Handlungsüberlagerungen

Dies geschieht auch durch die **Berichte** der Courage über die Umstände von Tillys Tod (vgl. Z. 9–14), den Begräbnisablauf (vgl. Z. 22–26) und mögliche Unruhen unter den Soldaten (vgl. Z. 30 ff.). Hier handelt es sich ebenfalls um **epische Elemente**. Zur sichtbaren bzw. sprachlichen Handlung kommt die aufgrund der hörbaren Trauermusik nur angedeutete bzw. **verdeckte Handlung** außerhalb der Bühne. Der Feldprediger erkennt am musikalischen Einsatz den Ablauf der Begräbniszeremonie und kommentiert ihn wie bei einer **Mauerschau** (vgl. Z. 8, 34).

epische Vermittlung: Mutter Courages Berichte

verdeckte Handlung

Die auftretenden Figuren sind nicht an feste Werte gebundene, wirklichkeitsgestaltende Persönlichkeiten, mit denen sich der Zuschauer identifizieren möchte. Sie reagieren nur auf die Ereignisse in einer paradoxen Welt. So ist Mutter Courages Verhalten lediglich eine Antwort auf den Krieg. Er ernährt sie, und sie sorgt sich über ein mögliches Kriegsende. Wie sie ist auch der Feldprediger vom Krieg abhängig. Er verteidigt die Soldaten und hat realistische Vorstellungen von der Kriegsdauer. Noch deutlicher wird die **Abhängigkeit des Menschen von den Ereignissen** im Lied des Reiters, dessen Leben wie ein Getriebensein erscheint, eine fortwährend hektische, ruhelose Bewegung.

Figuren
Abhängigkeit von politischen Umständen

Auffällig ist die **Geste des Inventarisierens**. Das Erfassen des Warenbestands durch Mutter Courage soll zusammen mit dem Ausschenken auf eine kapitalistische Grundhaltung verweisen.

Bedeutung des Gestischen

Denn sie verdient als Händlerin am Krieg. Gleichzeitig sorgt sie sich aber auch um ihre Kinder. Der Feldprediger spielt mit dem Schreiber im trockenen Zelt, anstatt bei der Begräbniszeremonie zu sein. Und statt im christlichen Sinn zu predigen, hält er eine Rede über den Krieg. In beiden Figuren ist also eine auffällige und für das epische Theater **charakteristische Gegensätzlichkeit** angelegt.

Dialektik

Der entscheidende Handlungsort ist das „Inner[e] eines Mar- **Raum**
ketenderzeltes" (Z. 5). Da sich jedoch der Ausschank im hinteren *unterschiedliche*
Teil befindet und Mutter Courage sich zwischen dem Vorder- *Handlungsräume*
grund und dem Ausschank bewegt, weitet sich der Raum. Dies
geschieht zusätzlich durch den Soldaten, der „vor der Schenke"
(Z. 65) sein Lied singt. Die Aufmerksamkeit des Zuschauers
wechselt außerdem wiederholt zwischen dem Gesang im Hintergrund („hinten", Z. 5) und dem Gespräch im Vordergrund (vgl.
Z. 8 ff.). Die räumlichen Grenzen werden darüber hinaus durch
die Trauermusik geweitet, die aus „der Ferne" (Z. 5 f.) ins Zelt
tönt. Der **Raum** bildet hier also **keine feste, unverrückbare
Größe**. (Vgl. auch den zeitlichen Umfang der Gesamthandlung:
1624–1636)

Die im Dramenausschnitt von den verschiedenen Figuren **Sprache**
verwendete **Sprache** ist **volks- und realitätsnah:** Sie zeigt eine *Realitätsnähe, süd-*
süddeutsche Dialektfärbung, enthält der Situation gemäß drasti- *deutscher Dialekt,*
sche Ausdrücke und personifiziert den Krieg. Durch das Reiter- *Mischung von Prosa*
lied kommt zur **Prosa** die **Verssprache** hinzu. Auch diese Ein- *und Vers*
bettung von **Liedelementen** ist typisch für das epische Theater.

8.7 Merkmale weiterer Dramenformen

Ideendrama

Stoff, Themen	eine Weltanschauung oder eine übergeordnete Idee (ein Prinzip, ein Grundgedanke) als zentrales Thema mit Allgemeingültigkeit (z. B. Toleranz in Lessings *Nathan der Weise*, Menschlichkeit in Goethes *Iphigenie auf Tauris*, Freiheit in Schillers *Don Carlos*)
Komposition	geschlossene Form
Figuren	Träger der Idee, die sich oft erst in innerer Auseinandersetzung entwickelt; Identifikationsfiguren
Sprache	stilisierte Kunstsprache
Weltbild	von festen Werten bestimmt
Beispiele	G. E. Lessing: *Nathan der Weise*; J. W. v. Goethe: *Iphigenie auf Tauris*

Dokumentartheater

Stoff, Themen	historische oder aktuelle Personen sowie politische oder gesellschaftliche Ereignisse
Quellen	Dokumente und Fakten
Komposition	Einsatz der Montage (Einbau authentischen Materials)

Zielsetzung	kritische Auseinandersetzung, Aufklärung, Agitation
Beispiele	H. Kipphardt: *In der Sache J. Robert Oppenheimer*; P. Weiss: *Die Ermittlung*

Absurdes Theater

Komposition, Handlung	• keine erkennbare logische Form (wahllose Verknüpfung) • keine fortlaufende klare Handlung
Figuren	marionettenhaft auftretende Figuren
Sprache	• Auflösung der Sprache bis zum Verstummen • keine sinnvolle Kommunikation, Banalitäten, Gemeinplätze
Zielsetzung	Darstellen einer grotesken, sinnleeren Welt
Beispiele	S. Beckett: *Warten auf Godot*; E. Ionesco: *Die Nashörner*

Kritisches Volksstück

Stoff/Themen	Probleme, Missstände des kleinbürgerlichen Alltags; Vereinsamung
Figuren	stammen aus dem kleinbürgerlichen Milieu
Zielsetzung	Sozialkritik, Entlarven aufgesetzter Moral
Beispiele	L. Thoma: *Magdalena*; M. Sperr: *Jagdszenen aus Niederbayern*

Entscheidend für den Erfolg eines Schauspiels ist nicht, wie aufwendig das Bühnenbild ist. Das Theater lebt von der Wirkung auf seine Zuschauer, die es unterhält, zum Lachen bringt, berührt oder nachdenklich stimmt.

Interpretation dramatischer Texte: Zusammenfassung wichtiger Untersuchungsbereiche

Inhalt

- Orientieren Sie sich an thematischen Einheiten (Figurenauftritt und -abgang; Handlungswechsel und Wechsel von Rede und Gegenrede).
- Beschränken Sie sich auf Wesentliches.
- Folgen Sie bei der Ausführung dem Geschehens- und Handlungsverlauf.
- Schreiben Sie sachlich mit eigenen Worten im Präsens; vermeiden Sie Zitate (indirekte Rede!).

Komposition

- Überprüfen Sie Inhaltssegmente auf ihre Verbindung (fest/locker) und ihre formalen Aufgaben (Kompositionsformen: pyramidal, dialektisch; Leitmotive; handlungsunterbrechende Elemente, z. B. epische und lyrische Einschübe).
- Folgen Sie bei der Ausführung dem Geschehens- und Handlungsverlauf.
- Achten Sie auf übersichtliche Struktur, sachliche Information, Fachausdrücke und Präsens.

Sprache, Kommunikation

- Stellen Sie sprachliche Auffälligkeiten bei Wortwahl, Stil, Syntax und rhetorischen Mitteln fest.
- Überprüfen Sie deren Funktionen im Hinblick auf die Zielsetzung der Sprecher sowie die Regieanweisungen auf aussagenstützende Gesten und Verhaltensweisen.
- Fragen Sie nach Formen der Figurenrede (Dialog, Monolog) und deren Funktionen.
- Folgen Sie bei der Ausführung dem Geschehens- und Handlungsverlauf.
- Achten Sie auf genaues Zitieren.

Figuren

- Fragen Sie nach Position (Hauptfigur – Nebenfigur; Dauer der Bühnenpräsenz) und Darstellung (individuell/typisiert) der Figur.
- Gliedern Sie vom Äußeren zum Inneren und Sozialen:
  - äußeres Erscheinungsbild (Aussehen, Alter, Sprache, Auftreten),
  - Einstellungen (Eigenschaften, Einflüsse, Interessen, Orientierung, Entwicklung: Ausgangssituation – Veränderungen – Ergebnis),
  - Handlungen, Verhaltensweisen,
  - soziale Beziehungen (gesellschaftliche Position).
- Achten Sie auf korrektes Zitieren.

Handlung und Konflikt

- Halten Sie die Handlungselemente und -entwicklungen (W-Fragen: Beteiligte, Ort, Zeit, Gegenstand, Auslöser, Verlauf, Ergebnis) fest; bei Konflikten: Ursachen, Spannungsverlauf, beschleunigende und verzögernde Elemente, Höhepunkte, Katastrophen bzw. positive Lösungen.

- Fragen Sie nach den Anteilen von äußerer und innerer Handlung (Verhältnis, Gewichtung).

- Gliedern Sie nach (A) Handlungsträger und -gegenstand, (B) Ursachen und Handlungs-/ Konfliktentwicklungen, (C) Ergebnis.

Gesprächsstrategie

- Halten Sie Gesprächsfaktoren fest: Teilnehmer, Ausgangssituation, Anlass, Ziele.

- Folgen Sie dem Gesprächsverlauf. Achten Sie dabei auf Spannungsentwicklung (Beschleunigung des Redewechsels).

- Welche strategischen Mittel werden verwendet?

- Begründen Sie zusammenfassend das Gesprächsergebnis.

Gattungsnachweis

- Halten Sie die kennzeichnenden Gattungsmerkmale fest.

- Weisen Sie diese Merkmale am vorliegenden Text nach.

- Suchen Sie ggf. den Bezug zur Epoche.

- Falls die Gattung nicht bekannt ist, überprüfen Sie folgende Bereiche auf gattungsauffällige Merkmale: Stoff, Thematik – Komposition, Handlung – Figuren – Sprache – Intention.

Lyrische Texte interpretieren

Die Lyrik bildet neben Epik und Dramatik die dritte Hauptgattung der Dichtung. Der Begriff (von griech. *lyrikos* = „zum Spiel der Lyra gehörig") verweist auf die enge Verbindung zwischen lyrischer Dichtung und Musik. Ursprünglich bezog er sich auf Lieder, die von der Lyra (= Leier) begleitet wurden. In dieser Gattung kommen subjektive Empfindungen, Gefühle und Stimmungen besonders eindringlich zum Ausdruck. Sie hält ein oft flüchtiges, unmittelbares und persönliches Erlebnis in sprachlichen Bildern fest und schenkt ihm so Dauer. Nur selten ist eine ganz konkrete Handlung erkennbar, z. B. bei Balladen. Zu den kennzeichnenden Merkmalen des Lyrischen gehören Vers, Strophe, Klang und Reim, Rhythmus und Bildlichkeit.

Die Verbindung von Musik (in Gustav Klimts Bild von 1895 mit dem Titel „Musik" verkörpert eine Lyra-Spielerin die Musik) und Dichtung geht bis in die Antike zurück, wie der Begriff „Lyrik" zeigt.

Bearbeitungsschwerpunkte

Damit sind bereits wichtige gattungsspezifische Untersuchungsschwerpunkte genannt. An ihnen orientieren sich die Prüfungsanforderungen. Diese zielen häufig auf:

- **lyrisches Ich** und **Perspektive**,
- **formale** Gestaltung (Gedichtform, Strophe, Metrik, Rhythmus),
- **sprachlich-stilistische** Darstellung (Klang, sprachliche Bilder, Syntax),
- **Thematik** und **Motivik** (z. B. Liebe, Krieg, Natur etc.) sowie
- **Epochenzuordnung**.

Häufig wird auch ein **Gedichtvergleich** verlangt. In der Regel sollen Sie in diesem Fall zwei lyrische Texte hinsichtlich eines **gemeinsamen Motivs** untersuchen (z. B. das Motiv der Stadt, oder spezieller der Großstadt, wie es besonders im Expressionismus beliebt war). Oft wird verlangt, dabei zunächst eines der Gedichte zu interpretieren und anschließend das zweite vergleichend heranzuziehen. Aber auch eine parallele Arbeitsweise ist möglich. Wie Sie dabei vorgehen, können Sie auf S. 31 f. nachlesen. Sowohl bei einem Gedichtvergleich als auch bei der Erschließung und Deutung eines einzelnen Gedichts, beginnen Sie stets mit einer **Einleitung**, die eine **Überblicksinformation** enthält. Bevor Sie dann die oben genannten gattungsspezifischen Schwerpunkte untersuchen, stellen Sie **Inhalt und Aufbau** des Gedichts dar.

1 Verfassen einer Einleitung

Halten Sie sich an folgende Vorgehensweise:

Arbeitsschritte ───────────────────────

1 Lesen Sie das Gedicht sorgfältig durch und machen Sie sich mit dem Inhalt vertraut.
2 Halten Sie die Schlüsselinformationen fest: Autor, Titel, Textart bzw. Gedichtform (Ballade, Sonett etc.), Entstehungs- bzw. Erscheinungsjahr, Thema, lyrischer Sprecher.
3 Verfassen Sie die Einleitung.

■ Beispiel

Joseph von Eichendorff, *Die zwei Gesellen* (Text 12, S. 216)

Lösungsvorschlag:

Das Gedicht *Die zwei Gesellen* wurde 1818 von Joseph von Eichendorff verfasst. Es gibt die Lebensgeschichten von zwei jungen Männern wieder, die gemeinsam auf Wanderschaft gehen, sich trennen, unterschiedliche Erfahrungen machen und letztlich scheitern. Erst in der letzten Strophe meldet sich das lyrische Ich mit dem Hinweis auf den rechten Lebensweg zu Wort.

2 Zusammenfassen des Inhalts

Bei Gedichten kommt es nicht so sehr wie bei längeren Prosatexten auf die Unterscheidung von Wichtigem und Unwichtigem an, sondern auf das Erkennen der ohnehin bereits **konzentrierten inhaltlichen Aussage**. Meist ist es hilfreich, sich an der Einteilung nach Strophen (falls vorhanden) zu orientieren, da diese in der Regel auch inhaltlichen Sinneinheiten entsprechen. Eine **Strophengliederung** bei Gedichten erleichtert Ihnen also den Zugang zur inhaltlichen Aussage erheblich. Erfasst der Text zudem konkrete Vorgänge (wie beim Übungsbeispiel *Die zwei Gesellen*), so lässt sich der Inhalt ohne Schwierigkeiten wiedergeben.

Beachten Sie

Gerade bei vieldeutigen, sehr verdichteten Texten ist es schwierig, den Inhalt zusammenzufassen. Hier besteht die Gefahr einer vorgezogenen Deutung.

Arbeitsschritte

1 Lesen Sie den Text im Hinblick auf auffällige inhaltliche Akzentuierungen durch.
2 Orientieren Sie sich an der Strophengliederung, und überprüfen Sie, inwieweit die Strophen inhaltlichen Einheiten entsprechen. Suchen Sie auch innerhalb der Strophen nach **Sinneinheiten**, die sich zu größeren Blöcken zusammenfassen lassen. Liegt keine Strophenstrukturierung vor, so fragen Sie nach **Perspektiven- und Gedankenwechseln**. Oft erweist sich die Beachtung der Syntax als hilfreich. Markieren Sie die erkannten Inhaltssegmente farbig.
3 Halten Sie diese stichpunktartig fest.
4 Verfassen Sie die Inhaltsangabe. Schreiben Sie im **Präsens** und verwenden Sie **eigene Worte**. Geben Sie am Ende jeder inhaltlichen Einheit in Klammern den Versumfang an.

TIPP

Notieren Sie sich bereits beim Markieren der inhaltlichen Einheiten erste Ansatzpunkte für eine Deutung, auf die Sie dann später zurückgreifen können.

■ Übungsbeispiel

Joseph von Eichendorff, *Die zwei Gesellen* (Text 12, S. 216)

Arbeitsanweisung

Fassen Sie den Inhalt des Gedichts zusammen.

Lösungsvorschlag

| Schritt 1 | bis | Schritt 3 | Sinneinheiten erkennen und festhalten |

- **Strophe 1 und 2:** gemeinsamer Aufbruch und gemeinsame Ziele der beiden Gesellen
- **Strophe 3, 4 und 5:** Bericht über die getrennten Lebensläufe der jungen Leute (Strophe 3: Schicksal des ersten Gesellen, Strophe 4 und 5: Schicksal des zweiten Gesellen)
- Die **letzte Strophe** enthält die Erkenntnis und das Gebet des lyrischen Ich.

Erste Anhaltspunkte zur Deutung:
Strophe 1: Haus-, Aufbruchs-, Wander-, Weg-, Natur-Motiv; Freiheitssehnsucht / Strophe 2: idealistische und realistische Ziele / Strophe 3: Haus-Motiv; Materialismus; Enge, Abhängigkeit; Sinnverfehlung / Strophe 4 und 5: Verführbarkeit, Dämonisches, Orientierungsverlust; Sinnverfehlung / Strophe 6: Heimkehr-Motiv; religiöse Orientierung des lyrischen Ich

| Schritt 4 | Ausführung |

Zwei junge Leute verlassen voller Tatendrang und Zukunftserwartung ihre **Heimat**. Ihre Hochstimmung entspricht dem Aufblühen der frühlingshaften Natur. (1. Strophe) Sie verfolgen **große Ziele**, von denen sie sich nicht ablenken lassen wollen. Ihre Einstellung stößt deshalb bei jedermann auf **freudige Zustimmung**. (2. Strophe)   *1. Sinneinheit*

Die **Wege** der Gesellen **trennen sich**. Der erste findet eine Frau, gründet eine Familie und bewirtschaftet zufrieden das von der Schwiegermutter gekaufte Anwesen. (3. Strophe) Dagegen widerfährt dem zweiten Gesellen ein tragisches Schicksal. Er gibt sich vielfältigen Abenteuern und Verführungen hin. Sie treiben ihn schließlich in den Untergang. (4. Strophe) Am Ende wirkt er alt und gebrochen. Sein Leben ist vertan, er fühlt sich orientierungslos und einsam in einer abweisenden Welt. (5. Strophe)   *2. Sinneinheit*

In der Frühlingszeit meldet sich das **lyrische Ich** zu Wort. Es gesteht, dass der Anblick so unbekümmerter und von sich überzeugter junger Menschen es sehr bewegt. Und es schließt mit dem **Gebet**, Gott möge den Weg aller Menschen liebevoll zu sich lenken. (6. Strophe)   *3. Sinneinheit*

3   Beschreiben des inneren Aufbaus eines Gedichts

In Prüfungen dürfen Sie – auch bei der Gedichtanalyse und -interpretation – **Inhalt und Aufbau zusammen darstellen**, zumal in der Regel die inhaltlichen Sinneinheiten auch für den Aufbau relevant sind. Freilich muss man sich immer wieder bewusst machen, dass Inhalt und Aufbau eigentlich zwei getrennte Bereiche sind, bei denen es auf **unterschiedliche Untersuchungskriterien** ankommt. Nicht selten liegen auch Spannungen zwischen formaler und inhaltlicher Struktur vor (z. B. durch vers- und strophenübergreifende Enjambements). Wenn Sie ein Gedicht untersuchen, fragen Sie: Auf welche Weise wird das Thema inhaltlich präsentiert?

Wichtig für den inneren Aufbau lyrischer Texte sind folgende **Kompositionselemente:** Rahmen, Einleitung – Hauptteil – Schluss, Dialektik, das Thema aufschlüsselnde und umkreisende Perspektivenwechsel. Werden etwa verschiedene thematische Elemente aneinandergereiht? Werden Abläufe und Entwicklungen dargestellt? Achten Sie auch auf die Verbindung der inhaltlichen Elemente.

Jeder (lyrische) Text besitzt einen bestimmten inneren Aufbau, auch wenn dieser auf den ersten Blick vielleicht nicht gleich erkennbar ist.

Beachten Sie

In diesem Kapitel veranschaulichen Übungsbeispiele sowohl die getrennte als auch die gemeinsame Darstellung von Inhalt und Aufbau.

Arbeitsschritte

1   Orientieren Sie sich beim Durchlesen des Gedichts an Strophen und inhaltlicher Struktur.
2   Überprüfen Sie die einzelnen Inhaltsabschnitte auf **Kompositionselemente** (Rahmen, Einleitung – Hauptteil – Schluss, Dialektik, Perspektivenwechsel).
3   Halten Sie diese Elemente stichpunktartig fest und achten Sie auf deren **Relationen**.
4   Beschreiben Sie nun den inneren Aufbau des Gedichts.

■ Übungsbeispiel

Joseph von Eichendorff, *Die zwei Gesellen* (Text 12, S. 216)

Arbeitsanweisung

Beschreiben Sie den inneren Aufbau.

Lösungsvorschlag

| Schritt 1 | bis | Schritt 3 | Inhaltsabschnitte auf Kompositionselemente prüfen |

- **Einleitung** in Analogie zu einem **Märchenbeginn:** junge optimistische Menschen mit großen Zielen in gemeinsamer Aufbruchssituation
- **Hauptteil** des Gedichts: der Mensch in der Bewährung; zwei kontrastierende, in Verflachung und Untergang mündende Lebensschicksale
- **Schlussstrophe:** Übertragung: Lebensläufe stellvertretend für menschliche Lebenswege; **Fazit und Erkenntnis:** stete Gefährdung des Menschen durch Selbstüberschätzung; vertrauensvolle Hinwendung an Gott im Gebet; Abrundung durch thematischen Bezug **(Rahmen)** zu den ersten beiden Strophen: Aufbruch von irdischer Heimat – Heimkehr in himmlische Heimat als wahres Lebensziel
- Bezug von Strophen und Inhaltsbereichen: zwei einleitende Strophen und eine Schlussstrophe umschließen drei Strophen mit zwei Lebensschicksalen (= kompositorisches Strukturschema); **Korrespondenz** der **Bauform** mit dem **Inhalt:** Hinweis auf das **wechselhafte** menschliche Leben

| Schritt 4 | Ausführung |

Die ersten beiden Strophen schildern einleitend eine **Aufbruchssituation**, die einem **Märchenbeginn** gleicht: Zwei Gesellen verlassen gemeinsam voller Optimismus und mit großen Zielen ihre vertraute Heimat, um sich in der Fremde zu bewähren. Der zweite Abschnitt, das **Zentrum** des Gedichts, stellt die Begegnung mit der Welt dar. Dabei löst sich das ursprünglich Gemeinsame in **zwei extrem kontrastierende Einzelschicksale** auf. Die letzte Strophe führt diese **verallgemeinernd** wieder zusammen und wird thematisch an die ersten beiden Strophen angebunden (Aufbruch in die Welt – Heimkehr zu Gott). Sie enthält eine **Erkenntnis** und rundet mit dem Gebet des lyrischen Ich das Gedicht ab.

Einleitung: gemeinsamer Aufbruch

Hauptteil: getrennte Schicksale

Abrundung: Reaktion des lyrischen Ich

So ergibt sich folgendes **Strukturschema:** zwei einleitende Strophen – drei zentrale Strophen (dabei eine Strophe zum ersten und kontrastierend zwei Strophen zum zweiten Gesellen) – eine Schlussstrophe. Diese Struktur (2 – 1 – 2 – 1) spiegelt das **wellenförmige Auf und Ab** im menschlichen Leben wider.

Kompositionsschema

■ Übungsbeispiel

Bertolt Brecht, *Über das Frühjahr* (Text 11, S. 215)

Arbeitsanweisung

Beschreiben Sie Inhalt und Aufbau des Gedichts.

Lösungsvorschlag

Schritt 1 bis **Schritt 3**   Sinneinheiten erkennen und festhalten

Es liegt keine strophische Gliederung vor. Folgt man dem Gedankengang und beachtet man Perspektivenwechsel und Syntax, lassen sich zwei größere inhaltliche Einheiten erkennen, die jeweils aus kleineren Sinnabschnitten bestehen:

Erste Einheit (V. 1–14; Vergangenheit; lyrisches Ich): Rückblick auf frühere Frühlingserlebnisse, indirekte Anklage

- 1. Sinneinheit (V. 1–4; Satzende!): unmittelbares Wahrnehmen des Frühlings vor der Zeit der Industrialisierung und Technisierung
- 2. Sinneinheit (V. 5–9; Satzende!): Erinnerung an die vergangenen Vorboten des Frühlings
- 3. Sinneinheit (V. 10–14; Satzende!): Literatur als Vermittler einer Jahreszeit, die in den Städten nicht mehr erlebbar ist

Zweite Einheit (V. 15–22; Perspektivenwechsel; Gegenwart; sich zurücknehmendes lyrisches Ich): verfremdete Erfahrungsmöglichkeiten des Frühlings in der Gegenwart

- 1. Sinneinheit (V. 15–18; zwei Sätze!): distanzierte Wahrnehmung der Natur lediglich aus über Land fahrenden Zügen
- 2. Sinneinheit (V. 19–22): Naturgewalten nur über technische Geräte erkennbar

Schritt 4   Ausführung

Brechts strophenloses Gedicht gliedert sich in **zwei unterschiedliche Inhaltsabschnitte**. Das Thema des ersten Teils betrifft **frühere Frühlingserfahrungen**, die in der **Gegenwart** nur mehr durch Erinnerung und Lektüre vermittelbar sind. (V. 1–14)

Das **lyrische Ich** verwendet die 1. Person Plural, schließt also den Rezipienten mit ein. Es beginnt einleitend mit der **rückblickenden** Feststellung einer **Situationsänderung** und einer **indirekten Anklage:** Vor der Industrialisierung und Technisierung konnte man die ungestüm aufblühende Natur unmittelbar erleben. (V. 1–4) Anschließend beschwört es die gemeinsame Erinnerung an vergangene Vorboten des Frühlings, an die zuneh-

Zwei inhaltliche Abschnitte, je in Sinneinheiten unterteilt →

1. Abschnitt: Rückblick

1. Sinneinheit: unmittelbare Frühlingswahrnehmung

2. Sinneinheit: Erinnerung

mende Intensität des Lichts und den Wechsel der Luft. (V. 5–9) In der Gegenwart informiert lediglich noch die Literatur über den einst gepriesenen Frühling. Selbst die viel beachteten Scharen der Zugvögel sind längst aus den Städten verschwunden. (V. 10–14)

3. Sinneinheit: Überleitung in die Gegenwart

Im zweiten Inhaltsteil erfolgt ein **Perspektivenwechsel**. Das **lyrische Ich nimmt sich zurück**. Gesprochen wird vom „Volk" und dessen durch die Technik verfremdeten Annäherungen an die Frühlingszeit. (V. 15–22)

2. Abschnitt: Wechsel der Perspektive

Die **Wahrnehmung** geschieht distanziert und passiv aus über Land fahrenden Zügen. (V. 15–18) Es gibt zwar noch Naturgewalten, doch sind sie nicht mehr direkt zu spüren, sondern **nur mehr über technische Instrumente erkennbar**. (V. 19–22)

1. Sinneinheit: distanzierte Wahrnehmung

2. Sinneinheit: indirekte Naturerfahrung

4 Untersuchen von lyrischem Ich und Perspektive

Wie bei erzählenden Texten, so gibt es auch bei Gedichten ein Medium, das der Autor benutzt, um Gefühle, Empfindungen, Stimmungen und Gedanken mitzuteilen: **das lyrische Ich**. Es handelt sich um einen vom Autor erfundenen Sprecher, auf den die inhaltlichen Aussagen zu beziehen sind.

Das **lyrische Ich** (auch: der lyrische Sprecher) **zeigt seine Präsenz** in der 1. Person Singular des Personalpronomens *(ich, meiner, mir, mich)*, im Possessivpronomen *(mein, meine, meines)*, in Fragen und Ausrufen an, verbindet sich mit anderen *(wir, uns)*, distanziert sich von einem Geschehen **oder nimmt sich ganz zurück**, sodass der Leser seine Existenz nicht mehr erkennt. Mitunter tritt es sehr persönlich und emotional auf (vgl. Erlebnislyrik, z. B. Goethes Sesenheimer Gedichte), dann wieder nur exemplarisch und allgemein ver-

C. D. Friedrichs Gemälde „Frau am Fenster" (1822) drückt das für die Romantik typische Sehnsuchts-Motiv aus; vgl. dazu J. v. Eichendorffs Gedicht „Sehnsucht" (1834)

bindlich (vgl. Barocklyrik, Text 14). Der lyrische Sprecher kann zum Beispiel auch ein Objekt, wie einen Alltagsgegenstand oder ein Lebewesen, in den Mittelpunkt stellen und hinter dieses zurücktreten (vgl. Dinggedichte, z. B. Rainer Maria Rilkes *Der Panther*, ca. 1902/03 entstanden, oder Mörikes *Auf eine Lampe* von 1846) oder im Zuge der modernen entpersönlichten Dichtung ganz verschwinden (vgl. Text 15).

Zu Rilkes bekanntesten Dinggedichten gehören „Der Panther" (ca. 1902/03) und „Das Karussell" (1906).

So wie bei epischen Texten die Analyse der Welt des Erzählers wichtige Hinweise zur Deutung des Textes gibt, sollten Sie auch bei Gedichten immer die Situation des lyrischen Ich untersuchen. Fragen Sie nach der **Perspektive**, die es einnimmt, also der **Beziehung zum Gegenstand** seiner Aussage, und dem **Adressaten**, an den es sich wendet.

Arbeitsschritte

1 Überprüfen Sie den Text im Hinblick auf ein **lyrisches Ich**. Woran ist dieses erkennbar?

2 Markieren Sie die Stellen, bestimmen Sie dabei die **Position** des lyrischen Ich (stark/schwach; betontes/zurückhaltendes Auftreten), stellen Sie seine **Beziehung zum Gegenstand** (distanziert/eng) mit möglichen **Reaktionen** (sachlich/emotional) fest und schließen Sie auf seine **Aufgabe** (z. B. als belehrende, vermittelnde oder kommentierende Instanz). Fragen Sie nach dem **Adressaten**.

3 Ordnen Sie das Material nach den genannten Kriterien.

4 Stellen Sie Ihre Ergebnisse in einem zusammenhängenden Text dar.

■ Beispiel

Joseph von Eichendorff, *Die zwei Gesellen* (Text 12, S. 216)

Arbeitsanweisung:

Klären Sie die Rolle des lyrischen Ich.

Lösungsvorschlag:

In Eichendorffs Gedicht *Die zwei Gesellen* meldet sich das lyrische Ich **erst in der sechsten Strophe** zu Wort. Dafür tritt es hier gleich mehrmals **explizit in Erscheinung** („mir", „ich", „mir", „uns", V. 27 ff.).

Auftreten des lyrischen Ich

Obwohl es also in den ersten fünf Strophen **nicht ausdrücklich greifbar** wird, kann man aus dem dritten und vierten Vers der letzten Strophe schließen, dass es die Schicksale der beiden Gesellen kennt und der Bericht über deren Leben von ihm stammt. Es versucht, **sachlich** zu erzählen, und hält sich auf **Distanz** zu beiden verfehlten Schicksalen, dem verflachten Leben des Spießers und dem verführten des Abenteurers. Allerdings widmet es dem zweiten Gesellen zwei Strophen, anscheinend ist es von dessen Schicksal besonders bewegt. In der letzten Strophe kann es die **eigene Betroffenheit** nicht mehr zurückhalten. Es hat erkannt, dass sich in den Erfahrungen der beiden Protagonisten grundlegende menschliche Schicksale spiegeln. Für den lyrischen Sprecher ist deshalb das **Leben ohne religiöse Ausrichtung gefährdet**.

Position, Perspektive

Beziehung

Reaktion

Aufgabe

Aufgrund der Einsicht, dass der irdische Wanderer nur im Einklang mit göttlicher Führung Erfüllung finden könne, wendet er sich in einer Apostrophe (Invocatio) **an Gott**. Bei dieser **Bitte** bezieht er alle Menschen („uns", V. 30) mit ein.

Gott als Adressat

5   Untersuchen der formalen Gestaltungsmittel

Wie epische und dramatische Texte, so weisen auch Gedichte ganz bestimmte, für die Gattung typische formale Gestaltungsmittel auf. Diese muss man kennen, um zu einer fundierten Deutung zu gelangen. **Form und Inhalt** stehen immer in **Wechselwirkung** zueinander, d. h. sie **spiegeln sich** oder bilden einen **Gegensatz**. Manche Texte spielen auch mit formalen Gestaltungsmitteln, indem sie gezielt Brüche vornehmen. So beschäftigen sich insbesondere moderne Autoren auf ungewöhnliche Weise mit traditionellen Gedichtformen: Beispielsweise führt das lyrische Ich in Robert Gernhardts Gedicht *Materialien zu einer Kritik der bekanntesten Gedichtform italienischen Ursprungs* (1979) eine Scheinattacke gegen Sonette und seine Verfasser, während der Text formal einem Sonett entspricht. Das Auseinanderfallen von Aussage und Form bewirkt hier Komik.

5.1 Gedichtform

Im historischen Verlauf verdichtete sich das lyrische Schaffen immer wieder zu strengen Strukturen, die gattungsspezifischen Charakter annahmen. Es entstand ein Vorrat an festen Gedichtformen, die von vielen Autoren verwendet wurden. Seit dem Beginn des 20. Jahrhunderts setzt sich jedoch zunehmend ein offener Aufbau durch. Zu den bekanntesten **traditionellen Gedichtarten** gehören:

- die **Ballade:** ein mehrstrophiges Gedicht, in dem ein besonderes Ereignis (oft aus Geschichte, Sage, Mythos, Naturmagie) spannend und unter Verwendung der Dialogform erzählt wird; Verbindung von epischen, dramatischen und lyrischen Elementen; dabei besondere Nähe zur Epik: **erzählende Gedichtform**; Beispiel: Goethes *Erlkönig* (vgl. Text 13)

Unzählige Künstler haben sich von Goethes wohl bekanntester Ballade inspirieren lassen. Links: Illustration von Hermann Plüddemann im „Deutschen Balladenbuch" (1876); rechts: Illustration von Hannes Rall (2003)

- die **Ode:** ein reimloses Gedicht in **strenger Strophenform** (meist in antikem Versmaß), das im pathetischen Stil etwas **Feierliches und Erhabenes** zum Inhalt hat (z. B. Vaterland, Natur, Freundschaft, Liebe, Gott); bedeutende Vertreter: Friedrich Gottlieb Klopstock (*Der Zürchersee*, 1750), Friedrich Hölderlin (*Heidelberg*, 1801)
- die **Hymne:** aufgrund des feierlichen Inhalts mit der Ode verwandt, jedoch ohne feste Form; ursprünglich religiöser Preisgesang; seit Klopstock Ausdruck **leidenschaftlicher Begeisterung** und religiösen Gefühls; formale Kennzeichen: **freie Rhythmen:** ungebundene, reimlose Verse von unterschiedlicher Länge; Versgruppen; sprachliche Kennzeichen: Inversionen, Neologismen, Ausrufe, Symbole, expressive Sprache; inhaltliche Kennzeichen: feierlicher Inhalt, oft sprunghaft-assoziativ; Beispiele: Goethes *Prometheus* und *Ganymed*, in der Moderne: Ingeborg Bachmanns *An die Sonne*

- das **Lied:** ein **einfaches, sangbares Gedicht** mit gleich gebauten und ge-
  reimten Strophen; älteste lyrische Form; oft instrumental begleitet; große
  Bandbreite (germanisches Heldenlied vs. moderner Schlager; Kunstlied vs.
  Volkslied); im 20. Jahrhundert durch technische Tonträger verbreitete neue
  Genres: Schlager, Protest-, Rock- und Popsongs; Beispiele: Aktuell gehören
  zu den bekanntesten deutschen Liedermachern Künstler wie Mark Forster
  oder Tim Bendzko.
- das **Sonett:** zwei Quartette (je vier Verse) und zwei Terzette (je drei Verse)
  mit unterschiedlichen Reimordnungen (häufig: abab abab ccd eed); oft antithetische Gedankenführung und Pointierung; Alexandriner als dominieren-
  des Versmaß im Barock (sechshebiger Jambus mit Zäsur in der Versmitte);
  häufig antithetischer Inhalt; Beispiel: Gryphius' *Einsamkeit* (vgl. Text 14)

Arbeitsschritte

1 Stellen Sie **formale und inhaltliche Auffälligkeiten** fest und halten Sie
diese stichpunktartig fest.
2 **Vergleichen** Sie das Ergebnis mit Ihren **Fachkenntnissen**.
3 Gliedern Sie Ihre Darstellung nach den charakteristischen Merkmalen der
festgestellten Gedichtform.

Beachten Sie

Sollen Sie einen Text, ein Thema oder einen Sachverhalt begründet in einen bestimmten
Zusammenhang stellen, müssen Sie auf Ihr **Vorwissen** zurückgreifen. Im folgenden Beispiel handelt es sich um formale und inhaltliche Kennzeichen von Gedichtformen.

■ Übungsbeispiel

Johann Wolfgang von Goethe, *Erlkönig* (Text 13, S. 217)

Arbeitsanweisung

Ordnen Sie den Text einer Gedichtform zu.

Lösungsvorschlag

 Schritt 1   bis   Schritt 3   Auffälliges festhalten, Fachwissen einbeziehen, gliedern

Lyrischer Anteil

- Strophenform: acht Strophen zu je vier Versen
- gebundene Sprache: metrische und rhythmische Gestaltungsmittel
- Paarreim

Dramatischer Anteil
- Dialogform als direkte Rede (2., 4., 6. Strophe: Vater – Sohn, 3., 5. Strophe: Erlkönig, 7. Strophe: Erlkönig – Kind) → Szenencharakter der Strophen
- zielstrebige, dramatische Struktur: Exposition, Spannungssteigerung, Katastrophe

Epischer Anteil
- Anwesenheit eines Erzählers, der am Anfang und Ende gegenwärtig ist
- Erzählrahmen (erste und letzte Strophe umschließen dialoghafte Strophen) mit Erzählbericht als einleitendes und abschließendes Gestaltungsmittel
- kurze, auf das Wesentliche verdichtete Geschichte mit einsträngiger Handlung → Verwandtschaft zur Novelle

Inhalt: naturmagischer Stoff (Erlkönig als Personifizierung einer Naturgewalt; Einbruch des angstauslösenden, existenzvernichtenden Irrationalen)

Gedichtform: naturmagische Ballade

5.2 Lyrische Strukturelemente

Bei Gedichten spricht man – statt von Zeilen – von Versen. Der **Vers** ist *das* charakteristische lyrische Strukturelement und wird definiert als eine durch **Metrik** (= Verslehre) und **Rhythmus** bestimmte Gedichtzeile. Diese beiden Bereiche sind deshalb auch besonders in den Blick zu nehmen, wenn Sie lyrische Strukturelemente untersuchen. Üblicherweise sind Gedichte in **Strophen** gegliedert.

Strophe

Mehrere metrisch und thematisch einheitliche Verse bilden eine Strophe. Zu den bekannteren Strophenformen gehören:
- **Liedstrophe:** vier bis neun Verse; Volksliedstrophe: vier stets gereimte, kurze Verse mit drei oder vier Hebungen,
- **Terzinenstrophe:** dreizeilig jambisch (Schema: aba bcb cdc ded ...),
- die **Stanze:** achtzeilig jambisch (Schema: abababcc).

Metrik

Untersuchungsgegenstand der Metrik ist das **Versmaß** (= **Metrum**, **Taktreihe**). Mit dem Versmaß bezeichnet man eine **Abfolge** betonter und unbetonter Silben innerhalb eines Verses. Betonte Silben nennt man **Hebungen**; sie werden mit dem Zeichen x́ dargestellt. Unbetonte Silben heißen **Senkungen**; für sie setzt man das Zeichen x. Diese kleinsten Einheiten von Hebungen und Senkungen, aus denen sich das Versmaß zusammensetzt, werden als **Versfüße** (= **Takt**) bezeichnet. Man unterscheidet dabei je nach Abfolge von betonten und unbetonten Silben **folgende Versfüße bzw. Taktarten:**

- **Jambus:** eine betonte Silbe folgt auf eine unbetonte (xx́)
  → Beispiel: „Ge – <u>dicht</u>“; häufigstes Metrum; besonders bei Gedichten mit erzählenden und reflektierenden Inhalten
- **Trochäus:** eine unbetonte Silbe folgt auf eine betonte (x́x)
  → Beispiel: „<u>Freu</u> – de“; von kräftiger und eindringlicher Wirkung
- **Anapäst:** eine betonte Silbe folgt auf zwei unbetonte (xxx́)
  → Beispiel: „A – na – <u>päst</u>“; Betonung des Ansteigenden, Positiven
- **Daktylus:** zwei unbetonte Silben folgen auf eine betonte (x́xx)
  → Beispiel: „<u>Dak</u> – ty – lus“; Betonung des Fallenden, Abnehmenden

Wenn man die metrische Gestaltung eines lyrischen Textes untersucht, nimmt man aber nicht nur einzelne Versfüße, sondern jeweils den ganzen Vers in den Blick. Man gibt an, welches **Versmaß** bzw. welche **Taktreihe** (= Anzahl der Takte in einem Vers) vorliegt, z. B.:

- „Der dunkle Herbst kehrt ein voll Frucht und Fülle“ (Text 15, V. 1):
  xx́/xx́/xx́/xx́/xx́/x: jambischer Fünfheber bzw. fünfhebiger Jambus;
- „Frühling lässt sein blaues Band“:
  x́x/x́x/x́x/x́: trochäischer Vierheber bzw. vierhebiger Trochäus;
- Mischformen enthalten unterschiedliche Takte, z. B.:
  „Es zogen zwei rüstge Gesellen“ (Text 12, V. 1): x/x́xx/x́xx/x́x.

Folgende bedeutende **metrische Sonderformen** sollten Sie erkennen:
- **Alexandriner:** sechsfüßiger (bzw. sechshebiger) Jambus mit Zäsur (= Einschnitt, Pause) in der Mitte, Schema: xx́/xx́/xx́//xx́/xx́/xx́;
  wichtigster Vers der Barockdichtung; Wirkung der zweischenkligen Versgestaltung: häufig dialektisch und damit spannungssteigernd;
  → Beispiel: „In dieser Einsamkeit / der mehr denn öden Wüsten“ (Gryphius, *Einsamkeit*, Text 14, V. 1)

- **Hexameter:** antiker reimloser Vers aus sechs Takten, meist aus Daktylen; Schema: x́xx/x́xx/x́xx/x́xx/x́xx/x́x;

  → Beispiel: „Pfingsten, das liebliche Fest, war gekommen; es grünten und blühten" (Goethe, *Reineke Fuchs*)

Schenken Sie neben dem Versinneren auch dem Versanfang und -schluss besondere Aufmerksamkeit. Ein Vers kann mit einem **Auftakt** beginnen. Unter einem Auftakt versteht man eine oder mehrere unbetonte Silben vor der ersten Hebung. Der Versschluss heißt **Kadenz**. Ist die letzte Silbe betont (Hebung), liegt eine **männliche** (stumpfe) Kadenz vor; ist die letzte Silbe unbetont (Senkung), eine **weibliche** (klingende) Kadenz. Das Versinnere kann durch **Zäsuren** (= Einschnitte) strukturiert sein. Besonders in Barock-Gedichten werden diese durch Schrägstriche (= Virgeln) sichtbar gemacht. Beim regelmäßigen Wechsel von betonten und unbetonten Silben spricht man von einem **alternierenden Versmaß.**

─ **TIPP** ────────────────────────────────────

Der regelmäßige Wechsel des Metrums korrespondiert mitunter nicht mit der natürlichen Betonung, die oft unterschiedlich akzentuiert. Sie können solche Schwierigkeiten bei der **Bestimmung des Metrums** umgehen, wenn Sie das Gedicht ganz **bewusst einförmig vortragen.**

Rhythmus

Unter Rhythmus versteht man einen durch Betonung, Pausen, Sprechtempo und Klangfarbe (z. B. durch Häufung von hellen oder dunklen Lauten) bestimmten **Sprachfluss**, der die inhaltliche Aussage unterstützt. Diese rhythmischen Mittel können die Bewegung beschleunigen, Spannung erzeugen oder Schwerpunkte setzen. So spricht man vom **spröden** (starke Pausen und Betonungen behindern das Sprechtempo; unterschiedliche rhythmische Einheiten) **oder fließenden** (vorwärtsdrängende Bewegung; schwache Hebungen, leichte, regelmäßig wechselnde Pausen) **Rhythmus.** Bei **freien Rhythmen** handelt es sich um metrisch ungebundene, reimlose Verse, die aber beispielsweise durch Wortwiederholungen und Parallelen im syntaktischen Gefüge einen bestimmten Rhythmus erkennen lassen (vgl. Text 11).

Beachten Sie

Die Untersuchung formaler (und sprachlicher) Gestaltungsmittel ist nur sinnvoll, wenn gezeigt werden kann, wie diese die **inhaltliche Aussage** stützen.

Arbeitsschritte

1 Halten Sie **Strophen-** und **Versanzahl** fest. Überprüfen Sie, ob eine traditionelle **Gedichtform** vorliegt.
2 Bestimmen Sie **Metrik** (Taktart und -zahl, Versschluss, Versstruktur, Verhältnis von Versende und Syntax) und **Rhythmus**.
3 Untersuchen Sie dabei den **Zusammenhang** von Gedichtform, Metrik, Rhythmus und **Inhalt**.
4 Formulieren Sie Ihre Untersuchungsergebnisse zu den formalen Gestaltungsmitteln.

■ Übungsbeispiel

Andreas Gryphius, *Einsamkeit* (Text 14, S. 218)

Arbeitsanweisung

Beschreiben Sie die formalen Gestaltungsmittel des Gedichts.

Lösungsvorschlag

Schritt 1 Strophen- und Versanzahl, Gedichtart festhalten

vier Strophen, davon zwei Quartette zu je vier Versen und zwei Terzette zu je drei Versen; Gedichtart: Sonett

Schritt 2 Versbau untersuchen

* **Metrik:**
  – sechshebiger Jambus mit wiederholter Zäsur nach der dritten Hebung: Alexandriner: dialektische Struktur mit spannungssteigernder Wirkung, besonders V. 3, 8, 12; Einschnitte auch an anderen Versstellen zur eindringlichen Betonung (V. 9)
  – Kadenz: dem Reim entsprechend; in den Quartetten: weiblich, männlich, männlich, weiblich; in den Terzetten: männlich, männlich, weiblich
* **Rhythmus:** vielfach von Einschnitten unterbrochen: immer wieder neu ansetzende Bewegung (betont Teile der Aussage); Spannung zwischen vorwärtsdrängendem und zur Beherrschtheit gezwungenem Sprachfluss

Schritt 3 Zusammenhang von Form und Inhalt erkennen

* **Sonett:** innere Struktur: Spiegel eines Erkenntnisprozesses: sinnliche Wahrnehmung (I), Betrachtung (II), Auslösung von Gedanken (III), pointierte Erkenntnis (IV)

- **Versbau:** Spannungssteigerung durch Verwendung des Alexandriners mit charakteristischem Einschnitt → Darstellung einer antithetischen Weltauffassung: Vergängliches und Ewiges, Schein und Sein

Schritt 4 Ausführung

Gryphius' Gedicht besteht aus vier Strophen ohne äußerlich erkennbare Gliederung. **Zwei Quartette und zwei Terzette** bilden ein Sonett mit dem Reimschema abba abba ccd eed. Die **strenge Gedichtform** steht gegen die **chaotischen Zustände** in der Zeit unmittelbar nach dem Dreißigjährigen Krieg (1618–1648) und spiegelt einen **Erkenntnisprozess:** Auf die sinnliche Wahrnehmung konkreter Dinge (I) folgt eine meditative Betrachtung über die Vergänglichkeit menschlichen Strebens (II), die einen gedanklichen Prozess auslöst (III) und zur Erkenntnis (IV) führt.

Gedichtart:
2 Quartette +
2 Terzette = Sonett

Kennzeichnendes Metrum ist der antithetisch aufgebaute **Alexandriner**, ein sechshebiger Jambus mit Zäsur nach der dritten Hebung. Er verdeutlicht durch seinen **zweischenkligen Aufbau** die **Spannung der Zeit**, den Gegensatz von Vergänglichkeit und Ewigkeit, Schein und Sein. Die **Kadenz** erfolgt **dem Reim entsprechend** in den Quartetten: weiblich, männlich, männlich, weiblich; in den Terzetten: männlich, männlich, weiblich.

Metrum

Kadenz

Der **Rhythmus** wird von vielen **Einschnitten** bestimmt, sodass **Spannung** zwischen einem einerseits vorwärtsdrängenden, andererseits zur Beherrschtheit gezwungenen Sprachfluss entsteht. Immer wieder muss dieser neu ansetzen. Dadurch werden einzelne Aussagenteile besonders betont.

Rhythmus

Gewalt und Chaos prägen die Zeit des Dreißigjährigen Kriegs und sind fortan tief im kollektiven Denken und Fühlen verankert. Sie beeinflussen maßgeblich die Literatur der Zeit. Abbildung: eine von insgesamt 18 Radierungen aus der Serie „Les Misères et les Malheures de la Guerre" von Jacques Callot (1633)

■ Übungsbeispiel

Georg Trakl, *Der Herbst des Einsamen* (Text 15, S. 218)

Arbeitsanweisung

Beschreiben Sie die formalen Gestaltungsmittel des Gedichts.

Lösungsvorschlag

Schritt 1 bis **Schritt 3** Strophenanzahl und Versbau bestimmen

- drei **Strophen** zu jeweils sechs Versen
- **Metrik:** fünfhebiger Jambus (1. V.: xx́/xx́/xx́/xx́/xx́/x); Ausnahmen: V. 3: Daktylus „verfallener" (x/xx́x); ebenso V. 16: „Augen der Liebenden" (xx́x/xx́x); V. 17: „anfällt ein knöchern Grauen" als Daktylus mit zwei folgenden Trochäen (xx́x/xx́x/xx́x) als Ausdruck einer fallenden Bewegung; Abweichung auch V. 10: zwei aufeinanderfolgende unbetonte Silben: „ruhige Ge-berde"; Kadenz: alle Verse enden weiblich → fallende Bewegung
- **Rhythmus:** ruhig, langsam fortschreitend, unterstützt vom Zeilenstil → Monotonie, Gelassenheit; Enjambements (V. 5 f., 11 f., 15 f.) und Verse mit Enjambement-Charakter (Übergang von der ersten zur zweiten Strophe und vom 14. zum 15. Vers: Verbindung durch die Konjunktion „Und") sowie der angebundene Nebensatz im 18. Vers → Beschleunigung; syntaktische Einschnitte (V. 5, 12, 17) → Unterbrechung, Hemmung des Bewegungsflusses

Schritt 4 Ausführung

Dem Gedicht, das aus drei Strophen zu jeweils sechs Versen besteht, liegt als Metrum der **fünfhebige Jambus** (xx́/xx́/xx́/xx́ /xx́/x, V. 1) zugrunde. Er gibt dem Text **Ruhe und Gleichmaß**. Allerdings wird er durch Daktylen und Trochäen **unterbrochen**. Im dritten, 16. und 17. Vers („verfallener": x/xx́x, V. 3; ebenso „Augen der Liebenden": xx́x/xx́x, V. 16; „anfällt ein knöchern Grauen": xx́x/xx́/xx́, V. 17) verleihen sie der Sprachführung einen **fallenden, weichen Zug**. Dieser entspricht der stets weiblich endenden Kadenz.

Stropheneinteilung
Metrum

Der **Rhythmus** wird vom **Zeilenstil** und verschiedenen rhetorischen Mitteln getragen. Er wirkt **ruhig**, gedämpft, nur **langsam fortschreitend**. Auch hier gibt es **Abweichungen**, die sich gegenseitig unter **Spannung** setzen. **Enjambements** (V. 5 f., 11 f., 15 f.) beschleunigen den ruhigen und gesetzten Sprachfluss, doch **syntaktische Einschnitte** (V. 5, 12, 17) hemmen ihn. Die zweite Strophe wird mit einer Konjunktion eingeleitet, die mit der folgenden Wiederholung („Und hier und", V. 7) den Abstand zur ersten Strophe deutlich reduziert (vgl. auch V. 15).

Rhythmus
Zeilenstil

Enjambements

Syntax

6 Analyse der sprachlichen Gestaltung eines Gedichts

Bei der Sprachanalyse lenken Sie Ihre Aufmerksamkeit neben den üblichen Untersuchungskriterien (Wortwahl, Syntax, Stil, rhetorische Figuren; siehe S. 25 ff.) vor allem auf Klang, Bildlichkeit und syntaktische Besonderheiten der gebundenen Sprache sowie auf das Verhältnis zwischen Satzbau und Vers.

6.1 Klang

Klänge dienen in der lyrischen Sprache als wichtige Ausdrucks- und Sinnträger. Sie entfalten ihre Wirkung im akustischen Bereich. Beachten Sie folgende Klangfiguren und ihre Funktionen:

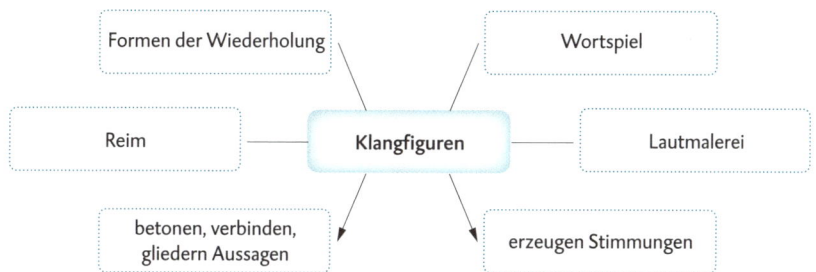

Der Klang eines Gedichts hängt besonders von seinen Reimarten und -folgen ab. Unter einem **Reim** versteht man den Gleichklang von Wörtern vom letzten betonten Vokal an. Bei der **Reimart** unterscheidet man vor allem **reine Reime** (mit genauem Gleichklang; Beispiel: „hellen – Wellen", Text 12, V. 3 f.) und **unreine Reime** (mit annähernder Übereinstimmung; Beispiel: „Wüsten – nisten", Text 14, V. 1, 4).

    Reimfolgen werden jeweils durch Anfangs-, Binnen- und Endreime gebildet: Beim **Anfangsreim** reimen die ersten Wörter zweier aufeinander folgender Verse. Beim **Binnenreim** befinden sich die Reimwörter ganz oder teilweise im Inneren des Verses (Beispiel: „Es singen und klingen die Wellen", Text 12, V. 26). Folgen diese unmittelbar aufeinander, spricht man von einem **Schlagreim** (Beispiel: „Klingenden, singenden Wellen", Text 12, V. 4). Lenken Sie Ihre Aufmerksamkeit vor allem auf den **Endreim**. Dessen Formen sind:

Reimart	Erklärung	Schema	Beispiel
Paarreim	zwei aufeinander folgende Verse reimen miteinander	aabbcc	Text 13
Kreuzreim	paarweise gekreuzte Reimstellung	abab	Text 15
umarmender Reim	ein Reimpaar wird von einem anderen umschlossen	abba	Text 14 (Quartette)
Schweifreim	ein umarmender Reim folgt auf einen Paarreim	aabccb	Text 14 (Terzette)

Zu den Klangfiguren zählen auch Alliteration und Assonanz. Von einer **Alliteration** spricht man bei Übereinstimmung anlautender Konsonanten (z. B. „zogen zwei", „Hof und Haus", „Wasser wehts", Text 12, V. 1, 12, 25). Eine **Assonanz** liegt vor, wenn sich gleiche Vokale wiederholen (z. B. „Der [...] Herbst kehrt", „dunkle [...] Frucht und [...]", Text 15, V. 1; „alten Sagen", ebd., V. 4).

Bekannte Formen des **Wortspiels** sind die Paronomasie (klangliche Ähnlichkeit; Beispiel: „ruht" – „rührt", Text 15, V. 10 f.), das Polyptoton (ein Wort in verschiedenen Flexionsstufen; Beispiel: „klingen" – „klingenden", „singen" – „singenden", Text 12, V. 4, 26) und die Figura etymologica (Wiederholung von Wörtern mit gleichem Wortstamm, aber unterschiedlicher Wortart; Beispiel: „Gar schöne Spiele spiel' ich mit dir", Text 13, V. 10; „Fülle" – „Erfüllt", Text 15, V. 1, 6; „ ruht" – „ruhige", ebd., V. 10).

Die **Häufung bestimmter Tonqualitäten** (z. B. helle oder dunkle Vokale, harte oder weiche Konsonanten, kurze oder lange Laute) kann auf Bezüge zwischen Laut und inhaltlicher Aussage hinweisen (vgl. Text 15).

Gustav Klimt: Musik (1901)

6.2 Bildlichkeit

Sprachliche Bilder machen Textinhalte anschaulich und sprechen die Fantasie an. Oft verweisen sie auf Abstraktes oder begrifflich nicht Fassbares. Wichtige Mittel der Bildlichkeit sind (vgl. auch Grundlagenkapitel S. 25 ff.):

- **Vergleich:** Zwei Bereiche werden z. B. mithilfe einer Vergleichspartikel („wie") in Beziehung gesetzt.
- **Metapher:** Sie ersetzt das Gemeinte durch ein Bild, das vom überraschten Leser erschlossen werden muss. („des Abends blauer Flügel", Text 15, V. 11)
- **Personifikation:** Sie belebt einen konkreten oder gedachten Gegenstand und intensiviert und reduziert dadurch den Abstand zum Leser. („Ein reines Blau tritt aus", Text 15, V. 3)
- **Metonymie** (Umbenennung): Sie ersetzt das eigentlich gemeinte Wort durch ein anderes, das in enger Beziehung zu ihm steht. („Pallast" für hohen sozialen Stand; „Pövel" für ungebildete niedere Schicht, Text 14, V. 5)
- **Synästhesie:** Sie vermischt unterschiedliche Sinneswahrnehmungen. („Der Flug der Vögel tönt", Text 15, V. 4)
- **Allegorie:** Sie bezeichnet eine willkürliche bildhafte Darstellung von etwas Abstraktem. → oft als Personifikation (Gerechtigkeit als Frau Justitia, siehe Bild unten)
- **Symbol:** Ein Bildzeichen veranschaulicht etwas Geistiges. (Kreuz als Todessymbol, vgl. Text 15, V. 7; Zugvögel im Herbst als Abschiedssymbol, vgl. ebd., V. 4)
- **Chiffre:** Sie ist ein verschlüsselter, meist bildhafter sprachlicher Ausdruck in der modernen Dichtung, den der Leser enträtseln muss. („ein knöchern Grauen", Text 15, V. 17)

Darstellung der Gerechtigkeit als Frau Justitia (Allegorie); Zugvögel als Abschiedssymbol in Text 15

6.3 Syntaktische Besonderheiten

In der gebundenen Rede der Lyrik finden sich häufig folgende rhetorische Figuren, die die Syntax betreffen:

Figur	Erklärung	Funktion	Beispiel
Parallelismus	gleiche Satzstruktur in aufeinanderfolgenden Versen	Intensivierung, Betonung	Text 14, V. 5
Anapher	Wort- oder Satzteilwiederholung am Satzbeginn	Intensivierung, Betonung	Text 13, V. 2 ff. Text 14, V. 6–8
Asyndeton	Aufzählung ohne Konjunktionen	Intensivierung, rhythmische Beschleunigung	Text 14, V. 9
Polysyndeton	Häufung von Konjunktionen	Rhythmisierung	Text 13, V. 20
Inversion	Satzumstellung	Spannung, Betonung	Text 12, V. 29
Ellipse	unvollständiger Satz	Spannung, Betonung	Text 15, V. 7

6.4 Das Verhältnis von Satzbau und Vers

Im Verhältnis von Vers und Satzbau unterscheidet man zwischen Zeilenstil und Enjambement. Fallen Satzende und Versende zusammen, spricht man vom **Zeilenstil**. Ein gehäuftes Auftreten dieser Form in einem Gedicht vermittelt ein ruhiges, spannungsarmes Gleichmaß. (In Goethes Ballade *Erlkönig*, Text 13, steht der Zeilenstil allerdings in spannungsvollem Widerspruch zum Inhalt: Beruhigung gegen kindliche Furcht.) Ein **Enjambement** (Zeilensprung; von franz. *enjamber* = „überspringen") liegt vor, wenn der Satz in den nächsten Vers übergreift. Viele Enjambements erzeugen eine unruhige Wirkung. Sie beschleunigen den Sprachfluss und bauen Spannung auf (vgl. besonders Text 12, 4. Strophe).

Beachten Sie

Auch bei lyrischen Texten ist es sinnvoll, die Untersuchung der **sprachlichen Gestaltung** nicht gesondert vorzunehmen, sondern stets den **Bezug zur inhaltlichen Aussage** im Auge zu behalten. So lauten die entscheidenden Fragen: Welche sprachlichen Mittel werden eingesetzt? Wie stützen diese die inhaltliche Aussage?

Arbeitsschritte

1 Halten Sie **Themenschwerpunkte** und **Hauptmotive** fest.
2 Markieren Sie mit unterschiedlichen Farben **auffällige sprachliche Mittel** nach ihren Grundfunktionen.
3 Versuchen Sie die speziellen Aufgaben der sprachlichen Mittel im Hinblick auf Thematik und Motivik zu erkennen. Stellen Sie diese stichpunktartig zusammen.
4 Formulieren Sie die sprachliche Analyse. Meist ist es sinnvoll, bei der eigenen Darstellung dem Textverlauf zu folgen.

■ Übungsbeispiel

Andreas Gryphius, *Einsamkeit* (Text 14, S. 218)

Arbeitsanweisung

Untersuchen Sie die sprachliche Gestaltung des Gedichts.

Lösungsvorschlag

Schritt 1   Themenschwerpunkte festhalten

Einsamkeit als Mittel der Erkenntnisgewinnung; Vergänglichkeit des Irdischen; Notwendigkeit einer Besinnung auf Gott

Schritt 2   und   **Schritt 3**   Sprachliche Mittel und ihre Funktionen bestimmen

Folgen Sie dabei dem Textverlauf:

1. Quartett: sinnliche Wahrnehmung
- Hauptsatz (V. 1–3) und Nebensatz (V. 4); Inversion, Einschub, Enjambement, Einschnitte, Pausen → Gegensatz von vorwärtsdrängender Bewegung und Unterbrechungen
- „beschauen" als Schlüsselwort → sinnliches Wahrnehmen als Thema des Quartetts; „Wüsten" (V. 1), „See" (V. 2), „Thal" und „Felsen Höh'" (V. 3) → weite Perspektive des lyr. Ich, verdeutlicht in den Extremen Land und Meer
- Wiederaufnahme des Titels („Einsamkeit", V. 1), Steigerung („der mehr denn", V. 1), Adjektiv-Häufung („öden" = Leere, V. 1; „wildes" = Ungeordnetes, V. 2; „bemoßte See" = unsicherer Grund, V. 2; „stille Vögel nisten" = Lautlosigkeit und Bewegungslosigkeit, V. 4) → intensivierte Wahrnehmung der unwirtlichen Landschaft
- umarmender Reim → fester Rahmen für Flüchtiges

2. Quartett: Betrachtung als zweite Stufe des Erkenntnisprozesses
- Hauptsatz mit anaphorisch eingeleiteter Aufzählung („wie", V. 6–8) und Einschnitten → stockender, dann beschleunigter Rhythmus
- Parenthese: Parallelismus mit Synonymen eingeleitet („fern von", „weit von", V. 5) → Spannung durch antithetischen Inhalt
- „Pallast" (V. 5): Bauwerk als Metonymie für hohen sozialen Stand; „Pövel" (V. 5): Metonymie für ungebildete niedere Schicht → Verdichtung; Antithese → Spannung
- „Pallast": bildhaftes Zeichen für Reichtum, materielle Werte; „Lüsten" (V. 5): Synekdoche → kennzeichnende Eigenschaft für Triebgebundenheit der unteren Schichten (= Symbol für die sinnlich orientierte Welt)
- „[b]etracht[en]" (V. 6) als Schlüsselwort des Quartetts → vertiefter Wahrnehmungsvorgang; Überprüfung menschlichen Verhaltens und Strebens
- Wegfall von Endlauten („Betracht", „vergeh'", „Grund'", „steh'"), Metaphorik (V. 7 f.), Antithetik („schmähn" – „grüßten", V. 8) → Intensivierung

1. Terzett: Auslösung von Gedanken als dritte Stufe der Erkenntnisfindung
- Aufzählung konkreter Dinge, durch Zäsuren betont; Einschub „Den auch die Zeit aufffrist" als Personifikation der Zeit (V. 10) → Spannung; Auslöser eines inneren Vorgangs

2. Terzett: Erkenntnis: Auswertung und Folgerung
- „Der Mauren alter Grauß / diß ungebau'te Land" (V. 12): Antithetik (vom Menschen Geschaffenes – Natürliches), Synkope → Spannung
- „Daß alles [...]" (V. 14): sprachliches Bild, Einschub → Verdeutlichung, Intensivierung

Künstler der Barockzeit halten in Stillleben das Lebensgefühl der Zeit fest, so auch Pieter Claesz, der in dem Gemälde „Vanitas" (1630) dem Bewusstsein über die Vergänglichkeit alles Irdischen Ausdruck verleiht.

Schritt 4   Ausführung

Das **erste Quartett** besteht aus einem gedehnten **Hauptsatz** und angehängtem **Relativsatz**. Er repräsentiert die weite Perspektive des lyrischen Ich, von dessen Standpunkt aus sich ein großes Blickfeld öffnet, wie die **Antithetik** von **Land und Meer** („Wüsten", „See", V. 1 f.), Ferne und Nähe („jenes" – „diser", V. 3), **Tiefe und Höhe** („Thal" – „Felsen Höh'", V. 3) anzeigt. Inversion und Enjambements bewirken eine **vorwärtsdrängende Bewegung**, die allerdings wiederholt durch Pausen **unterbrochen** wird. Die Spannung, die sich daraus ergibt, wird vom zurückhaltenden lyrischen Ich verstärkt, das sich erst im dritten Vers mit seiner Tätigkeit zu Wort meldet. Das **Schlüsselwort** „[b]eschau[en]" (vgl. V. 3) repräsentiert das Thema des ersten Quartetts: die **sinnliche Wahrnehmung einer unwirtlichen Landschaft**. Der **Titel** *Einsamkeit* wird im ersten Vers wiederholt und durch eine Reihe von Adjektiven intensiviert, die die Situation charakterisieren: „öden" (V. 1), „wildes" (V. 2) und „stille" (V. 4). Die Begriffe stehen für Leere, Chaos und Lautlosigkeit bzw. Bewegungslosigkeit. Es liegt ein **umarmender Endreim** vor (abba), bei dem es jedoch keine vollständige Übereinstimmung der Lautung gibt, es handelt sich um **unreine Reime** („Wüsten" – „nisten"; „See" – „Höh'"). Der erste und vierte Vers wirken dabei wie eine **Klammer**. Sie gibt der durch die syntaktische Gestaltung erzeugten Spannung einen ordnenden Rahmen, die Bewegung kommt zur Ruhe.

Nach dem „Beschau[en]" (V. 3) der menschenleeren Umwelt, „[b]etracht[et]" (V. 6) das lyrische Ich nun in einem einzigen langen Satz das menschliche Verhalten, welches es in Nebensätzen aufzählt. Der **Rhythmus** im zweiten Quartett wirkt aufgrund der Zäsuren zunächst **stockend**, beschleunigt sich aber dann durch die **vorwärtstreibende Anaphorik** („wie", V. 6–8). Der Parallelismus in der Parenthese („fern von [...]", „weit von [...]"; V. 5) hat einen **antithetischen Inhalt**: Die Gegensätze „Pallast" und „Pövel" umfassen die **ganze Breite der Gesellschaft**. Als **Metonymien** repräsentieren sie einerseits die hohe Gesellschaftsschicht („Pallast", V. 5), andererseits die ungebildeten niederen Schichten („Pövels", V. 5). Zudem steht der Palast auch bildhaft für Reichtum und **materielle Werte**; „Lüsten" (V. 5) symbolisiert **Sinnliches**. Bei dieser Synekdoche wird eine einzelne Eigenschaft, die Triebgebundenheit, einer ganzen gesellschaftlichen Schicht zugewiesen.

Das Verb „[b]etracht[en]" (vgl. V. 6) – parallel zu „[b]eschau[en]" (V. 1) im ersten Quartett – dient als Schlüsselwort des zweiten Quartetts. Es vertieft den Blick auf die Welt. Die **überprüfende meditative Wahrnehmung** richtet sich auf das **Verhalten des Menschen** und den **Bestand seiner Ziele**.

Randnotizen:

erstes Quartett
Syntax: Spannung

antithetischer Inhalt

Schlüsselwort „beschauen"

Wortwahl, rhetorische Mittel: sinnliche Wahrnehmung von Einsamkeit

umarmender Reim: ordnende, die Bewegung beendende Funktion

zweites Quartett

antithetischer Inhalt

rhetorische Mittel, Wortwahl: Steigerung, intensive Betrachtung menschlichen Strebens

Schlüsselwort „beschauen" = weitere Stufe des Erkenntnisweges

Beide Terzette sind durch einen **Schweifreim** (ccd eed) verbunden und enthalten den **Schluss der Erkenntnisfindung**. Das erste Terzett beginnt mit einer asyndetischen Häufung von Substantiven, die nur scheinbar von Dauer sind. Diese Akkumulation lässt eigentlich einen schnellen, atemlosen Rhythmus erwarten. Stattdessen bremsen Virgeln die Bewegung, erzeugen **Spannung** und geben jedem Wort besonderes Gewicht. Sie wird zusätzlich von einem Einschub unterbrochen, der die **Zeit personifiziert** und dabei drastisch verdeutlicht, dass sogar der harte Stein der **Vergänglichkeit** unterliegt (vgl. V. 9 f.). Die **konkreten Dinge** lösen **Gedanken** aus.

Terzette: Schluss der Erkenntnisfindung

erstes Terzett
rhetorische Mittel, Syntax: Erkennen der vergänglichen Welt

Das zweite Terzett enthält schließlich eine **Erkenntnis und Schlussfolgerung**. Es verbindet syntaktisch in Form einer Inversion und inhaltlich in einer **Antithese** verdichtend die Bereiche **Zivilisation und Natur**. Zugleich zeigt es, wie verfallendes Menschenwerk („[d]er Mauren alter Grauß", V. 12) und öde Natur („ungebau'te Land", V. 12) positiv zur Erkenntnisfindung beitragen. Das lyrische Ich folgert abschließend, dass **ohne Gott nichts Bestand** hat.

zweites Terzett
Inversion, Antithese: Erkenntnis und Folgerung

■ Übungsbeispiel

Georg Trakl, *Der Herbst des Einsamen* (Text 15, S. 218)

Arbeitsanweisung

Untersuchen Sie die sprachliche Gestaltung des Gedichts.

Lösungsvorschlag

| Schritt 1 | Themenschwerpunkte bestimmen |

Einsamkeit als existenzielle Erfahrung; Herbst als Zeit des Verfalls; demütige Annahme des Leids

| Schritt 2 | und | Schritt 3 | Sprachliche Mittel und Funktionen festhalten |

1. Strophe:
- Syntax: Parataxen, meist Zeilenstil, Ausnahme: Enjambement (V. 5 f.); Ellipsen (V. 2, 5 f.): weitgehende Ausgewogenheit; Zurücknahme der Bewegung → Ruhe vermittelnd; Inversion (V. 5 f.) → leicht angedeutete Spannung
- „kehrt ein" (V. 1), „Ein reines Blau tritt aus" (V. 3): Personifikation des Herbstes und seiner Erscheinungsform → Intensivierung
- „kehrt ein" – „tritt aus" (V. 1, 3); „Vergilbter" – „schönen" (V. 2); „reines" – „verfallener" (V. 3): antithetische Wendungen → Spannung

- „Der Flug der Vögel tönt" (V. 4): Synästhesie und Assoziation an Zugvögel →
  Symbol des Abschieds
- „Fülle" – „Erfüllt": Figura etymologica; verbindet 1. und 6. Vers → Spannung
- „voll Frucht und Fülle", „Vergilbter [...] von [...] verfallener [...] Flug der
  Vögel [...] von [...] von [...] Fragen (V. 1–6): Alliterationen; „Der [...] Herbst
  kehrt"; „dunkle [...] Frucht und [...]" (V. 1): Assonanzen → Vermittlung
  von Ruhe und Monotonie
- „Antwort dunkler Fragen" (V. 6): Häufung dunkler Vokale → Hinweis auf
  Rätselhaftes, nicht Auslotbares
- Kreuzreim (Reimschema: ababab) → Monotonie mit unterschwelliger Spannung (V. 5: unreiner Reim „Stille")

2. Strophe:
- Syntax: Parataxen, meist Zeilenstil; Ellipse (V. 7) → Bewegungszurücknah-
  me, ruhiger monotoner Rhythmus; Inversionen (V. 8, 11 f.) → angedeutete
  Spannung
- „Und" (V. 7): Anfangskonjunktion, Enjambement (V. 11 f.) → Beschleunigung im Sprachfluss; dann rhythmischer Einschnitt mit „die schwarze
  Erde" (V. 12): Apposition, nachgetragener Zusatz
- „Und hier und dort" (V. 7): Epanalepse und Antithese → Eindringlichkeit
  und Spannung
- „roten Wald" (V. 8), „blauer Flügel" (V. 11), „schwarze Erde" (V. 12) → Farbsymbolik
- „Die Wolke wandert übern Weiherspiegel" (V. 9): Personifikation (ohne
  Spuren zu hinterlassen) → Veranschaulichung des Schwebenden, Entmate-
  rialisierten
- auffälliger Wechsel vom stimmlosen f-/v-Laut in der ersten Strophe zum
  stimmhaften weichen w-Laut: „Wald", „Wolke wandert", „Weiherspiegel"
  (V. 8 f.): Alliterationen; „ruht", „ruhige" (V. 10); „rührt", „Flügel" (V. 11):
  Assonanzen; „ruht" – „ruhige" (V. 10): zusätzlich Figura etymologica → Be-
  ruhigung
- „des Abends blauer Flügel" (V. 11): Metapher: Bogen zum Vogelflug (vgl.
  V. 4) und „Engel" (V. 15); Verbindung mit dem Enjambement (V. 15 f.): Verstärkung der neu einsetzenden Bewegung („Sehr leise rührt", V. 11)
- „Ein Dach von dürrem Stroh, die schwarze Erde." (V. 12): Synekdochen:
  Strohdach = menschl. Wohnungen, „Erde" = Aufenthaltsort des Menschen
- V. 10 ff.: Häufung des r-Lauts → Zunahme des Bedrohlichen
- Reim: Kreuzreim; Schema cdcdcd → Monotonie mit unterschwelliger Span-
  nung (V. 9: unreiner Reim „Weiherspiegel")

3. Strophe:

- Syntax: Parataxen und Hypotaxen (hier erstmals Nebensätze im Gedicht, vgl. V. 15 f., 18); rhythmische Beschleunigung durch Anfangskonjunktion „Und" und Enjambement (vgl. V. 15); Inversionen (vgl. V. 14, 17 f.) und Einschnitte im Versinnern (vgl. V. 16 f.) → rhythmische Veränderungen
- „nisten Sterne in des Müden Brauen" (V. 13): Metaphorik → Veranschaulichung
- Wiederholung von *einkehren* und *austreten* (vgl. V. 14 und V. 15) spannt Bogen zu V. 1 und V. 3 → Verdichtung, Abrundung; inhaltl. Gegensatz von erster und letzter Strophe: „Bescheiden" (V. 14) als Antithese zu „Fülle" (V. 1)
- „blauen/ Augen" (V. 15 f.): Farbsymbolik, Verbindung zu V. 3 und V. 11
- „Sterne", „Stuben", „still" (V. 13 f.): Alliteration; Häufung dunkler Laute („Es rauscht das Rohr; anfällt ein knöchern Grauen,/ Wenn schwarz der Tau tropft von den kahlen Weiden", V. 17 f.) → lautliche Umsetzung des Grauens
- Reim: Kreuzreim, Schema efefef → Monotonie

Schritt 4   Ausführung

Alle drei Strophen des Gedichts sind parataktisch angelegt – mit zwei Ausnahmen in der letzten Strophe: den Nebensätzen in V. 16 und 18. Passend zu den Parataxen liegt meist Zeilenstil vor. Diese Übereinstimmung von Vers- und Satzende wirkt **beruhigend und monoton**. Der unvollständige Satzbau der Ellipsen deutet einen Verlust an und löst zusammen mit den Inversionen **Spannung** aus (vgl. V. 2, 5 f., 7). Aber erst in der letzten Strophe wird der insgesamt ruhige Rhythmus durch Einschnitte und Hypotaxen deutlich gestört. Der **Kreuzreim** (Reimschema: ababab) bestimmt das Gedicht und trägt entscheidend zur **Monotonie** bei. **Unterschwellig** wird durch unreine Reime (vgl. V. 5, 9, 15) **Spannung** erzeugt.

In der **ersten Strophe** fallen sogleich Personifikationen auf. Sie machen den Herbst („kehrt ein", V. 1) und seine Erscheinungsformen zu handelnden Gestalten („Ein reines Blau tritt aus", V. 3). Ihr Eigenleben ersetzt das **fehlende lyrische Ich**. Die durch Syntax und Reim bewirkte **Ruhe und Monotonie** wird von weiteren sprachlichen Gestaltungsmitteln **verstärkt**. Dazu dient vor allem der Gleichklang von Alliterationen und Assonanzen (z. B. „Der [...] Herbst kehrt ein", „dunkle [...] Frucht und [...]", V. 1; „Vögel tönt", „alten Sagen", V. 4). Besonders dominant sind die alliterierenden f- und v-Laute: „voll Frucht [...] Fülle, / Vergilbter [...] von [...] verfallener [...] Flug [...] Vögel [...] von [...] Erfüllt von [...] Fragen" (V. 1–6). Auffällig ist auch die Häufung dunkler Vokale (z. B. „Antwort dunkler Fragen", V. 6). Sie verweist auf **Rätselhaftes, nicht Auslotbares**. Die

Syntax: überwiegend parataktisch
überwiegender Zeilenstil

monotoner Rhythmus mit deutlichen Veränderungen am Schluss

Kreuzreim → Monotonie
unreine Reime → Unvollkommenheit

erste Strophe
Personifikation: Eigenleben der Natur

Alliterationen, Assonanzen → Gleichklang

dunkle Vokale → Rätselhaftes

ruhige Grundstimmung begleitet damit eine zunächst **unauffällige Spannung**. Sie ist in den Unregelmäßigkeiten des Satzbaus
und des Reims erkennbar geworden und macht sich zusätzlich in
einer Synästhesie, die Sichtbares mit Hörbarem verbindet („Der
Flug der Vögel tönt", V. 4) und einer Figura etymologica, die
einen Bogen vom ersten zum letzten Vers spannt („Fülle" – „Erfüllt") bemerkbar. Mehrere Antithesen verstärken diese **unterschwellige Spannung** zusätzlich. Bei ihnen folgt zunächst Ne-
gatives auf Positives (jetzt: „Vergilbter Glanz" – früher: „schönen
Sommertagen", V. 1 f.), dann kehrt sich diese Aussage jedoch um
(„reines Blau" – „verfallener Hülle", V. 3). Darüber hinaus lässt
der **Vogelflug** (vgl. Z. 4) an Zugvögel denken und fungiert damit
als **Abschiedssymbol**.

> *unterschwellige Span-
> nung durch dunkle
> Vokale, syntaktische
> Unregelmäßigkeiten
> und Antithesen*

> *Abschiedssymbol*

   Eine Konjunktion, verstärkt durch eine Antithese („Und hier
und dort", V. 7) verbindet die zweite Strophe mit der ersten.
Auch hier vermitteln Parataxen und Zeilenstil **Ruhe und Ausgewogenheit**. Doch die in der 1. Strophe auftretende Häufung
dunkler Vokale ist nun auch in „Kreuz" und „ödem Hügel" (V. 7)
gegenwärtig: Das **Kreuz** ist ein **Todessymbol**, und beim Adjektiv „öde" assoziiert der Leser eine verlassene, unbelebte Gegend.
Das Bild im nächsten Vers spricht von einer Herde, die sich im
herbstlich rot gefärbten Wald „verliert" (V. 8), ein Hinweis darauf, dass die Jahreszeit **keine Gemeinschaft** zulässt, dass diese
sich auflöst und deren Mitglieder auf sich selbst angewiesen sind
(vgl. den Gedichttitel). Das Adjektiv „rot" kann sich auch auf
einen Sonnenuntergang beziehen („Abends", V. 11), der die Bäume rötlich färbt, bevor das Dunkel einbricht („schwarze Erde",
V. 12). Die folgende Personifikation der wandernden Wolke wird
durch eine Alliteration („<u>W</u>olke <u>w</u>andert [...] <u>W</u>eiherspiegel",
V. 9) und eine Synkope („übern", V. 9) verstärkt. Der weiche
stimmhafte w-Laut löst hier den stimmlosen f-/v-Laut der ersten
Strophe ab. Noch drückt das Verb eine **Bewegung** aus, doch diese hinterlässt auf dem Wasser **keine Spuren**, die ruhige Wasser-
oberfläche wirkt als Spiegel. Im 10. Vers herrscht dann **Ruhe**:
Die Figura etymologica („ruht" – „ruhige") drückt dies in Inhalt
und Lautung aus. Der härtere r-Laut ist aber schon vorhanden,
der sich im 12. Vers vor allem mit dem Wort „dürrem" Gehör
verschafft. Eine **erneute Bewegung** hat zunächst kaum merkbar
begonnen („Sehr leise rührt", V. 11) und verstärkt sich im Enjambement. Es ist eine Bewegung, die **aus rätselhaften, irrealen
Bereichen** kommt: Die Metapher „des Abends blauer Flügel"
(V. 11) deutet auf den **Vogelflug** zurück, aber auch voraus auf die
„Engel" der letzten Strophe. Die beiden Synekdochen „Ein Dach
von dürrem Stroh, die schwarze Erde" (V. 12) verweisen auf eine
Gefährdung: Das Strohdach steht für menschliche Behausun-
gen, die „schwarze Erde" für den Wohnort der Menschen.

> ***zweite Strophe***
> *Syntax, Zeilenstil →
> Ruhe*

> *Symbolik: Verlassenheit*

> *Metaphorik*

> *Adjektive: Einsamkeit*

> *Personifikation,
> Alliteration, Synkope*

> *Lautung: Kraftlosigkeit,
> Vergänglichkeit*

> *Lautung: Einbruch des
> Irrealen*

> *Synekdochen: gefährdete
> menschliche Existenz*

Wie in den anderen Strophen finden sich in der **dritten Strophe** Parataxen und Zeilenstil. Allerdings häufen sich hier die **Abweichungen:** Der 15. Vers wird durch die Anfangskonjunktion an den 14. Vers angebunden und als Enjambement im 16. Vers weitergeführt. Zwei Nebensätze (vgl. V. 16, 18), Inversionen (vgl. V. 14, 17, 18), eine Ellipse (vgl. V. 17) und Einschnitte im Versinnern (vgl. V. 16, 17) **verändern den Rhythmus**.

„Bald" (V. 13) bezieht sich auf die **bevorstehende Nacht**, die metaphorisch in den Sternen, die in den Brauen von müden Menschen nisten (vgl. V. 13), zum Ausdruck kommt. Zugleich verweist das Adverb auf etwas **Zukünftiges** und **Unheilvolles**, wie es im Bild vom „knöchern Grauen" (V. 17) annähernd greifbar wird. Das substantivierte Verb „Bescheiden" (V. 14) schlägt gleichzeitig einen **Bogen zurück zum ersten Vers** und ersetzt **antithetisch** die dort genannte reiche Ernte („Fülle") mit anspruchslosem menschlichen Verhalten. Eine weitere Verbindung ergibt sich durch Formen des Verbs „austreten" (vgl. V. 3, 15).

Zusätzlich stellt die **Farbsymbolik** („reines Blau" – „blauer Flügel" – „blauen Augen", V. 3, 11, 15 f.) einen **Zusammenhang** zwischen allen Strophen her. Dabei hebt das Adjektiv „rein" (vgl. V. 3) das „Blau", die Farbe menschlicher Sehnsucht, besonders hervor. Sie wird durch Engel (vgl. V. 15) verkörpert, die, losgelöst von religiösen Vorstellungen, als Kräfte im Inneren des Menschen wirken. Sie werden sichtbar für die Liebenden, denen sie Trost spenden und das irdische Leid mindern, das von **Einsamkeit und Vergänglichkeit** geprägt ist. Die „schwarze Erde" (V. 12) und der schwarz tropfende Tau (vgl. V. 18) sind sprachliche Bilder, die gerade im Herbst die eigene Zeitlichkeit bewusst machen. Erneut fällt der r-Laut auf („r̲auscht", „R̲ohr", „knöche̲r̲n Gr̲auen", V. 17). Assoziationen an ein animalisches Knurren stellen sich ein, die zur Personifikation des „knöchern Grauen" passen, das einen wie ein Tier „anfällt" (V. 17) und die **existenzielle Not des Menschen** veranschaulicht.

dritte Strophe
gehäufte Abweichungen bei der Syntax

veränderter Rhythmus

unheilvolle Vorausahnung und formaler wie thematischer Rückbezug

Verbindung zwischen letzter und erster Strophe

Verbindung zwischen allen drei Strophen
Bedeutung der Farbe Blau

Trost aus dem Inneren des Menschen

irdisches Leben = Leid, Einsamkeit, Vergänglichkeit

Lautung und Metaphorik: existenzielle Bedrohung

Durch vielfältige sprachliche Bilder wie Metaphern, Personifikationen und Symbole wird dem Leser ein Gefühl für die existenzielle Not des Menschen, für das „knöchern Grauen" (V. 17), eindrucksvoll vermittelt.

7 Deutung eines Gedichts

Bereits beim Feststellen der **inhaltlichen** Abschnitte fallen Ihnen bestimmt **erste Deutungsansätze** auf. Es ist sinnvoll, diese stichpunktartig zu notieren. Je weiter Sie mit Ihrer erschließenden Arbeit voranschreiten, desto mehr Anhaltspunkte werden Sie finden und umso sicherer wird Ihre Urteilsbildung. Erst die Zusammenschau von vielen Faktoren liefert die Grundlage für eine überzeugende Deutung. Denken Sie bei Ihrem Vorgehen auch an andere Werke aus derselben oder einer anderen **Epoche** und typische **Motive**, **Themen** und **Deutungsmuster**, die Ihre Vorstellungen stützen können.

Viele Gedichte lassen sich nach grundlegenden Themen unterscheiden. Beispielsweise sprechen wir von Natur-, Großstadt- und Liebes-Lyrik. In solchen Fällen müssen Sie das **Thema aufschlüsseln**, um zu einer überzeugenden Deutung zu gelangen. Folgende Fragen können Ihnen dabei helfen:

- Wie wird das **Thema/Motiv dargestellt**?
  - in kennzeichnenden Merkmalen, Eigenschaften, Erscheinungsformen?
  - in Entwicklungen, Veränderungen (Ursachen)?
  - in Bezügen zu anderen Objekten (z. B. gegensätzlich)?
- In welcher **Beziehung** steht das lyrische Ich **zum Gegenstand**?
- Gibt es weiterführende und **vertiefende Assoziationen**?

Arbeitsschritte

1 Lesen Sie den Text im Hinblick auf sein **Thema** durch, und fragen Sie, auf welche Weise dieses dargestellt wird (entwickelnd, dialektisch, in Beispielen?).
2 Markieren und notieren Sie die Textstellen, in denen es in seinen **Erscheinungsformen** zum Ausdruck kommt. Ergänzen Sie diese durch Ihr **Vorwissen** und beziehen Sie die **Ergebnisse der Formanalyse** ein.
3 Überprüfen Sie den Text im Hinblick auf ein **lyrisches Ich** und dessen Aufgaben.
4 Versuchen Sie die **Aussageabsicht** zu erkennen.
5 Formulieren Sie Ihre Interpretation.

■ Übungsbeispiel

Joseph von Eichendorff, *Die zwei Gesellen* (Text 12, S. 216)

Arbeitsanweisung

Deuten Sie die inhaltlichen Aussagen des Gedichts. Versuchen Sie dazu, die bereits notierten Gedanken (vgl. S. 148) zu vertiefen und zu ergänzen.

Lösungsvorschlag

Schritt 1 Thema und dessen Realisierung erkennen

Thema: Suche nach einem sinnvollen Leben → exemplarische Darstellung der Lebenswege zweier junger Menschen, die von gemeinsamen Zielen geleitet zusammen aufbrechen, anschließend unterschiedliche Lebensführungen wählen.

Schritt 2 Erscheinungsformen des Themas notieren

Gemeinsamer Beginn und gemeinsame Ziele (1. und 2. Strophe)
- „zwei rüstge Gesellen" (V. 1) → jugendlich unbekümmerte, freudige Stimmung und Zuversicht
- „[z]um erstenmal" (V. 2) → Unerfahrenheit; Freiheitsverlangen
- „zogen […] von Haus/ […] Frühlings hinaus" (V. 1 ff.) → Verlassen des Gewohnten/Geschützten; Wunsch nach Selbstverwirklichung und Abenteuer; vgl. romantisches Aufbruchs-, Wander- und Weg-Motiv; Analogie zu Märchenanfängen; vgl. Eichendorff, *Aus dem Leben eines Taugenichts* und *Sehnsucht*
- „Wellen" (V. 4) → Auf und Ab des Lebens
- „strebten nach hohen Dingen" (V. 6), „Was rechts in der Welt vollbringen" (V. 8) → ungenaue Vorstellungen; Gegensatz (Contradictio in Adjecto): „hohen" deutet auf Geistiges, „Dingen" auf Materielles = Unvereinbarkeit; Vorwegnahme des Scheiterns; weltbezogene Ziele

Schicksal des ersten Gesellen (3. Strophe)
- gefundenes Lebensziel → Liebe, Familie, materielle Sicherheit
- Schwiegermutter, Frau, Kind → eingebunden in eine Generationenkette
- „Hof und Haus" (V. 12) → materielle Sicherheit, Enge des Raums, Rückkehr ins Gewohnte; Gegensatz zu V. 1 f.
- „Schwiger kauft" (V. 12) → Abhängigkeit; Verlust an Freiheit (↔ 1. Str.)
- „Liebchen" (V. 11), „Bübchen" (V. 13), „Stübchen" (V. 14) → Diminutiv-Formen, Hinweis auf eine biedere, kleine und beschränkte Welt

- „wiegte" (V. 13), „sah [...] [b]ehaglich" (V. 14 f.) → Monotonie; keine Vorwärtsbewegung; passives Verhalten; Gegensatz zu den ursprünglichen Absichten (vgl. V. 6 ff.)
- „Feld" (V. 15) → Verflachung; Blickführung nach unten auf den Boden; Verrat an den einst angestrebten hohen Zielen (Gegensatz zu V. 6 ff.)

Fazit: Rückkehr ins enge bürgerliche und häusliche Leben; Lebenssinn: Bindung an Familie und Besitz; dadurch Geborgenheit und Sicherheit, aber Verfehlen der angestrebten Ziele → geschlossenes, enges Weltbild der bürgerlichen Spießer (Eichendorff nennt sie „Philister")

Schicksal des zweiten Gesellen (4. und 5. Strophe)
- „sangen und logen" (V. 16) → Stärke der schicksalhaften Verblendung
- „Sirenen" (V. 18) → Verführbarkeit; Motiv des Dämonischen; vgl. Homers *Odyssee*; Nachtseite der Romantik: Entdecken des Unheimlichen in der menschlichen Psyche (vgl. Werke von E.T.A. Hoffmann); Loreley-Motiv
- „Grund" (V. 17), „Schlunde" (V. 21) → Abgrund, Gegensatz zu „hohen Dingen" (V. 6); Enge = Korrespondenz zur Enge des „Stübchen[s]" (V. 14)
- „müde und alt" (V. 22) → Resignation
- „Schifflein" (V. 23), „Grunde" (V. 23) → Schiff als Lebensschiff, mit dem man zur Lebensfahrt aufbricht; Schiffbruch = Existenzverfehlung; Diminutiv, Hinweis auf geringen materiellen Besitz
- „still" (V. 24) → Gegensatz zur „[k]lingenden, singenden" (V. 4) Welt
- „rings in die [eigentlich: *der*] Runde" (V. 24) → räumlicher Orientierungsverlust; „auftaucht'" (V. 21), „wehts" (V. 25): scheinbares Präsens durch apostrophierte und gekürzte Imperfektform → jenseits des Zeitlichen
- „über die Wasser wehts kalt" (V. 25) → abweisende Welt; entspricht der Situation vor dem biblischen Schöpfungsakt (vgl. Genesis)

Fazit: durch Blendwerke der Welt getäuschtes und verführtes Leben; Orientierungsverlust; Untergang in Haltlosigkeit; Verfehlen der einst angestrebten Ziele

Schritt 3 und **Schritt 4** Lyrisches Ich: Erkennen der Aussageabsicht

6. Strophe: Kommentar des lyrischen Ich
- „Es singen und klingen [...] wohl über mir" (V. 26 f.) → lyrisches Ich betont das Positive des Frühlings
- Wiederaufnahme des Wellen-Motivs (vgl. V. 26)
- „keck[...]" (V. 28) anstelle von „rüstig" → Züge des unbekümmert Draufgängerischen, sich selbst Überschätzenden; Kritik des lyrischen Ich
- „Tränen" (V. 29) → Mitgefühl; Bedauern solcher Schicksale

- „zu Dir" (V. 30) → Heimkehr-Motiv; Heimkehr zu Gott als angemessene Antwort auf den Aufbruch in die Welt; religiöse Einbindung des Menschen

Fazit: Gefährdung des Menschen ohne religiöse Bindung; vgl. Märchen: Erfolg des Helden nur durch Hilfe guter Mächte → **Aussageabsicht:** Eine religiöse Ausrichtung schützt vor Verfehlungen und gibt dem Leben rechten Sinn.

8 Untersuchen von Motiven

Aus dem Grundlagenkapitel wissen Sie, dass Motive Handlungen auslösen, auf wichtige Aussagen aufmerksam machen, Textelemente verknüpfen und dem Inhalt eine bestimmte Stimmung und Wirkung geben können (vgl. S. 29 ff.). Während sich bei epischen und dramatischen Texten diesen Aspekten leicht nachgehen lässt, ergeben sich bei Gedichten mitunter Probleme. Dies liegt am konzentrierten Gehalt, der sich oft nur in rätselhaften Bildern darstellt. Relativ einfach gestaltet sich eine Motivuntersuchung dort, wo Vorgänge, Prozesse und Abläufe erfasst werden.

Die Großstadt als Motiv; Ernst Ludwig Kirchners „Nollendorfplatz" (1912) in Berlin

Unabhängig vom Schwierigkeitsgrad der Analyse und Deutung eines Motivs, können Sie immer derselben Vorgehensweise folgen: Untersuchen Sie den lyrischen Text nach **Merkmalen**, **Erscheinungsformen** und **Entwicklungen des Motivs** sowie nach **wichtigen Beziehungen**. Nehmen Sie darauf aufbauend das lyrische Ich und mögliche Adressaten in den Blick und – falls im Text erkennbar – deren Verbindung(en).

Arbeitsschritte ──────────────────────────────

1 Lesen Sie das Gedicht und erstellen Sie eine Materialsammlung: Listen Sie die **Textstellen** auf, in denen das **Motiv** zum Ausdruck kommt (Merkmale, Erscheinungsformen, Entwicklungen, Relationen, Funktionen).

2 Fragen Sie nach einem **lyrischen Ich**, möglichen **Adressaten** und weiteren erkennbaren Figuren. Untersuchen Sie die **Beziehung des lyrischen Ich zum Motiv**. Überprüfen Sie dabei, ob eine bestimmte **Wirkungsrichtung** des Motivs erkennbar ist.

3 Ordnen Sie das gefundene Material in Stichpunkten.

4 Führen Sie die Aufgabe aus.

◼ Übungsbeispiel

Andreas Gryphius, *Einsamkeit* (Text 14, S. 218)

Arbeitsanweisung

Erläutern Sie die Bedeutung des Einsamkeits-Motivs.

Lösungsvorschlag

Schritt 1	Materialsammlung erstellen

Einsamkeit wird deutlich

- beim **Anblick unwirtlicher** („öden Wüsten", „wildes Kraut", „bemoßte See", V. 1 f.; „Höl'", „rauhe Wald", V. 9) und **vergänglicher Natur** („Todtenkopff", „Stein", „abgezehrten Bein", V. 9 f.),
- in der **Distanz zur menschlichen Welt** („fern von [...]", V. 5),
- in der **Vergänglichkeit** menschlicher „Eitelkeit" (V. 6), menschlichen „Hoffen[s]" (V. 7) und menschlicher Beziehungen (vgl. V. 8) sowie
- in der **Gottferne** (vgl. V. 14).

Schritt 2	Beziehung des lyr. Ich zur Einsamkeit prüfen, Aussageabsicht benennen

Dem lyrischen Ich dient die gewählte **Einsamkeit** als eine **Möglichkeit der Wahrheitsfindung**. Weil diese zu vermittelnde Wahrheit verbindlichen Charakter haben soll, kann es sich dabei nicht um ein einzelnes Erlebnis eines individuellen Ich handeln. Das hier auftretende Ich ist vielmehr **exemplarisch** zu verstehen. Seine Aussage hat einen allgemeingültigen Sinn: Aus reflektierender Distanz erkennt es Einsamkeit in Vergänglichkeit und Gottferne. Aber die Hinwendung zu Gott kann die Einsamkeit beenden.

Schritt 3	Stoffsammlung oder Gliederung anlegen

Das Vorhandensein eines lyrischen Ich und der Prozesscharakter seiner Handlungen und Erkenntnisse ermöglichen folgende Strukturierung. Ihr kann man ein Fazit mit einem Epochenbezug anschließen:

1 Ausgangssituation: lyrisches Ich in öder Wüstenlandschaft; Nutzen der selbst gewählten Einsamkeit zur Erkenntnisfindung

2 Erscheinungsformen des Motivs:
   a Vergänglichkeit als Einsamkeitserfahrung
   b Gottferne als wahre Einsamkeit

3 Befreiung und Konsequenz: Besinnung auf Gott

4 Fazit: religiös-positive Grundhaltung des Barock

Schritt 4 Ausführung

Das lyrische Ich hat offenbar **freiwillig** eine **wüstenartige Landschaft** aufgesucht. Die Einsamkeit der kargen, stillen Umgebung unterbindet jede Ablenkung und verhilft zu einem konzentrierten Nachdenken über Natur und menschliches Leben. Eine solche **Distanzierung gegenüber der Welt** schärft das Bewusstsein und bildet die **Voraussetzung für eine Erkenntnisfindung**. Gegenstand der Betrachtung sind Naturobjekte und die Ziele des Menschen, die sich zwischen den Extremen von Reichtum und triebhaften Begierden entfalten.

Ausgangssituation
Begründung, Anlass

Dabei erkennt das lyrische Ich, wie der Mensch sich in solchen nichtigen Illusionen selbst verliert und die **Hoffnungen**, auf die sich seine Selbstgefälligkeit richtet, **keinen Bestand** haben. Die wenigen wahrgenommenen Gegenstände in seinem Blickfeld erlauben keine Abschweifung, sie enthüllen ihre Zeitlichkeit und damit die **Hinfälligkeit alles Irdischen**. Deshalb erweist sich die **selbst gewählte Einsamkeit** als „schön und fruchtbar" (V. 13) für den, der die Erkenntnis sucht.

Erscheinungsformen des Motivs
Erkenntnis der Vergänglichkeit in der selbst gewählten Einsamkeit

Der letzte Vers macht deutlich, dass für das lyrische Ich Natur und Mensch ohne die Beseelung durch den Geist Gottes sinnlos sind. Als **wahre Einsamkeit** erscheint hier die **Abwesenheit Gottes**. Das Öde und Chaotische deuten auf einen Zustand der Erde vor der Schöpfung. Der Mensch muss sich deshalb auf Gott ausrichten. Dies beendet seine Einsamkeit. Macht und Leidenschaft führen ihn dagegen nur in die Irre.

Gottferne als wahre Einsamkeit

Das Gedicht wird von einer **positiven Grundhaltung** getragen. Es verdeutlicht die Möglichkeit des Menschen, seine Situation zu verändern und seinem Leben eine neue Ausrichtung zu geben. Solche **Appelle zur Besinnung und Umkehr** sind typischer Bestandteil der **Barocklyrik**. Vor dem Hintergrund einer chaotischen Zeit will der Dichter einen Weg zu bleibender Geborgenheit und Gemeinschaft zeigen.

Konsequenz

Fazit

■ Übungsbeispiel

Georg Trakl, *Der Herbst des Einsamen* (Text 15, S. 218)

Arbeitsanweisung

Erläutern Sie die Bedeutung des Einsamkeits-Motivs.

Lösungsvorschlag

| Schritt 1 | Materialsammlung erstellen |

Einsamkeit wird deutlich

- in gegensätzlichen („dunkle", „Frucht und Fülle", V. 1) und Furcht auslösenden (vgl. V. 17 f.) Herbstbildern,
- im Verlust des Sommers (vgl. V. 2), im Aufbruch der Zugvögel (vgl. V. 4) und im Hinweis auf Vergangenes („alten Sagen", V. 4),
- in öder (vgl. V. 7), Gemeinschaft auflösender („verliert sich eine Herde", V. 8) und abweisender („Weiherspiegel", V. 9) Natur,
- in beendeter Arbeit („Gekeltert ist der Wein", V. 5) und dem Zur-Ruhe-Kommen des Bauern (vgl. V. 10),
- dem Gefühl des Ungewissen („dunkler Fragen", V. 6),
- in Todessymbolen („Kreuz", V. 7; „knöchern Grauen", V. 17),
- im ungenügenden Schutz („Dach von dürrem Stroh", V. 12; „kühle Stuben", V. 14),
- im Leiden der Liebenden (vgl. V. 16) und der melancholischen Grundstimmung.

| Schritt 2 | Lyrisches Ich untersuchen: der distanzierte Sprecher |

- Es tritt **kein lyrisches Ich** auf.
- Die Situation eines Herbsttags wird aus der Distanz erfasst. Im Titel ist die Rede von einem „Einsamen", bei dem die **Einsamkeit** offenbar eine **grundlegend leidvolle Existenzerfahrung** ist.
- Einsamkeit wird in verschiedenen Vergänglichkeitsbildern veranschaulicht.
- Es gibt **keine höhere Instanz**, die aus dieser Einsamkeit befreien könnte, nur demutsvolle Annahme des Leids.

| Schritt 3 | Gliederung anfertigen |

Es ist zweckmäßig, wenn Sie von der am Textbeginn erfassten **Situation**, einem Herbsttag, ausgehen, dann das Motiv in seinen **verschiedenen Bildern** darstellen, anschließend nach einer **Lösung** fragen und ein **Ergebnis** formulieren:

1 Situation: Herbsttag; distanzierter, nicht unmittelbar anwesender Beobachter; kein erkennbares lyrisches Ich

2 Erscheinungsformen des Motivs: Einsamkeit als Vergänglichkeit
   a in Naturbildern
   b in der Welt des Menschen

3 Befreiungsmöglichkeit und Konsequenz: keine Erlösung vom Leid, nur Minderung; demutsvolle Annahme der Einsamkeit

4 Fazit: melancholische Grundhaltung; Kennzeichen der Moderne

Schritt 4 Ausführung

In dem Gedicht wird der Übergang eines Herbsttages in die Nacht erfasst, jedoch bleibt die Schilderung distanziert: Es ist kein lyrisches Ich erkennbar. Die Überschrift deutet bereits darauf hin, dass **Einsamkeit als grundlegend menschliche Existenzerfahrung** zu verstehen ist.

Situation

Aus der Distanz heraus wird die **Vergänglichkeit in der Natur** dargestellt. Sie äußert sich in der Erinnerung an eine vergangene schöne Sommerzeit (vgl. V. 2), im Aufbruch der Zugvögel (vgl. V. 4), im „öde[n] Hügel" (V. 7) und der Auflösung einer „Herde" (V. 8). Der glatte, die Wolkenbilder zurückwerfende Wasserspiegel (vgl. V. 9) zeigt die Natur als **teilnahmslosen, abweisenden Bereich.**

Erscheinungsformen des Motivs
Einsamkeit als Vergänglichkeit im Naturbereich

Kreuze sind **Todessymbole** (vgl. V. 7). Obwohl auf christliche Vorstellungen angespielt wird, geht es hier nicht um Hoffnung, sondern um **Gottes Abwesenheit.** Der Landmann, dessen Arbeit beendet ist (vgl. V. 10), bleibt angesichts der Vergänglichkeitszeichen gelassen. Selbst die Wohnungen der Menschen bieten keinen Schutz (vgl. V. 12), die „schwarze Erde" (V. 12) ist unabwendbar dem Tod geweiht.

Einsamkeit als Vergänglichkeit im menschlichen Bereich

Dem Leid, das zum menschlichen Leben gehört, können sich auch Liebende nicht entziehen (vgl. V. 16). Ihre **reine Zuwendung** bewirkt lediglich **Linderung.** Grundsätzlich aber bleibt dem Menschen nur die **demutsvolle Annahme seiner Einsamkeit.**

fehlende Befreiungsmöglichkeit, Konsequenz

Die sich verdunkelnde Landschaft, die abklingende Bewegung mit den Hinweisen auf Ruhe und Müdigkeit lassen eine **melancholische Grundhaltung** erkennen. Es existiert keine höhere Instanz, die vom Leid der Einsamkeit befreien könnte, vielmehr sieht sich der Mensch von einem namenlosen Grauen bedroht. Dieses **Ausgeliefertsein**, das den Lebenssinn infrage stellt, verweist auf **Erfahrungen der Moderne**, die verstärkt in der modernen Literatur zu finden sind.

Fazit

9 Motivvergleich

Um lyrische Texte im Hinblick auf ein gemeinsames Motiv vergleichen zu können, müssen Sie zunächst nach vergleichbaren Aussagen fragen. Anhand solcher **Vergleichskriterien** (z. B. Merkmale, Erscheinungsformen, Funktionen, Veränderungen des Motivs, die Rolle des lyrischen Ich) fällt es sicher nicht schwer, Gemeinsamkeiten und Unterschiede herauszuarbeiten. Eine Orientierung liefert Ihnen das Grundlagenkapitel (vgl. S. 29 ff.).

Die Darstellung der Natur ist in der bildenden Kunst so vielfältig wie in der Literatur; von links nach rechts: Vincent van Goghs „Weizenfeld mit Zypressen" (1889), Maria Sibylla Merians Zeichnung einer Kakaopflanze (1705), August Mackes „Garten am Thuner See" (1913)

Arbeitsschritte

1 Suchen Sie nach passenden **Vergleichskriterien**.
2 Erstellen Sie eine Tabelle, in der Sie **Übereinstimmungen und Unterschiede** eintragen.
3 Formulieren Sie den Motiv-Vergleich.

■ Übungsbeispiel

Andreas Gryphius, *Einsamkeit* (Text 14, S. 218)/
Georg Trakl, *Der Herbst des Einsamen* (Text 15, S. 218)

Arbeitsanweisung
Vergleichen Sie das Motiv der Einsamkeit in beiden Gedichten.

Lösungsvorschlag

Schritt 1   Vergleichskriterien festlegen

Hier ist die Lösung einfach. Da beide Texte bereits auf das Motiv der Einsamkeit untersucht wurden und die Gliederungspunkte weitgehend identisch sind, können diese als Grundlage des Vergleichs herangezogen werden:

- lyrischer Sprecher → Bezug zum Motiv?
- Motiventwicklung?
- Merkmale / Erscheinungsformen des Einsamkeits-Motivs?
- Befreiung von der Einsamkeit? / Fazit?

Schritt 2   Tabelle mit Gemeinsamkeiten und Unterschieden anlegen

	Gryphius	Trakl
Lyrisches Ich	vorhanden; aber nicht persönlich, sondern exemplarisch	nicht erkennbar
Einsamkeit	• als Erkenntnismittel • als Vergänglichkeitserfahrung • als Gottferne • mit der Hinwendung zu Gott beendbar	– • als Vergänglichkeitserfahrung • als absolute Gottferne • als Seinserfahrung nicht beendbar

Schritt 3   Ausführung

In Gryphius' Gedicht tritt ein **handelndes und erkennendes Ich** auf, das mit Entscheidungsfreiheit ausgestattet ist. Da die Gedichtaussage aber Allgemeingültigkeit beansprucht, ist das lyrische Ich nicht als ein einzelnes, ganz bestimmtes Ich zu sehen; ihm kommt vielmehr **exemplarischer Charakter** zu. Bei **Trakl fehlt** dagegen das **lyrische Ich**. Bereits die Überschrift lässt erkennen, dass hier die Einsamkeit kein selbst gewählter und geschaffener Zustand ist, sondern eine **grundlegende menschliche Existenzerfahrung**. Sie gehört zum Menschen, der nicht über sie verfügen kann.

Ausgangssituation und lyrischer Sprecher: erkennbares, exemplarisches Ich (Gryphius) vs. fehlendes lyrisches Ich (Trakl)

    Gryphius stellt zunächst die **Einsamkeit** als ein **Mittel der Erkenntnisfindung** dar. Sie ermöglicht eingehende Reflexion über Naturobjekte und menschliche Selbstgefälligkeit, um so deren Unbeständigkeit zu entlarven. Diese Erkenntnis führt zu einer Neubesinnung. Das **Vergängliche** ist auch im **Trakl-Gedicht** zentrales Thema. An einem vergehenden Herbsttag wird gezeigt, wie nichts in der Natur und im menschlichen Bereich Schutz, Geborgenheit und Gemeinschaft gewährt und **alles unwiderruflich dem Verfall unterworfen** ist. Selbst die reine Liebe vermag nur Linderung, nicht Erlösung vom Leid zu bringen. Ein rätselhaftes, nicht fassbares „Grauen" bestimmt die Welt.

Erscheinungsformen der Einsamkeit: Mittel der Erkenntnisfindung, Vergänglichkeit (Gryphius) – Vergänglichkeit, Schutzlosigkeit, Verfall im Bereich der Natur und des Menschen (Trakl)

    Die einzige Reaktion des Einsamen bei **Trakl** besteht in der geduldigen **Annahme des Leids**. Denn es gibt keine Instanz, die eine Änderung bewirken könnte: Der christliche **Gott** bleibt **unerwähnt**, es gibt für den Menschen keine Hoffnung. Im Gegensatz dazu erkennt bei **Gryphius** das lyrische Ich die eigentliche

Einsamkeit als Leid und absolute Gottferne (Trakl) – Einsamkeit als überwindbare Gottferne (Gryphius)

Einsamkeit in der **Trennung von Gott**, also in einer Distanz, die **überwindbar** ist.

Indirekt appelliert es deshalb an den Menschen, sich ganz auf Gott zu besinnen. Damit endet das Sonett **positiv**. Dies ist nur möglich, weil in der Wirklichkeitssicht des lyrischen Ich ein transzendenter Bereich existiert. Für den Menschen, der sich auf ihn besinnt, verliert irdisches Leid somit seine Macht. Diese **Befreiungsmöglichkeit** gibt es in der Welt des **Trakl-Gedichts nicht mehr**. Menschliche Größe erweist sich in der tapferen Annahme des Leids. Die Melancholie, die über dem gesamten Gedicht liegt, bleibt bestehen.

Konsequenz bzw. Fazit:
Einsamkeit ist beendbar (Gryphius) vs. Einsamkeit als bleibende Existenzerfahrung (Trakl)

10 Bestimmen der Epoche

Wenn Sie einen unbekannten Text einer bestimmten Epoche zuweisen sollen, fragen Sie zunächst, ob es sich um ein **traditionelles** oder ein **modernes Gedicht** handelt. Beachten Sie dabei folgende Merkmale:

Merkmale	auf traditionelle Lyrik verweisend	auf moderne Lyrik verweisend
Lyrisches Ich	meist vorhanden; starke Position	zurückgedrängt; schwache Position
Struktur	klare Strophengliederung	Strophenauflösung
Metrik	meist metrisch gebunden	festes Metrum nicht nachweisbar; freie Rhythmen
Syntax	klare Strukturen; Reim	syntaktische Auflösung; Reimlosigkeit
Semantik	klar	rätselhaft; Chiffren
Weltbild	geschlossen	offen

Die wichtigsten Epochenmerkmale können Sie sich noch einmal mithilfe der knappen Übersicht ab S. 33 in Erinnerung rufen. Zur genauen **Epochenbestimmung** ziehen Sie folgende Bereiche heran:

- das **lyrische Ich** und seine Welt,
- die **Form**,
- die **Sprache**,
- die **Thematik**,
- die **Motivik**
- sowie das **Weltbild**.

Beim folgenden Beispiel sind Autor und Epoche bekannt. In diesem Fall gehen Sie am besten von Motiven und thematischen Schwerpunkten des Textes aus und vergleichen diese mit Ihren Epochenkenntnissen.

■ Beispiel

Joseph von Eichendorff, *Die zwei Gesellen* (Text 12, S. 216)

Arbeitsanweisung

Ordnen Sie den Text der Romantik zu.

Lösungsvorschlag

Lyrisches Ich, Weltbild: sowohl distanziertes als auch betroffenes Auftreten: Die religiöse Bindung des lyrischen Ich lässt ein noch geschlossenes, stimmiges Weltbild erkennen. Doch die Distanz zu einem spießigen Leben einerseits und einem verführbaren andererseits weist bereits auf eine Zeit, in der die romantische Einheit von Ich und Natur, Mensch und Gott brüchig geworden ist.

Form und Sprache: für die Romantik typische Musikalität und Liedhaftigkeit des Gedichts, besonders auffallend am Endreim (Schema: abaab) und Binnenreim („Klingenden, singenden"), an Assonanzen (vgl. die Korrespondenz von hellen und dunklen Vokalen), Alliterationen und Anaphern

Thematik und Motivik:

- **häufiges Thema in der Romantik:** der Gegensatz von Spießer und Abenteurer (vgl. Eichendorffs Romane *Ahnung und Gegenwart* und *Dichter und ihre Gesellen*)
- Verbindung verschiedener **typisch romantischer Motive:** Sehnsuchts-Motiv (vgl. Eichendorffs Gedicht *Sehnsucht*), Aufbruchs- und Wandermotiv (vgl. Eichendorff, *Aus dem Leben eines Taugenichts*; darin: „Wem Gott will rechte Gunst erweisen,/den schickt er in die weite Welt [...]") mit dem Natur- und Frühlingsmotiv; vgl. auch die Schlussbitte des lyrischen Ich an Gott: Heimkehr-Motiv
- Aufbruch, Bewährung, Bedeutung höherer Hilfe: **Nähe zum** in der Romantik beliebten **Märchen**
- **dunkle Seite der Romantik:** das Verführbare und Dämonische (Schicksal des zweiten Gesellen)

Interpretation lyrischer Texte: Zusammenfassung wichtiger Untersuchungsbereiche

Inhalt

- Orientieren Sie sich an der Strophengliederung, inhaltlichen Einheiten, Perspektiven- und Gedankenwechseln.
- Folgen Sie bei der Ausführung den Strophen bzw. dem Gedankenverlauf.
- Schreiben Sie sachlich mit eigenen Worten im Präsens; vermeiden Sie Zitate (indirekte Rede!).

Innerer Aufbau

- Orientieren Sie sich an Strophenform und inhaltlicher Struktur.
- Überprüfen Sie Inhaltsabschnitte auf formale Kompositionselemente.
- Folgen Sie bei der Ausführung den Strophen bzw. dem Gedankenverlauf.
- Achten Sie auf übersichtliche Struktur, sachliche Information, Fachausdrücke und Präsens.

Lyrisches Ich und Perspektive

- Tritt ein lyrisches Ich auf?
- Welche Position und Perspektive nimmt es ein (Beziehung zum Gegenstand und zur Situation)?
- Richtet es sich an einen Adressaten?

Lyrische Bauelemente

- Gedichtform (z. B. Ballade, Ode, Hymne, Lied, Sonett; Strophen- und Versanzahl)
- Metrik (Taktart: Jambus, Trochäus, Anapäst, Daktylus; Taktreihen; Kadenz; Zeilenstil oder Enjambement) und Rhythmus (Tempo, Betonung, Pausen)
- Zusammenhang von Metrik, Rhythmus und Inhalt

Sprache

- Klang: Klangfiguren (Formen der Wiederholung, des Wortspiels, der Lautmalerei, des Reims)
- sprachliche Bilder (Vergleich, Metapher, Personifikation, Metonymie, Synästhesie, Allegorie, Symbol, Chiffre)
- syntaktische Besonderheiten (Parallelismus, Anapher, Asyndeton, Polysyndeton, Inversion, Ellipse)
- Zusammenhang von sprachlichen Mitteln und inhaltlicher Aussage

Motivik

- Fächern Sie das Motiv auf (nach Merkmalen, Erscheinungsformen, Entwicklungen, Relationen) und überprüfen Sie daraufhin den Text.
- Untersuchen Sie die Rolle des lyrischen Ich im Hinblick auf das Motiv.

- Gliederungsmöglichkeiten: Ausgangssituation, Ursachen – Erscheinungsformen, Entwicklung – Auswirkung, Ergebnis
- Motivvergleich: Arbeiten Sie mit Vergleichskriterien: Merkmale, Erscheinungsformen, Funktionen, Veränderungen, Rolle des lyrischen Ich

Epochenbestimmung

Überprüfen Sie den lyrischen Text auf epochenspezifische Merkmale:

- Form,
- Sprache,
- Thematik und Motivik sowie
- die Position des lyrischen Ich und
- das dargestellte Weltbild.

 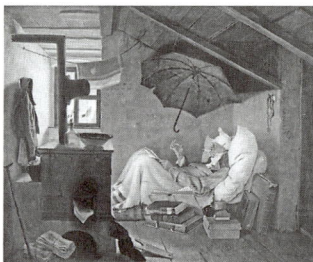 

Trotz des geringen Umfangs lyrischer Texte können einzelne Gedichte oft das Wesentliche ganzer Epochen einfangen. Entsprechend gilt dies in der bildenden Kunst (von links oben nach rechts unten): romantisches Sehnsuchts-Motiv in C. D. Friedrichs „Wanderer über dem Nebelmeer" (1818), Enge der Welt des Biedermeiers in Carl Spitzwegs „Der arme Poet" (1839), impressionistische Ansicht des „Boulevard Montmartre" von Camille Pissarro (1897), impressionistische Szene von Pierre-Auguste Renoir: „Das Frühstück der Ruderer" (1880/81), existenzielle Verzweiflung in Edvard Munchs expressionistischem „Der Schrei" (1910), Paul Klees abstrakter „Erzengel" (1938)

Glossar

Absurdes Theater: Form des modernen Dramas; Ausdruck einer sinnleeren und nicht mehr durchschaubaren Welt; marionettenhafte Figuren; ohne logische Handlung; banale, ziellose Kommunikation; ohne zeitliche und örtliche Einbindung

Akt (Aufzug): größere geschlossene Gliederungseinheit in einem Drama zur Strukturierung von Geschehen und Handlung; das klassische Drama besteht aus fünf Akten.

Alexandriner: sechsfüßiger Jambus mit Zäsur nach der dritten Hebung; meist antithetische Struktur; häufiges Versmaß im Barock

Alternierende Verse: Verse mit regelmäßigem Wechsel von betonten und unbetonten Silben

Anekdote: kurze Prosaerzählung mit historischem oder real scheinendem Hintergrund über ein merkwürdiges Ereignis, das auf Allgemeines verweist; straffe, auf eine Pointe zulaufende, abgeschlossene Handlung

Anforderungsbereiche: drei Prüfungsbereiche mit unterschiedlicher Anforderungsqualität: I. Wissen und Können, II. Anwenden und Übertragen, III. Urteilen und Bewerten

Antagonist: Gegenspieler, Widersacher

Antiheld: passive, fremdbestimmte und isolierte Figur in epischen oder dramatischen Texten; Ausdruck einer komplexen, unüberschaubaren, widersprüchlichen Zeit

Arbeitsschritte: methodisches Vorgehen zur Aufgabenlösung: 1. aufgabenorientiertes Lesen, 2. Materialsammlung, 3. Materialsichtung und -ordnung, 4. Darstellung, 5. Überprüfung

Aufbau: das Ordnungsgefüge eines Textes, sowohl äußerlich (Kapitel, Abschnitte, Akte, Strophen) als auch inhaltlich (Kompositionselemente, Sinneinheiten)

Auktorialer Erzähler: „allwissender" Erzähler. Er kennt die Geschichte und kann sie nach seinen Vorstellungen gestalten, Orte und Zeiten wechseln, in die Vergangenheit zurückgreifen (Rückblenden) oder in die Zukunft blicken, sich in Kommentaren einmischen und seine Aussagen straffen oder beim Geschehen ausgedehnt verweilen. Er steht außerhalb der Figuren, verfügt also über eine bestimmte Distanz zur Geschichte. Man findet ihn vor allem in traditionellen Texten.

Autor: Verfasser eines Werkes; nicht identisch mit Erzähler oder lyrischem Ich

Ballade: Gedicht mit epischen (erzählte Geschichte; oft mit historischem oder mythischem Hintergrund), dramatischen (Spannung; tragisches Geschehen; oft Wechsel von Rede und Gegenrede; Pointe) und lyrischen (Form; Stimmung) Elementen; Höhepunkt der Kunstballade: Goethe (*Erlkönig, Der Zauberlehrling*), Schiller (*Der Handschuh*); in der Moderne: Brecht (sozialkritische, politische Ballade)

Beiseitesprechen im Drama: Wendung eines Redners auf der Bühne ans Publikum

Belletristik: heute = fiktionale Literatur (von lat. *fingere*: gestalten, erdichten, ausdenken) im Gegensatz zum Tatsachenbericht

Blankvers: reimloser jambischer Vers mit fünf Hebungen und männlicher oder weiblicher Kadenz; wichtigster Vers der deutschen Klassik; „Heráus in éure Schátten, rége Wípfel" (Goethe, *Iphigenie*; weiblicher Versschluss); „Die schönen Táge vón Aránjuéz" (Schiller, *Don Carlos*; männlicher Versschluss)

Botenbericht: dramaturgisches Mittel, um auf der Bühne schwer darstellbare Ereignisse durch einen Boten vermitteln zu lassen

Bürgerliches Trauerspiel: dramatische Gattung, in der die Ständeklausel nicht mehr gilt und Bürger zu tragischen Figuren werden; Voraussetzung: Gedankengut der Aufklärung, bürgerliche Emanzipationsbewegung; Themen: soziale Konflikte zwischen Ständen, Bürgerethos (Werte: Sittlichkeit, Ehrlichkeit, Anstand u. a.) gegen Adelswillkür (Lessing, *Miss Sara Sampson, Emilia Galotti*; Schiller, *Kabale und Liebe*); Entwicklung: im 19. Jahrhundert Konflikte innerhalb der bürgerlichen Welt (Hebbel, *Maria Magdalena*)

Charakteristik: siehe Figurencharakteristik

Chor: Urelement des antiken Dramas; ihm standen zunächst ein, dann zwei und drei Schauspieler gegenüber, sodass sich dramatische Handlung entwickeln konnte; später besondere Bedeutung bei Schiller und in der Moderne (episches Theater)

Darbietungsweisen des Erzählens: Der Erzähler wählt den Erzählerbericht und/oder die Figurenrede.

Dialog: Wechselgespräch in Rede- und Gegenrede von zwei oder mehreren (meist in einem Spannungsverhältnis stehenden) Figuren

Dinggedicht: erfasst distanziert-objektiv das besondere Wesen eines Gegenstands (Sache, Pflanze, Tier); kein lyrisches Ich; 3. Person; Perspektive des Objekts; symbolische Bedeutung; Beispiele: C. F. Meyer, *Der römische Brunnen*; R. M. Rilke, *Das Karussell, Der Panther*

Direkte Rede: wörtliche Wiedergabe einer Äußerung; meist in Anführungszeichen

Dokumentarisches Theater: modernes Drama, das historisches Material in kritischer Aussageabsicht auswählt und benutzt; oft in Berichts- und Prozess-Form

Drama: neben Epik und Lyrik eine der drei Grundformen der Dichtung, in der Handlung und Geschehen als unmittelbar gegenwärtig auf einer Bühne dargestellt werden

Dramatis Personae: handelnde Figuren auf der Bühne

Dramaturgie: Inszenierung eines Stückes auf der Bühne; auch Regeln und Kompositionsmittel des Dramas

Dramaturgische Mittel: Gattung, Komposition, Figurengestaltung, Ort- und Zeitgestaltung, Geschehens- und Handlungsverlauf, sprachliche Darbietung, Inszenierung

Drei Einheiten: Einheit des Ortes (*ein* Schauplatz), der Zeit (Einheit von Spielzeit und gespielter Zeit, maximaler Umfang: 24 Stunden) und der Handlung (keine Nebenhandlungen, wenig handelnde Figuren); verwirklicht im geschlossenen klassischen Drama

Einleitung: liefert dem Leser wichtige Grundinformationen: Autor, Titel, Textart, Erscheinungsjahr, Thema, Hauptfiguren

Elegie: ursprünglich ein antikes in Distichen verfasstes Gedicht; klagender Ton; bekannte Vertreter: Fleming, Goethe (*Römische Elegien, Marienbader Elegie*), Schiller, Hölderlin, Rilke (*Duineser Elegien*)

Epik: literarische Grundgattung; Sammelbezeichnung für erzählende Dichtung; Gliederung in Langformen (Roman), Formen mittleren Umfangs (Novelle) und Kurzformen (Kurzgeschichte, Parabel, Anekdote, Fabel u. a.)

Episches Theater: mit Bertolt Brecht verbundenes Drama, das mit epischen Elementen und Verfremdungseffekten arbeitet; der Zuschauer soll die auf der Bühne gezeigten sozialen Missstände kritisch-distanziert durchschauen und dazu bewegt werden, die Gesellschaft positiv zu verändern.

Erlebte Rede: Form der Figurenrede zwischen direkter und indirekter Rede; Gedanken einer Figur werden in der 3. Person Indikativ Präteritum ausgedrückt.

Erregendes Moment: handlungs- und konfliktauslösendes Ereignis im Drama und in dramennaher Epik

Erzähler: eine in epischen Texten vom Autor erfundene vermittelnde Instanz

Erzählerbericht: Der Erzähler steht außerhalb des Geschehens und berichtet, beschreibt oder kommentiert aus einer souveränen, auktorialen Position.

Erzählerposition: Rolle, die der Erzähler in der Geschichte einnimmt; er kann selbstbewusst kommentierend auftreten (eher in traditioneller Literatur) oder hinter den handelnden Figuren verschwinden (eher in moderner Literatur).

Erzählformen: Ich-Form: Der Erzähler berichtet in der 1. Person von sich; Er/Sie-Form: Der Erzähler berichtet in der 3. Person über andere Figuren.

Erzählperspektive: äußerer (Ort, Standort) und innerer (Einstellung) Blickwinkel des Erzählers

Erzählverhalten (auch: Erzählsituation): auktorial (allwissender, kommentierender Erzähler), personal (unauffälliger Erzähler, der die Figuren übernimmt) oder neutral (scheinbar abwesender Erzähler)

Exposition: Einführung in eine dramatische Handlung; Vermittlung des notwendigen Wissens: Grundstimmung, Ausgangssituation, Ort und Zeit, Figuren

Fallhöhe: besonders im Barock-Drama: je höher der Stand des Helden in der Tragödie, desto erschütternder sein Untergang für die Zuschauer; vgl. Ständeklausel

Figurencharakteristik: Figurenbeschreibung: Position im Text (Hauptfigur, Nebenfigur), äußere Merkmale (Name, Alter, Aussehen, Sprache, Verhalten), Eigenschaften, Wesensmerkmale (Gedanken, Gefühle, innere Entwicklung, Wirklichkeitsbezug), sozialer Bezug (Beziehungen, Figurenkonstellation)

Figurenrede: Das Geschehen wird durch Äußerungen oder Gedanken von Figuren vermittelt. Formen in der Epik: direkte Rede, indirekte Rede, erlebte Rede, innerer Monolog, Bewusstseinsstrom

Freie Rhythmen: ungereimte und metrisch unregelmäßige Verse von unterschiedlicher Länge, doch meist in Versgruppen gegliedert; Beispiel: Goethe, *Prometheus*

Gattung: literarisches Ordnungssystem; drei Hauptgattungen: Epik, Dramatik, Lyrik

Gebundene Rede (gebundene Sprache): im Gegensatz zur Prosa durch Regeln, z. B. Strophen, Verse, Metrik, Rhythmus und oft auch durch Reim festgelegte Sprache

Geistesgeschichte: Interpretationsmethode, die auf einem nacherlebenden Verstehen beruht

Geschichtlicher Kontext: zeitgeschichtliches Umfeld des Autors, das durch seine politischen, sozialen, kulturellen, religiösen und philosophischen Komponenten Einfluss ausüben kann

Geschlossene Form im Drama: Wahrung der drei Einheiten, zielstrebige Komposition (pyramidal), geringe Figurenzahl, hoher Sprachstil; Beispiel: klassisches Drama

Gesprächsfaktoren: Teilnehmer, Anlass, Ausgangssituation, Ziele, Strategien, Verlauf, Ergebnis

Groteskes Theater: Drama, das mit Abweichungen, Übertreibungen, Verzerrungen, Verfremdungen arbeitet

Handlung: die einzelne Tätigkeit einer Figur in einer bestimmten Situation, aber auch alle Einzelhandlungen zusammen
äußere Handlung: das Materielle, Stoffliche betreffend; mit den Sinnen Wahrnehmbares
innere Handlung: geistige, emotionale Prozesse; Gedanken, Gefühle, Assoziationen
offene Handlung: sichtbare Bühnenhandlung
verdeckte Handlung: räumlich oder zeitlich versetzte Handlung; verdeutlicht durch Botenbericht, Teichoskopie

Handlungsphasen: relativ eigenständige Inhaltsabschnitte, in denen sich die Handlung verdichtet; Handlungsschwerpunkte; Sinneinheiten

Held: Hauptfigur in epischen und dramatischen Texten; sich verändernde Merkmale im Verlauf der Literaturgeschichte: vom aktiven Helden (selbstbestimmt, handelnd, sozial verpflichtet, an Werte gebunden) zum passiven; vgl. Antiheld

Hymne: Gedicht mit feierlichem Inhalt und Ton; seit dem Sturm und Drang Ausdruck leidenschaftlicher Begeisterung und religiösen Gefühls; bedeutende Vertreter: Klopstock, Hölderlin, Goethe, Novalis

Hypotaxe: längere Verbindung von Haupt- und untergeordneten Nebensätzen zur Darstellung komplexer Zusammenhänge

Indirekte Rede: Redewiedergabe in der 3. Person Konjunktiv (Er-Form; Ich-Form: 1. Person Konjunktiv); distanzierende Wirkung

Inhalt: Informationsmenge eines (literarischen) Textes, die sich in einer bestimmten Form präsentiert und erschlossen und gedeutet werden muss

Inhaltswiedergabe: sachliche Darstellung wesentlicher Kernaussagen, Ereignisfolgen, Handlungsabläufe, Gedanken- und Gesprächsentwicklungen eines Textes im Präsens; dem Textverlauf folgend

Innerer Monolog: Wiedergabe von assoziativ aneinandergereihten Gedanken und Gefühlen, wobei Erzählzeit und erzählte Zeit deckungsgleich sind und so der Eindruck von Unmittelbarkeit und Authentizität vermittelt wird; oft steht die Figur in einem inneren Konflikt mit sich selbst, sodass ihr innerer Monolog fast wie ein fiktiver Dialog erscheint; Sprunghaftigkeit der Gedanken

Interpretation: Erklären und Auslegen eines literarischen Werkes auf Grundlage erschlossener Fakten (= Deutung)

Interpretieren: umfassende Arbeitsanweisung, die Inhaltswiedergabe, Aufbaubeschreibung, Sprachanalyse, Textdeutung und andere Bereiche umfasst; im Anschluss an die Erschließung zielt sie auf das Erkennen und Verstehen des Textes.

Kadenz: Versende; Formen: männlich (stumpf): Hebung am Versschluss; weiblich (klingend): Senkung am Versschluss

Katastrophe: Lösung des dramatischen Konflikts zum Schlimmen (Tragödie); meist der Untergang des Helden

Katharsis: griech. „Reinigung"; inneres Befreien von seelischen Konflikten und Spannungen als Wirkung eines dramatischen Geschehens; nach Aristoteles (*Poetik*) durch Jammer und Schauder, nach Lessing (*Hamburgische Dramaturgie*) durch Furcht und Mitleid mit dem tragischen Helden auf der Bühne

Komödie: neben der Tragödie Grundform des Dramas; positiver Ausgang eines Konflikts durch Entlarvung menschlicher Schwächen und Unzulänglichkeiten; Formen: Charakterkomödie (übertrieben dargestellte Eigenschaften einer Figur, z. B. Geiz), Situationskomödie (Verwechslungen, Überraschungen, Intrigen)

Konflikt: Zusammenstoß gegensätzlicher Kräfte innerhalb einer Figur (z. B. Pflicht und Neigung), zwischen einer Einzelperson und der Gesellschaft (individuelle Interessen gegen soziale Forderungen, Rollenerwartungen) und zwischen realer Welt und Ideellem; meist Wünsche, Werte und Normen betreffend; Ausdruck steigender Spannung, die zum Scheitern des Helden in der Katastrophe oder zu einem guten Ende führen kann

Kurzgeschichte: kurze Erzählform mit unvermitteltem Beginn, gedrängter Steigerung, überraschendem Wendepunkt und offenem Schluss. Eine typisierte Figur steht in einer Entscheidungssituation.

Leitmotiv: kleine, öfters wiederkehrende semantische Einheit (z. B. eine Wortfolge, eine Figur, ein Gegenstand) in einem Text, die diesen strukturiert

Lied: Gedicht, das zu einer Melodie gesungen werden kann; verbreitetste lyrische Form; gleichmäßiger Strophenbau (barockes Kirchenlied: sechs- bis achtversig; in der Romantik: vierversige Volksliedstrophe)

Linear ablaufende Handlung: einfachstes Erzählmuster: es gibt nur einen Handlungsstrang; der Erzähler schweift nicht ab, fächert seine Geschichte nicht auf, sondern strebt konsequent seinem Ziel zu; Kennzeichen kleinerer epischer Formen

Literatursoziologie: Interpretationsmethode, die Literatur unter dem Aspekt gesellschaftspolitischer Gegebenheiten untersucht

Lyrik: neben Epik und Drama Hauptgattung der Literatur; häufige formale Kennzeichen: Strophenstruktur, Vers mit Metrik und Rhythmus, Klang (Reim), Bildhaftigkeit; Ausdruck des Unmittelbaren, Subjektiven; zahlreiche Gedichtformen (z. B. Lied, Hymne, Sonett, Ode)

Lyrisches Ich: ein vom Autor erfundener Sprecher in einem Gedicht

Märchen: kurze fantastische Erzählung mit klarer Komposition (formelhafter Eingang und Aufbruch – Bewährung – formelhafter Schluss) und festem Wertesystem (gut – böse), typisierten Figuren, Allverbundenheit, Zeit- und Ortlosigkeit

Mehrsträngige Handlung: die Handlung ist in mehrere Erzählstränge aufgesplittert; Kennzeichen eines Romans

Menschenbild: meist bezogen auf epochale Einflussfaktoren (das Menschenbild der Klassik, der Romantik ...), die sich aus dem politischen, sozialen, kulturell-philosophischen und besonders literarischen Umfeld ergeben

Metrik: Lehre von den Versmaßen; Metrum: Versmaß; Grundmuster einer regelmäßigen Abfolge von Hebungen und Senkungen in einem Vers

Monolog im Drama: Selbstgespräch auf der Bühne zur Information der Zuschauer; Formen: z. B. Reflexionsmonolog (eine Figur denkt über eine Situation oder ein Geschehen nach), Konfliktmonolog (Prozess einer Entscheidungsfindung)

Montagetechnik: Zusammenfügen unterschiedlicher Texte, Textteile, Wirklichkeitsebenen; Spiegel der komplexen modernen Welt

Motive: kleinste Texteinheiten mit unterschiedlichen Funktionen. Sie können Textteile verbinden, Handlungen auslösen, diese als Sinnträger begleiten, Situationen prägen und Themen veranschaulichen.

Neutraler Erzähler: Der Erzähler wirkt abwesend. Scheinbar unbeteiligt vermittelt er das Geschehen. Das wird besonders in der direkten Rede deutlich.

Novelle: Prosaerzählung, in deren Mittelpunkt meist ein einzelnes, real mögliches Ereignis steht; Darstellung eines Konflikts zwischen Mensch und Schicksal, Realem und Ungewöhnlichem; lineare, auf einen

Höhe- und Wendepunkt zustrebende Handlungsstruktur; Leitmotiv; Nähe zum Drama

Ode: strenge antike Gedichtform mit feierlichem, erhabenem Inhalt (philosophisch-moralische Themen); bedeutende Odendichter: Klopstock, Hölderlin, A. v. Platen, in der Moderne: R. A. Schröder

Offene Form des Dramas: Vielzahl von Orten, Zeitebenen, Figuren; Auflösung der Form; verschiedene Sprachebenen

Operator: handlungsauslösendes Verb, das anzeigt, welche Tätigkeiten beim Bearbeiten einer Aufgabe erwartet werden

Parabel: gleichnishafte kurze Erzählung mit didaktischer Absicht; Bild- und Sachebene verweisen aufeinander; in der Moderne oft mehrdeutig

Parataxe: Aneinanderreihung von Hauptsätzen

Peripetie: siehe Wendepunkt

Personaler Erzähler: Der Erzähler übernimmt die Perspektive der Figuren, teilt deren Gedanken und Gefühle mit; mischt sich nicht mit Kommentaren ein.

Perspektive: Betrachtungsweise; Standpunkt (räumlich); Einstellung (inneres Verhältnis zu etwas)

Positivismus: faktenorientierte Interpretationsmethode, die zur Untersuchung Autobiografie, Entstehungsgeschichte und Textvergleich heranzieht

Protagonist: Hauptfigur

Psychoanalytisches Verfahren: Interpretationsmethode, die nach unbewussten Schreibimpulsen fragt

Quartett: vierzeilige Strophe

Rahmenhandlung: Eine Binnenhandlung wird von einer umgreifenden Handlung umschlossen; häufig bei Novellen

Regieanweisung: Anleitung zur Bühnenaufführung eines Dramas

Reim: Gleichklang von Wörtern vom letzten betonten Vokal an

Retardierendes Moment: verzögerndes Ereignis im Drama

Rezeptionsästhetik: Interpretationsmethode, die sich mit Fragen der Leserwahrnehmung beschäftigt

Rhetorische Mittel (Figuren): auf Wirkung zielende sprachlich-stilistische Mittel; Einteilung: Wort-, Grammatik- (darunter Satz-), Stil-, Gedanken- und Klangfiguren; Wirkungsaspekte: anschaulich, eindringlich, spannend, kommunikativ

Rhythmus: Sprachbewegung im Vers; gegliedert durch Akzentuierung und Zäsuren

Roman: epische Großform, die als Spiegel der bürgerlichen Welt gilt und sich in zahlreiche Genres gliedern lässt, z. B. Abenteuer-, Bildungs-, Entwicklungs-, Großstadt-, Kriminal-, Künstler-, Liebesroman; Untersuchungskriterien sind: Zeit(en) und Ort(e) des Geschehens, Figuren, Handlungsabläufe, Themen, Motive und Probleme sowie die formale Gestaltung

Rückblende: Vergangenes wird in die erzählte oder gespielte Gegenwart geholt

Satz: eine aus Wörtern bestehende selbstständige sprachliche Einheit, die einen Sinn ergibt

Satzarten: Aussagesatz (sagt aus, teilt mit), Fragesatz (fragt, bringt in Erfahrung), Aufforderungssatz (befiehlt, wünscht, fordert auf)

Satzformen: Parataxe und Hypotaxe

Sinneinheit: inhaltliches Bauelement eines Textes, z. B. ein Geschehensabschnitt, ein Handlungsschritt; steht trotz einer gewissen Selbstständigkeit mit anderen Sinneinheiten in Verbindung. In ihrer Gesamtheit bilden sie den Text.

Sonett: äußere Form: 14 Verse, aufgeteilt in zwei Quartette und zwei Terzette; häufigstes Reimschema: abab abab ccd eed; innere Form: dualistische oder dialektische (Dreiteilung: These, Antithese, Synthese) Konzeption; strenge Form besonders in chaotischen Zeiten bevorzugt (Barock)

Sprachanalyse: betrifft Wortwahl, Syntax, Stil und rhetorische Figuren

Ständeklausel: Tragödie: ausschließliches Auftreten von Standespersonen; Komödie: dem Bürgertum vorbehalten; seit der Aufklärung und dem bürgerlichen Trauerspiel aufgehoben

Stichomythie: schneller Redewechsel von Vers zu Vers im Drama

Stil: Ausdrucks- und Gestaltungsart eines Textes; zahlreiche Prägungsfaktoren: Sprachvermögen des Autors (Individualstil), Zeit (Epochalstil), geographischer Raum (Dialekt), Gesellschaft (Soziolekt, Jargon), Form (Gattungsstil)

Stream of consciousness: Bewusstseinsstrom; besondere Form der Erzähltechnik des inneren Monologs; Folge von ungeordnet aufeinander folgenden Assoziationen, Gedanken, Gedankenfragmenten, Erinnerungen, Gefühlen; Kennzeichen moderner Epik

Strophe: ein aus mehreren Versen bestehender Abschnitt eines Gedichts

Szene: kleinere Gliederungseinheit in einem Drama, meist Teil eines Aktes und verbunden mit Auf- bzw. Abtreten von Figuren

Teichoskopie (Mauerschau): dramaturgisches Mittel zur Vermittlung auf der Bühne nicht darstellbarer Ereignisse (Figuren an einem Fenster, auf einer Mauer oder einem Turm)

Terzett: dreizeilige Strophe

Text: nach bestimmten Regeln geordnetes Wortgefüge

Textvergleich: Methode, um Gemeinsamkeiten, Ähnlichkeiten und Unterschiede von Texten zu erkennen

Thema, Thematik: Grundgedanke bzw. Grundidee eines Werks; Gegenstand einer literarischen Darstellung und damit auch einer Analyse und Deutung

Tragikomödie: dramatische Gattung, in der sich tragische und komische Elemente abwechseln

Tragödie: Grundform des Dramas; ein unlösbarer Konflikt führt zum Scheitern des Helden in der Katastrophe.

Vers: metrisch gegliederte, vom Rhythmus bestimmte Zeile der gebundenen Rede

Virgel: Schrägstrich zwischen Zeichen oder Wörtern

Volksstück: volkstümliches Theaterstück, das mit Mitteln der Unterhaltung und Komik Gesellschaftskritik übt

Wendepunkt (= Peripetie): Umschlagen im Schicksal des dramatischen Protagonisten auf dem Handlungshöhepunkt, entweder zum Schlimmen (Tragödie) oder zum Guten (Komödie)

Werkimmanenz: Interpretationsmethode, die sich an textinternen Fakten orientiert

Zäsur: Sinneinschnitt im Vers; vgl. Alexandriner

Zitat: wörtliche oder sinngemäße Textübernahme (direktes oder indirektes Zitat)

Texte

Heinrich von Kleist (1777–1811), *Das Bettelweib von Locarno* (erschienen 1810)

1 Am Fuße der Alpen, bei Locarno im oberen Italien[1], befand sich ein altes, einem Marchese[2] gehöriges Schloss, das man jetzt, wenn man vom St. Gotthard kommt, in Schutt und Trümmern liegen sieht: ein Schloss mit hohen und weitläufigen Zimmern, in deren einem einst, auf Stroh, das man ihr unterschüttete, eine alte kranke Frau, die

5 sich bettelnd vor der Tür eingefunden hatte, von der Hausfrau aus Mitleiden gebettet worden war. Der Marchese, der, bei der Rückkehr von der Jagd, zufällig in das Zimmer trat, wo er seine Büchse abzusetzen pflegte, befahl der Frau unwillig, aus dem Winkel, in welchem sie lag, aufzustehen, und sich hinter den Ofen zu verfügen. Die Frau, da sie sich erhob, glitschte mit der Krücke auf dem glatten Boden aus, und beschädigte sich, auf

10 eine gefährliche Weise, das Kreuz; dergestalt, dass sie zwar noch mit unsäglicher Mühe aufstand und quer, wie es vorgeschrieben war, über das Zimmer ging, hinter den Ofen aber, unter Stöhnen und Ächzen, niedersank und verschied.

Mehrere Jahre nachher, da der Marchese, durch Krieg und Misswachs, in bedenkliche Vermögensumstände geraten war, fand sich ein florentinischer Ritter bei ihm ein, der

15 das Schloss, seiner schönen Lage wegen, von ihm kaufen wollte. Der Marchese, dem viel an dem Handel gelegen war, gab seiner Frau auf, den Fremden in dem oben erwähnten, leerstehenden Zimmer, das sehr schön und prächtig eingerichtet war, unterzubringen. Aber wie betreten war das Ehepaar, als der Ritter mitten in der Nacht, verstört und bleich, zu ihnen herunterkam, hoch und teuer versichernd, dass es in dem Zimmer

20 spuke, indem etwas, das dem Blick unsichtbar gewesen, mit einem Geräusch, als ob es auf Stroh gelegen, im Zimmerwinkel aufgestanden, mit vernehmlichen Schritten, langsam und gebrechlich, quer über das Zimmer gegangen, und hinter dem Ofen, unter Stöhnen und Ächzen, niedergesunken sei.

Der Marchese, erschrocken, er wusste selbst nicht recht warum, lachte den Ritter mit

25 erkünstelter Heiterkeit aus, und sagte, er wolle sogleich aufstehen, und die Nacht zu seiner Beruhigung, mit ihm in dem Zimmer zubringen. Doch der Ritter bat um die Gefälligkeit, ihm zu erlauben, dass er auf einem Lehnstuhl, in seinem Schlafzimmer übernachte, und als der Morgen kam, ließ er anspannen, empfahl sich und reiste ab.

Dieser Vorfall, der außerordentliches Aufsehen machte, schreckte auf eine dem

30 Marchese höchst unangenehme Weise, mehrere Käufer ab; dergestalt, dass, da sich unter seinem eigenen Hausgesinde, befremdend und unbegreiflich, das Gerücht erhob, dass es in dem Zimmer, zur Mitternachtsstunde, umgehe, er, um es mit einem entscheidenden Verfahren niederzuschlagen, beschloss, die Sache in der nächsten Nacht selbst zu untersuchen. Demnach ließ er, bei Einbruch der Dämmerung, sein Bett, in dem besagten

35 Zimmer aufschlagen, und erharrte, ohne zu schlafen, die Mitternacht. Aber wie erschüttert war er, als er in der Tat, mit dem Schlage der Geisterstunde, das unbegreifliche Geräusch wahrnahm; es war, als ob ein Mensch sich von Stroh, das unter ihm knisterte, erhob, quer über das Zimmer ging, und hinter dem Ofen, unter Geseufz und Geröchel

niedersank. Die Marquise, am andern Morgen, da er herunterkam, fragte ihn, wie die
40 Untersuchung abgelaufen; und da er sich, mit scheuen und ungewissen Blicken, umsah,
und, nachdem er die Tür verriegelt, versicherte, dass es mit dem Spuk seine Richtigkeit
habe: so erschrak sie, wie sie in ihrem Leben nicht getan, und bat ihn, bevor er die Sache
verlauten ließe, sie noch einmal, in ihrer Gesellschaft, einer kaltblütigen Prüfung zu
unterwerfen. Sie hörten aber, samt einem treuen Bedienten, den sie mitgenommen hat-
45 ten, in der Tat, in der nächsten Nacht, dasselbe unbegreifliche, gespensterartige Geräusch; und nur der dringende Wunsch, das Schloss, es koste was es wolle, los zu werden, vermochte sie, das Entsetzen, das sie ergriff, in Gegenwart ihres Dieners zu
unterdrücken, und dem Vorfall irgendeine gleichgültige und zufällige Ursache, die sich
entdecken lassen müsse, unterzuschieben. Am Abend des dritten Tages, da beide, um
50 der Sache auf den Grund zu kommen, mit Herzklopfen wieder die Treppe zu dem
Fremdenzimmer bestiegen, fand sich zufällig der Haushund, den man von der Kette
losgelassen hatte, vor der Tür desselben ein; dergestalt, dass beide, ohne sich bestimmt
zu erklären, vielleicht in der unwillkürlichen Absicht, außer sich selbst noch etwas
Drittes, Lebendiges, bei sich zu haben, den Hund mit sich in das Zimmer nahmen. Das
55 Ehepaar, zwei Lichter auf dem Tisch, die Marquise unausgezogen, der Marchese Degen
und Pistolen, die er aus dem Schrank genommen, neben sich, setzen sich gegen eilf Uhr,
jeder auf sein Bett; und während sie sich mit Gesprächen, so gut sie vermögen, zu
unterhalten suchen, legt sich der Hund, Kopf und Beine zusammengekauert, in der
Mitte des Zimmers nieder und schläft ein. Drauf, in dem Augenblick der Mitternacht,
60 lässt sich das entsetzliche Geräusch wieder hören; jemand, den kein Mensch mit Augen
sehen kann, hebt sich, auf Krücken, im Zimmerwinkel empor; man hört das Stroh, das
unter ihm rauscht; und mit dem ersten Schritt: tapp! tapp! erwacht der Hund, hebt sich
plötzlich, die Ohren spitzend, vom Boden empor, und knurrend und bellend, grad als
ob ein Mensch auf ihn eingeschritten käme, rückwärts gegen den Ofen weicht er aus.
65 Bei diesem Anblick stürzt die Marquise, mit sträubenden Haaren, aus dem Zimmer; und
während der Marquis, der den Degen ergriffen: wer da? ruft, und da ihm niemand
antwortet, gleich einem Rasenden, nach allen Richtungen die Luft durchhaut, lässt sie
anspannen, entschlossen, augenblicklich, nach der Stadt abzufahren. Aber ehe sie noch
einige Sachen zusammengepackt und aus dem Tore herausgerasselt, sieht sie schon das
70 Schloss ringsum in Flammen aufgehen. Der Marchese, von Entsetzen überreizt, hatte
eine Kerze genommen, und dasselbe, überall mit Holz getäfelt wie es war, an allen vier
Ecken, müde seines Lebens, angesteckt. Vergebens schickte sie Leute hinein, den Un-
glücklichen zu retten; er war auf die elendiglichste Weise bereits umgekommen, und
noch jetzt liegen, von den Landleuten zusammengetragen, seine weißen Gebeine in
75 dem Winkel des Zimmers, von welchem er das Bettelweib von Locarno hatte aufstehen
heißen.

Aus: Heinrich von Kleist, Die Verlobung in St. Domingo. Das Bettelweib von Locarno. Der Findling. Erzählungen.
Stuttgart: Philipp Reclam jun. 2002, S. 43–46

Anmerkungen

1 Gemeint ist die schweizerische Stadt Locarno am Lago Maggiore.

2 Marchese (Marquis, weibliche Form: Marquise): italienischer Adelstitel

Text 2

Eugen Ruge (geb. 1954), *In Zeiten des abnehmenden Lichts. Roman einer Familie*
(erschienen 2012, Ausschnitt)

Alexander Umnitzer hat vor Kurzem von seiner unheilbaren Krebserkrankung erfahren. Aus
dem Krankenhaus zurückgekehrt, macht er sich zu seinem schwer dementen Vater auf, den er
vier Wochen nicht mehr gesehen hat. Der Ausschnitt ist der Beginn des ersten Kapitels.

1 **2001**

Zwei Tage lang hatte er wie tot auf seinem Büffelledersofa gelegen. Dann stand er auf,
duschte ausgiebig, um auch den letzten Partikel Krankenhausluft von sich abzuwaschen,
und fuhr nach Neuendorf.

5 Er fuhr die A115, wie immer. Schaute hinaus in die Welt. Prüfte, ob sie sich verändert hatte. Und – hatte sie?

Die Autos kamen ihm sauberer vor. Sauberer? Irgendwie bunter. Idiotischer.

Der Himmel war blau, was sonst.

Der Herbst hatte sich eingeschlichen, hinterrücks. Tupfte kleine gelbe Markierungen
10 in die Bäume. Es war inzwischen September geworden. Und wenn er am Samstag entlassen worden war, musste heut Dienstag sein. Das Datum hatte er während der letzten
Tage verloren.

Neuendorf besaß neuerdings eine eigene Autobahnabfahrt – „neuerdings" hieß für
Alexander immer noch: nach der Wende. Man kam direkt auf die Thälmannstraße (hieß
15 immer noch so). Die Straße war glatt asphaltiert, rote Fahrradstreifen zu beiden Seiten.
Frisch renovierte Häuser, wärmegedämmt nach irgendeiner EU-Norm. Neubauten, die
aussahen wie Schwimmhallen: Stadtvillen nannte man das.

Aber man brauchte nur einmal links abzubiegen und ein paar hundert Meter dem
krummen Steinweg zu folgen, dann noch einmal links – hier schien die Zeit stillzuste-
20 hen: eine schmale Straße mit Linden. Kopfsteingepflasterte Bürgersteige, von Wurzeln
verbeult. Morsche Zäune und Feuerwanzen. Tief in den Gärten, hinter hohem Gras, die
toten Fenster von Villen, über deren Rückübertragung in fernen Anwaltskanzleien
gestritten wurde.

Eins der wenigen Häuser hier, die noch bewohnt waren: Am Fuchsbau sieben. Moos
25 auf dem Dach. Risse in der Fassade. Die Holunderbüsche berührten schon die Veranda.
Und der Apfelbaum, den Kurt immer eigenhändig beschnitten hatte, wuchs kreuz und
quer in den Himmel, ein einziges Gewirr.

Das „Essen auf Rädern" stand schon in der ISO-Verpackung auf dem Zaunpfeiler.
Dienstag, fand er auf der Packung bestätigt. Alexander nahm die Packung und ging
30 hinein.

Obwohl er einen Schlüssel hatte, klingelte er. Testen, ob Kurt aufmachte – sinnlos.
Ohnehin wusste er, dass Kurt *nicht* aufmachen würde. Aber dann hörte er das vertraute
Quietschen der Flurtür, und als er durch das Fensterchen schaute, erschien Kurt – wie
ein Geist – im Halbdunkel des Vorraums.

35 – Mach auf, rief Alexander.

Kurt kam näher, glotzte.

– Mach auf!

Aber Kurt rührte sich nicht.

Alexander schloss auf, umarmte seinen Vater, obwohl ihm die Umarmung seit lan-
40 gem unangenehm war. Kurt roch. Es war der Geruch des Alters. Er saß tief in den
Zellen.

Kurt roch auch gewaschen und zähnegeputzt.

– Erkennst du mich, fragte Alexander.

– Ja, sagte Kurt.

45 Sein Mund war mit Pflaumenmus verschmiert, der Morgendienst hatte es wieder
mal eilig gehabt. Seine Strickjacke war schief geknöpft, er trug nur einen Hausschuh.

Alexander machte Kurts Essen warm. Mikrowelle, Sicherung einschalten. Kurt stand
interessiert daneben.

– Hast du Hunger, fragte Alexander.

50 – Ja, sagte Kurt.

– Du hast immer Hunger.

– Ja, sagte Kurt.

Es gab Gulasch mit Rotkohl (seit Kurt sich an einem Stück Rindfleisch einmal fast
tödlich verschluckt hatte, wurde nur noch Kleinteiliges bestellt). Alexander brühte sich
55 einen Kaffee. Dann nahm er Kurts Gulasch aus der Mikrowelle, stellte es auf die Igelit[1]-
Decke.

– Guten Appetit, sagte er.

– Ja, sagte Kurt.

Begann zu essen. Eine Weile war nur Kurts konzentriertes Schniefen zu hören.
60 Alexander nippte an seinem noch viel zu heißen Kaffee. Sah zu, wie Kurt aß.

– Du hast die Gabel falsch herum, sagte er nach einer Weile.

Kurt hielt einen Augenblick inne, schien nachzudenken. Aß dann aber weiter: Ver-
suchte, das Stück Gulasch mit dem Gabelstiel auf die Messerspitze zu schieben.

– Du hast die Gabel falsch herum, wiederholte Alexander.

65 Er sprach ohne Betonung, ohne mahnenden Unterton, um die Wirkung der reinen
Begriffe auf Kurt zu testen. Keine Wirkung. Null. Was ging in diesem Kopf vor? In
diesem immer noch durch einen Schädel von der Welt abgegrenzten Raum, der immer
noch irgendeine Art Ich enthielt. Was fühlte, was dachte Kurt, wenn er im Zimmer
umhertapste? Wenn er vormittags an seinem Schreibtisch saß und, wie die Pflegerin-
70 nen berichteten, stundenlang in die Zeitung starrte. Was dachte er? Dachte er überhaupt? Wie dachte man ohne Worte?

Kurt hatte endlich das Gulaschstück auf die Messerspitze geladen, balancierte es jetzt,
schon zitternd vor Gier, zum Mund. Absturz. Zweiter Versuch.

Eigentlich ein Witz, dachte Alexander, dass Kurts Verfall ausgerechnet mit der Sprache
75 begonnen hatte. Kurt, der Redner. Der große Erzähler. Wie er dagesessen hatte in
seinem berühmten Sessel – Kurts Sessel! Wie alle an seinen Lippen hingen, wenn er
seine Geschichtchen erzählte, der Herr Professor. Seine Anekdoten. Komisch aber auch:
In Kurts Mund verwandelte sich alles in eine Anekdote. Egal, was Kurt erzählte – selbst
wenn er davon erzählte, wie er im Lager beinahe krepiert wäre –, immer hatte es eine
80 Pointe, immer hatte es Witz. Hatte gehabt. Fernste Vergangenheit. Der letzte Satz, den
Kurt zusammenhängend hatte sagen können, war: Ich habe die Sprache verloren. Auch
nicht schlecht. Verglichen mit seinem heutigen Repertoire eine Glanznummer. Doch
das war zwei Jahre her: Ich habe die Sprache verloren. Und die Leute hatten wirklich
gedacht, sieh mal an, er hat die Sprache verloren, aber sonst …

85 Sonst schien er noch einigermaßen beisammen zu sein. Lächelte, nickte. Zog Grimassen, die irgendwie passten. Verstellte sich schlau. Nur hin und wieder unterlief ihm Sonderbares: dass er den Rotwein in seine Kaffeetasse goss. Oder auf einmal ratlos mit einem Korken dastand – und ihn schließlich ins Bücherregal steckte. Miserable Quote: Ein Stückchen Gulasch hatte Kurt bisher geschafft. Jetzt griff er zu: mit den Fingern.
90 Schaute schräg von unten zu Alexander herauf, wie ein Kind, das die Reaktion seiner Eltern prüft. Stopfte das Stück in den Mund. Und noch eins. Und kaute.

Und während er kaute, hielt er seine beschmierten Finger hoch wie zum Schwur.

– Wenn du wüsstest, sagte Alexander.

Kurt reagierte nicht. Hatte endlich eine Methode gefunden: die Lösung des Gulasch-
95 problems. Stopfte, kaute. Die Soße rann in einer schmalen Spur über sein Kinn.

Aus: Eugen Ruge, In Zeiten des abnehmenden Lichts. Roman einer Familie. Reinbek bei Hamburg: Rowohlt 2011, S. 7–11

Anmerkung
1 Igelit: eine Kunststoffart

Text 3

Elisabeth Langgässer (1899–1950), *Die getreue Antigone* (erschienen 1947)

1 Das Grab lag zwischen den Schrebergärten, ein schmaler Weg lief daran vorbei und erweiterte sich an dieser Stelle wie ein versandetes Flussbett, das eine Insel umschließt. Das Holzkreuz fing schon an zu verwittern; seine Buchstaben R.I.P.[1] waren vom Regen verwaschen, der Stahlhelm saß schief darüber und war wie ein Grinsen, mit welchem
5 der Tod noch immer Wache hielt. Gießkanne, Harke und Rechen lagen an seiner Seite, das Mädchen Carola stellte den Spankorb mit den Stiefmütterchenpflanzen, die es ringsherum einsetzen wollte, ab und wandte sich zu seinem Begleiter, der ihr gelangweilt zusah und unter der vorgehaltenen Hand das Streichholz anrätschte, um seine Camel[2] im Mundwinkel anzuzünden.
10 Kein Lüftchen. Der Frühling, an Frische verlierend, ging schon über in die Verheißung des Sommers, der Flieder verblühte, die einzelnen Nägelchen bräunten und begannen, sich aus Purpur und Lila in die Farbe des Fruchtstandes zu verwandeln, der Rotdorn schäumte gewalttätig auf, die Tulpenstängel, lang ausgewachsen, trugen die Form ihrer Urne nur noch diesen Tag und den nächsten – dann war auch das vorbei.
15 Eine hässliche alte Vase und zwei kleine Tonschalen dienten dazu, den Blumenschmuck aufzunehmen – jetzt waren Maiglöckchen an der Reihe, Narzissen, die einen kränklichen Eindruck machten, und Weißdorn, der das Gefühl einer Fülle und Üppigkeit zu erwecken suchte, die zu dem unangenehmen Geruch seiner kleinen, kurzlebigen Blüten in seltsamem Gegensatz stand.
20 „Wenn der Rot- und Weißdorn vorüber ist, kommt eine Zeitlang gar nichts", sagte Carola, bückte sich und leerte das schmutzige Wasser aus beiden Schalen aus, füllte sie wieder mit frischem Wasser und seufzte vor sich hin.

„Rosen", sagte der junge Bursche. „Aber die sind noch nicht da. Du hast recht: Dazwischen kommt gar nichts. Ein paar Ziersträucher höchstens, rosa und gelbe, aber die
25 Zweige müsste man abreißen, wo man sie findet –", er blinzelte zu ihr hin. „Nein", sagte sie rasch.

„Nicht abreißen? Nein? Dann muss der da unten warten, bis wieder Rosen blühen." Er lachte roh und verlegen auf; das Mädchen begann das Grab zu säubern, die herabge- fallenen Blütchen sorgfältig aufzulesen und die Seitenwände des schmalen Hügels mit 30 Harke und Händen gegen den Wegrand genauer abzugrenzen. (So hat sie wohl schon als kleines Mädchen auf dem Puppenherd für ihre Ella und Edeltraut Reisbrei gekocht, Pudding und solches Zeug, schoss es ihm durch den Sinn.) Wieder musste er lachen; sie blickte misstrauisch auf und unterbrach ihr Hantieren; wirklich war es, als ob auf dem Grab, das die Weißdornblüten bedeckten, Zucker verschüttet wäre, oder spielende 35 Kinder hätten vergessen, ihr Puppengeschirr, als die Mutter sie rief, mit in das Haus zu nehmen.

„Gib den Korb mit den Pflanzen her", sagte Carola. „Ich will sie jetzt einsetzen. Auch den Stock, um die Löcher in die Erde zu machen, immer in gleichem Abstand –", sie war vor Eifer ganz rot. „Hol ihn dir selber", sagte der Bursche und drückte an einem mor- 40 schen Pfahl die Zigarette aus. „Ein Blödsinn, was du da treibst."

„Was ich treibe?"

„Na – dieses Getue um das Soldatengrab. Immer bist du hierhergelaufen. September, Oktober: mit Vogelbeeren; November, Dezember: mit Stechpalmen, Tannen, hernach mit Schneeglöckchen, Krokus und Zilla. Und das alles für einen Fremden, von dem du 45 nicht einmal weißt –."

„Was weiß ich nicht?"

„Was er für einer war."

„Jetzt ist er tot."

„Vielleicht ein SS-Kerl."

50 „Vielleicht."

„Ja, schämst du dich eigentlich nicht?" brauste der Bursche auf. „Deinen ältesten Bruder haben die Schufte in Mauthausen3 umgebracht. Wahrscheinlich hat man ihn –." „Sei doch still!" Sie hielt sich mit verzweifeltem Ausdruck die Hände an die Ohren; er packte sie an den Handgelenken und riss sie ihr herunter, sie wehrte sich, keuchte, ihre 55 Gesichter waren einander ganz nahe, plötzlich ließ er sie los.

„Tu, was du willst. Es ist mir egal. Aber ich bin es satt. Adjö4 –."

„Du gehst nicht!"

„Warum nicht? Du hast ja Gesellschaft. Ich suche mir andere."

„Die kenne ich", sagte das Mädchen erbittert. „Die von dem Schwarzen Markt."

60 „Und wenn schon? Der Schwarze Markt ist nicht schlimmer als deine Geisterparade. Gespenster wie dieser da ... Würmer und Maden." Er deutete mit dem Kopf nach dem Grab, das nun, vielleicht weil Harke und Rechen, während sie beide rangen quer darüber gefallen waren, einen verstörten Eindruck machte und ein Bild der Verlassenheit bot.

„Komm", sagte der Bursche besänftigt. „Ich habe Schokolade."

65 „Die kannst du behalten."

„Und Strümpfe." Schweigen. „Und eine Flasche Likör."

„Warum lügst du?" fragte das Mädchen kalt.

„Nun, wenn du weißt, dass ich lüge", sagte der Bursche gelassen, „kann ich ja auf- hören. Oder meinst du, das Lügen macht mir Spaß?"

70 „Dann lügst du also aus Traurigkeit", sagte Carola kurz.

Sie schwiegen, die Nachmittagssonne brannte, in der Luft war ein Flimmern wie sonst nur im Sommer, ein flüchtiges Blitzen, der leise Schrei und das geängstigte Seuf-

zen der mütterlichen Natur. Ein Stück niedergebrochenen Gartenzauns lag am Wegrand, sie setzten sich beide wie auf Verabredung nieder, der junge Mann zog Carola an
75 sich und legte wie ein verlaufener Hund den Kopf in ihren Schoß.

Sie saß sehr gerade und starrte mit aufgerissenen Augen nach dem Soldatengrab…

„Glaubst du wirklich, dass Clemens so qualvoll –?" fragte Carola leise. „In dem Steinbruch oder…"

„Ich weiß es nicht. Lass doch. Quäle dich nicht", murmelte er wie im Schlaf. „Für
80 Clemens ist es vorbei."

„Ja", sagte sie mechanisch, „für Clemens ist es vorbei." Sie nickte ein paarmal mit
dem Kopf und fing dann von neuem an. „Aber man möchte doch wissen."

„Was – wissen?"

„Ob er jetzt Frieden hat", sagte sie, halb erstickt.

85 „Da kannst du ganz ruhig sein. Du weißt doch, wofür er gestorben ist."

„Ich weiß es. Aber siehst du, als Kind konnte ich schon nicht schlafen, wenn mein
Spielzeug im Hof geblieben war; das Holzpferd oder der Puppenjunge. Wenn es Regen
gibt! Wenn er allein ist und hat Angst vor der Dunkelheit, dachte ich. Verstehst du mich
denn nicht?" Er gab keine Antwort, Carola schien sie auch nicht zu erwarten, sondern
90 richtete ihre Fragen an einen ganz anderen.

„Ist das Sterben schwer? Du kannst es mir sagen. Der Augenblick, wo sich die Seele
losreißt von allem, was sie hat?"

Nun bewegte sich doch noch ein leiser Wind und hob die äußersten Enden der Weiß-
dornzweige empor; die schräge fallenden Sonnenstrahlen wanderten über den Stahlhelm
95 und entzündeten auf der erblindeten Fläche einen winzigen Funken von Licht.

„Liegst du gut?"

Der junge Mann warf den Kopf wie im Traum auf ihrem Schoß hin und her; sein
verfinstertes junges Gesicht mit den Linien der unbarmherzigen Jahre entspannte sich
unter den streichelnden Händen, die seine widerspenstigen Strähnen langsam und zart
100 zu glätten versuchten und über die Stirn zu den Schläfen und von da aus über die Wan-
gen gingen… die Lippen, die ihre kühlen Finger mit einem leise saugenden Kuss fest-
zuhalten versuchten… bis die Finger endlich, selber beruhigt, in der Halsgrube liegen-
blieben, wo mit gleichmäßig starken Schlägen die lebendige Schlagader pochte.

„Ich liege gut", gab der junge Mann mit entfernter Stimme zurück. „Ich möchte
105 immer so liegen. Immer…" Er seufzte und flüsterte etwas, das Carola, weil er dabei den
Mund auf ihre Hände presste, nicht verstand; doch sie fragte auch nicht darnach.

Nach einer Weile sagte das Mädchen: „Ich muss jetzt weiter machen. Die Mutter
kommt bald nach Haus. Übrigens, dass ich es nicht vergesse: der Kuratus[5] hat gestern
nach dir gefragt. Es ist jetzt großer Mangel an älteren Ministranten[6], besonders bei
110 Hochämtern, weißt du, an hohen Festen, und so. Ob du nicht –?"

„Nein. Ich will nicht." Der Bursche verzog seinen Mund.

„… die Kleinen können den Text nicht behalten, sie lernen schlecht und sind
unzuverlässig", fuhr sie unbeirrt und beharrlich fort. „Bei dem Requiem[7] neulich –." Sie
stockte. Dicht vor beiden flog ein Zitronenfalter mit probenden Flügelschlägen vorbei und
115 ließ sich vertrauensvoll und erschöpft auf dem Korb mit den Pflänzchen nieder.

„Meinetwegen", sagte der Bursche. „Nein: deinetwegen", verbesserte er. „Damit du
Ruhe hast", fügte er noch hinzu.

„Damit er… Ruhe hat", sagte sie und griff nach dem Pflanzenkorb.

Aus: Elisabeth Langgässer, Saisonbeginn. Erzählungen. Stuttgart: Philipp Reclam jun. Verlag 1981, S. 36–41 (Erstausgabe: Claassen & Goverts 1947)

Anmerkungen

1 R.I.P.: Abkürzung für lat. *Requiescat in pace.*, „Er/Sie ruhe in Frieden."

2 Camel: eine Zigarettenmarke

3 Mauthausen: Standort eines nationalsozialistischen Konzentrationslagers in Österreich, südöstlich von Linz; viele der Häftlinge wurden im zum Lager gehörenden Steinbruch zu Tode geschunden.

4 Adjö: gemeint ist „Adieu."

5 Kuratus: Pfarrverweser, Titel eines katholischen Seelsorgers, von lat. *cura* „Sorge"

6 Ministrant: Messdiener

7 Requiem: „Totenmesse", benannt nach dem Anfangswort des lat. Gebetes *Requiem aeternam dona eis, Domine.*: „Herr, gib ihnen die ewige Ruhe."

Text 4

Franz Kafka (1883–1924), *Der Aufbruch* (1922)

1 Ich befahl mein Pferd aus dem Stall zu holen. Der Diener verstand mich nicht. Ich ging selbst in den Stall, sattelte mein Pferd und bestieg es. In der Ferne hörte ich eine Trompete blasen, ich fragte ihn, was das bedeute. Er wusste nichts und hatte nichts gehört. Beim Tore hielt er mich auf und fragte: „Wohin reitest du, Herr?" „Ich weiß es
5 nicht", sagte ich, „nur weg von hier, nur weg von hier. Immerfort weg von hier, nur so kann ich mein Ziel erreichen." „Du kennst also dein Ziel?" fragte er. „Ja", antwortete ich, „ich sagte es doch: ‚Weg-von-hier', das ist mein Ziel." „Du hast keinen Essvorrat mit", sagte er. „Ich brauche keinen", sagte ich, „die Reise ist so lang, dass ich verhungern muss, wenn ich auf dem Weg nichts bekomme. Kein Essvorrat kann mich retten. Es ist
10 ja zum Glück eine wahrhaft ungeheuere Reise."

Aus: Franz Kafka, Sämtliche Erzählungen. Hrsg. v. Paul Raabe. Frankfurt a. M.: Fischer Taschenbuch Verlag 1973, S. 321

Text 5

Friedrich Hebbel (1813–1863), *Maria Magdalena. Ein bürgerliches Trauerspiel in drei Akten* (1844). 1. Akt, 7. Szene

Friedrich Hebbels bürgerliches Trauerspiel entstand 1843 und wurde im folgenden Jahr veröffentlicht. Die Uraufführung fand 1846 in Königsberg statt.

Die Szene spielt im Hause des Tischlermeisters Anton. Dessen Familie besteht aus seiner eben von schwerer Krankheit genesenen Frau Therese und den Kindern Klara und Karl. Der Kassierer Leonhard hat Klara nach einem Tanzabend dazu gebracht, sich ihm hinzugeben, und sie geschwängert. Er will damit einen Rivalen ausschalten, dem Klaras eigentliche Liebe gehört, um so das Mädchen endgültig an sich zu binden. Die Eltern wissen von Klaras Fehltritt nichts.

In der vorausgehenden Szene hält Leonhard mit Erfolg bei Meister Anton um die Hand der Tochter an, muss allerdings erfahren, dass keine Mitgift zu erwarten ist.

Zwei Gerichtsdiener betreten den Raum, um eine Hausdurchsuchung durchzuführen, denn Karl wird verdächtigt, einen Juwelendiebstahl begangen zu haben. Zu Unrecht, wie sich später herausstellen wird.
Bis zum 18. Jahrhundert galt der Beruf des Gerichtsdieners in vielen Gegenden Deutschlands als unehrlich. Die Bürger stellten diese Leute auf eine Stufe mit Henkern und Abdeckern (Beseitiger von Tierkadavern) und mieden den Umgang mit ihnen. Meister Anton hat den Gerichtsdiener Adam einmal in einem Wirtshaus öffentlich gedemütigt, als dieser sein Glas mit ihm anstoßen wollte. (Vgl. 2. Akt, 3. Szene)

1 GERICHTSDIENER ADAM und noch EIN GERICHTSDIENER *(treten ein).*
ADAM *(zu Meister Anton).* Nun geh Er nur hin und bezahl Er Seine Wette! L e u t e i m
 r o t e n   R o c k   m i t   b l a u e n   A u f s c h l ä g e n *(dies betont er stark)* sollten Ihm nie
 ins Haus kommen? Hier sind wir unsrer zwei! *(Zum zweiten Gerichtsdiener.)* Warum
5 behält Er Seinen Hut nicht auf wie ich? Wer wird Umstände machen, wenn er bei
 seinesgleichen ist?
MEISTER ANTON. Bei deinesgleichen, Schuft?
ADAM. Er hat recht, wir sind nicht bei unsersgleichen, Schelme und Diebe sind nicht
 unsersgleichen! *(Er zeigt auf die Kommode.)* Aufgeschlossen! Und dann drei Schritt
10 davon! Dass Er nichts herauspraktiziert!
MEISTER ANTON. Was? Was?
KLARA *(tritt mit Tischzeug ein).* Soll ich – *(Sie verstummt.)*
ADAM *(zeigt ein Papier).* Kann Er geschriebene Schrift lesen?
MEISTER ANTON. Soll ich können, was nicht einmal mein Schulmeister konnte?
15 ADAM. So hör Er! Sein Sohn hat Juwelen gestohlen. Den Dieb haben wir schon. Nun
 wollen wir Haussuchung halten!
MUTTER. Jesus! *(Fällt um und stirbt.)*
KLARA. Mutter! Mutter! Was sie für Augen macht!
LEONHARD. Ich will einen Arzt holen!
20 MEISTER ANTON. Nicht nötig! Das ist das letzte Gesicht! Sah's hundertmal. Gute Nacht,
 Therese! Du starbst, als du 's hörtest! Das soll man dir aufs Grab setzen!
LEONHARD. Es ist doch vielleicht – *(Abgehend.)* Schrecklich! Aber gut für mich!
 (Ab.)
MEISTER ANTON *(zieht ein Schlüsselbund hervor und wirft es von sich).* Da! Schließt auf!
25 Kasten nach Kasten! Ein Beil her! Der Schlüssel zum Koffer ist verloren! Hei,
 Schelmen und Diebe! *(Er kehrt sich die Taschen um.)* Hier find ich nichts!
ZWEITER GERICHTSDIENER. Meister Anton, fass Er sich! Jeder weiß, dass Er der ehr-
 lichste Mann in der Stadt ist.
MEISTER ANTON. So? So? *(Lacht.)* Ja, ich hab die Ehrlichkeit in der Familie allein ver-
30 braucht! Der arme Junge! Es blieb nichts für ihn übrig! Die da – *(er zeigt auf die Tote)*
 war auch viel zu sittsam! Wer weiß, ob die Tochter nicht – *(Plötzlich zu Klara.)* Was
 meinst du, mein unschuldiges Kind?
KLARA. Vater!
ZWEITER GERICHTSDIENER *(zu Adam).* Fühlt Er kein Mitleid?
35 ADAM. Kein Mitleid? Wühl ich dem alten Kerl in den Taschen? Zwing ich ihn, die
 Strümpfe auszuziehen und die Stiefel umzukehren? Damit wollt' ich anfangen, denn
 ich hasse ihn, wie ich nur hassen kann, seit er im Wirtshaus sein Glas – Er kennt die

Geschichte, und Er müsste sich auch beleidigt fühlen, wenn Er Ehre im Leibe hätte. *(Zu Klara.)* Wo ist die Kammer des Bruders?

40 KLARA *(zeigt sie).* Hinten!

BEIDE GERICHTSDIENER *(ab).*

KLARA. Vater, er ist unschuldig! Er muss unschuldig sein! Er ist ja dein Sohn, er ist ja mein Bruder!

MEISTER ANTON. Unschuldig, und ein Muttermörder? *(Lacht.)*

45 EINE MAGD *(tritt ein mit einem Brief, zu Klara).* Von Herrn Kassierer Leonhard! *(Ab.)*

MEISTER ANTON. Du brauchst ihn nicht zu lesen! Er sagt sich von dir los! *(Schlägt in die Hände.)* Bravo, Lump!

KLARA *(hat gelesen).* Ja! Ja! O mein Gott!

MEISTER ANTON. Lass ihn!

50 KLARA. Vater, Vater, ich kann nicht!

MEISTER ANTON. Kannst nicht? Kannst nicht? Was ist das? Bist du –

BEIDE GERICHTSDIENER *(kommen zurück).*

ADAM *(hämisch).* Suchet, so werdet ihr finden!

ZWEITER GERICHTSDIENER *(zu Adam).* Was fällt Ihm ein? Traf's denn heute zu?

55 ADAM. Halt Er's Maul! *(Beide ab.)*

MEISTER ANTON. Er ist unschuldig, und du – du –

KLARA. Vater, Er ist schrecklich!

MEISTER ANTON *(fasst sie bei der Hand, sehr sanft).* Liebe Tochter, der Karl ist doch nur ein Stümper, er hat die Mutter umgebracht, was will's heißen? Der Vater blieb am

60 Leben! Komm ihm zu Hilfe, du kannst nicht verlangen, dass er alles allein tun soll, gib du mir den Rest, der alte Stamm sieht noch so knorrig aus, nicht wahr, aber er wackelt schon, es wird dir nicht zu viel Mühe kosten, ihn zu fällen! Du brauchst nicht nach der Axt zu greifen, du hast ein hübsches Gesicht, ich hab dich noch nie gelobt, aber heute will ich's dir sagen, damit du Mut und Vertrauen bekommst,

65 Augen, Nase und Mund finden gewiss Beifall, werde – du verstehst mich wohl, oder sag mir, es kommt mir so vor, dass du's schon bist!

KLARA *(fast wahnsinnig, stürzt der Toten mit aufgehobenen Armen zu Füßen und ruft wie ein Kind).* Mutter! Mutter!

MEISTER ANTON. Fass die Hand der Toten und schwöre mir, dass du bist, was du sein

70 sollst!

KLARA. Ich – schwöre – dir – dass – ich – dir – nie – Schande – machen – will!

MEISTER ANTON. Gut. *(Er setzt seinen Hut auf.)* Es ist schönes Wetter! Wir wollen Spießruten laufen[1], straßauf, straßab! *(Ab.)*

Aus: Friedrich Hebbel, Maria Magdalena. Ein bürgerliches Trauerspiel in drei Akten. Stuttgart: Philipp Reclam jun. Verlag 1988, S. 58–61

Anmerkung

1 Spießrutenlaufen: Ausdruck aus dem militär. Bereich für eine bestimmte Bestrafung, bei der Soldaten eine Gasse bilden, die der zu Bestrafende mit nacktem Oberkörper abschreiten muss; dabei teilen die Soldaten Rutenhiebe auf seinen Rücken aus; hier übertragene Bedeutung: sich den missbilligenden Blicken und Worten der anderen aussetzen

Johann Wolfgang von Goethe (1749–1832), *Iphigenie auf Tauris* (1887). 4. Aufzug, 2. und 3. Auftritt

Iphigenie dient auf Tauris der Göttin Diana als Priesterin. Im ungeliebten Exil fühlt sie sich einsam und sehnt sich in ihre griechische Heimat zurück.
Schon lange wirbt Thoas, der König von Tauris, um Iphigenies Hand. Er wird aber von der Priesterin, die insgeheim auf eine Rückkehr hofft, hingehalten. Auf ihren Wunsch hin hat er die in seinem Land üblichen Menschenopfer abgeschafft. In seiner Enttäuschung über Iphigenies ablehnende Haltung befiehlt er jedoch, die alte Opferpraxis wieder einzuführen. Sie soll an zwei Fremden vollzogen werden, die man am Meeresufer aufgegriffen hat. Es handelt sich um Iphigenies Bruder Orest und dessen Freund Pylades. Mit ihnen ergibt sich die Möglichkeit zur Flucht. Iphigenie soll unter dem Vorwand einer rituellen Reinigung das Götterbild der Diana zum Strand bringen. Bereits vor dem Zusammentreffen mit Arkas, dem Boten des Königs, bedrückt Iphigenie das Unternehmen, das mit Täuschung und Arglist verbunden ist.
Die gesamte Handlung spielt im Hain vor Dianas Tempel.

1 ARKAS. Beschleunige das Opfer, Priesterin!
    Der König wartet, und es harrt das Volk.
IPHIGENIE. Ich folgte meiner Pflicht und deinem Wink,
    Wenn unvermutet nicht ein Hindernis
5   Sich zwischen mich und die Erfüllung stellte.
ARKAS. Was ist's, das den Befehl des Königs hindert?
IPHIGENIE. Der Zufall, dessen wir nicht Meister sind.
ARKAS. So sage mir's, dass ich's ihm schnell vermelde:
    Denn er beschloss bei sich der beiden Tod.
10 IPHIGENIE. Die Götter haben ihn noch nicht beschlossen.
    Der älteste dieser Männer trägt die Schuld
    Des nahverwandten Bluts, das er vergoss.
    Die Furien[1] verfolgen seinen Pfad,
    Ja, in dem innern Tempel fasste selbst
15   Das Übel ihn, und seine Gegenwart
    Entheiligte die reine Stätte. Nun
    Eil ich mit meinen Jungfraun, an dem Meere
    Der Göttin Bild mit frischer Welle netzend,
    Geheimnisvolle Weihe zu begehn.
20   Es störe niemand unsern stillen Zug!
ARKAS. Ich melde dieses neue Hindernis
    Dem Könige geschwind; beginne du
    Das heilge Werk nicht eh, bis er's erlaubt.
IPHIGENIE. Dies ist allein der Priestrin überlassen.
25 ARKAS. Solch seltnen Fall soll auch der König wissen.
IPHIGENIE. Sein Rat wie sein Befehl verändert nichts.
ARKAS. Oft wird der Mächtige zum Schein gefragt.
IPHIGENIE. Erdringe nicht, was ich versagen sollte.
ARKAS. Versage nicht, was gut und nützlich ist.

30 IPHIGENIE. Ich gebe nach, wenn du nicht säumen willst.
    ARKAS. Schnell bin ich mit der Nachricht in dem Lager,
        Und schnell mit seinen Worten hier zurück.
        O könnt ich ihm noch eine Botschaft bringen,
        Die alles löste, was uns jetzt verwirrt:
35   Denn du hast nicht des Treuen Rat geachtet.
    IPHIGENIE. Was ich vermochte, hab ich gern getan.
    ARKAS. Noch änderst du den Sinn zur rechten Zeit.
    IPHIGENIE. Das steht nun einmal nicht in unsrer Macht.
    ARKAS. Du hältst unmöglich, was dir Mühe kostet.
40 IPHIGENIE. Dir scheint es möglich, weil der Wunsch dich trügt.
    ARKAS. Willst du denn alles so gelassen wagen?
    IPHIGENIE. Ich hab es in der Götter Hand gelegt.
    ARKAS. Sie pflegen Menschen menschlich zu erretten.
    IPHIGENIE. Auf ihren Fingerzeig kommt alles an.
45 ARKAS. Ich sage dir, es liegt in deiner Hand.
        Des Königs aufgebrachter Sinn allein
        Bereitet diesen Fremden bittern Tod.
        Das Heer entwöhnte längst vom harten Opfer
        Und von dem blutgen Dienste sein Gemüt.
50   Ja, mancher, den ein widriges Geschick
        An fremdes Ufer trug, empfand es selbst,
        Wie göttergleich dem armen Irrenden,
        Umhergetriebnen an der fremden Grenze
        Ein freundlich Menschenangesicht begegnet.
55   O wende nicht von uns, was du vermagst!
        Du endest leicht, was du begonnen hast:
        Denn nirgends baut die Milde, die herab
        In menschlicher Gestalt vom Himmel kommt,
        Ein Reich sich schneller, als wo trüb und wild
60   Ein neues Volk, voll Leben, Mut und Kraft,
        Sich selbst und banger Ahnung überlassen,
        Des Menschenlebens schwere Bürden trägt.
    IPHIGENIE. Erschüttre meine Seele nicht, die du
        Nach deinem Willen nicht bewegen kannst.
65 ARKAS. Solang es Zeit ist, schont man weder Mühe
        Noch eines guten Wortes Wiederholung.
    IPHIGENIE. Du machst dir Müh und mir erregst du Schmerzen,
        Vergebens beides: darum lass mich nun.
    ARKAS. Die Schmerzen sind's, die ich zu Hilfe rufe:
70   Denn es sind Freunde, Gutes raten sie.
    IPHIGENIE. Sie fassen meine Seele mit Gewalt,
        Doch tilgen sie den Widerwillen nicht.
    ARKAS. Fühlt eine schöne Seele Widerwillen
        Für eine Wohltat, die der Edle reicht?

75 IPHIGENIE. Ja, wenn der Edle, was sich nicht geziemt,
   Statt meines Dankes mich erwerben will.
   ARKAS. Wer keine Neigung fühlt, dem mangelt es
   An einem Worte der Entschuldgung nie.
   Dem Fürsten sag ich an, was hier geschehn.
80 O wiederholtest du in deiner Seele,
   Wie edel er sich gegen dich betrug
   Von deiner Ankunft an bis diesen Tag!

Dritter Auftritt
IPHIGENIE *(allein)*. Von dieses Mannes Rede fühl ich mir
   Zur ungelegnen Zeit das Herz im Busen
85 Auf einmal umgewendet. Ich erschrecke! –
   Denn wie die Flut mit schnellen Strömen wachsend
   Die Felsen überspült, die in dem Sand
   Am Ufer liegen: so bedeckte ganz
   Ein Freudenstrom mein Innerstes. Ich hielt
90 In meinen Armen das Unmögliche.
   Es schien sich eine Wolke wieder sanft
   Um mich zu legen, von der Erde mich
   Empor zu heben und in jenen Schlummer
   Mich einzuwiegen, den die gute Göttin
95 Um meine Schläfe legte, da ihr Arm
   Mich rettend fasste. – Meinen Bruder
   Ergriff das Herz mit einziger Gewalt:
   Ich horchte nur auf seines Freundes Rat;
   Nur sie zu retten, drang die Seele vorwärts.
100 Und wie den Klippen einer wüsten Insel
   Der Schiffer gern den Rücken wendet: so
   Lag Tauris hinter mir. Nun hat die Stimme
   Des treuen Manns mich wieder aufgeweckt,
   Dass ich auch Menschen hier verlasse, mich
105 Erinnert. Doppelt wird mir der Betrug
   Verhasst. O bleibe ruhig, meine Seele!
   Beginnst du nun zu schwanken und zu zweifeln?
   Den festen Boden deiner Einsamkeit
   Musst du verlassen! Wieder eingeschifft,
110 Ergreifen dich die Wellen schaukelnd, trüb
   Und bang verkennest du die Welt und dich.

*Aus: Johann Wolfgang von Goethe, Sämtliche Werke in 18 Bänden. Bd. 6:
Die Weimarer Dramen. Zürich: Artemis Verlag, München:
Deutscher Taschenbuch Verlag 1977, S. 189–192*

Anmerkung
1 Furien: Rachegöttinnen aus der griechischen Mythologie

Text 7

Bertolt Brecht (1898–1956), *Mutter Courage und ihre Kinder. Eine Chronik aus dem Dreißigjährigen Krieg* (Uraufführung 1941, Schauspielhaus Zürich)

Anna Fierling, Mutter von drei Kindern, folgt während des Dreißigjährigen Krieges mit ihrem Planwagen den Soldaten. Die „Mutter Courage", wie die Marketenderin[1] genannt wird, versucht als ruhelose und skrupellose Geschäftsfrau für ihre Kinder zu sorgen, doch wird ihre Habgier den Tod ihrer Kinder mit verschulden. Die Handlung des Stücks erfasst in zwölf locker zusammenmontierten und relativ autonomen Szenen Episoden aus zwölf Kriegsjahren (Frühjahr 1624 bis Januar 1636). Es findet ein fortwährender Ortswechsel statt. Den einzelnen Szenen sind kurze epische Einleitungen vorgesetzt, die übersprungene Zeiträume überbrücken sollen. Der folgende Text ist Teil der 6. Szene.

1 Vor der Stadt Ingolstadt in Bayern wohnt die Courage dem Begräbnis des gefallenen kaiserlichen Feldhauptmanns Tilly bei. Es finden Gespräche über Kriegshelden und die Dauer des Krieges statt. Der Feldprediger beklagt, dass seine Talente brachliegen, und die stumme Kattrin bekommt die roten Schuhe. Man schreibt das Jahr 1632.

5 *Im Innern eines Marketenderzeltes, mit einem Ausschank nach hinten zu. Regen. In der Ferne Trommeln und Trauermusik. Der Feldprediger und der Regimentsschreiber spielen ein Brettspiel. Mutter Courage und ihre Tochter machen Inventur.*

DER FELDPREDIGER Jetzt setzt sich der Trauerzug in Bewegung.

MUTTER COURAGE Schad um den Feldhauptmann – zweiundzwanzig Paar von die
10 Socken –, dass er gefalln ist, heißt es, war ein Unglücksfall. Es war Nebel auf der Wiesen, der war schuld. Der Feldhauptmann hat noch einem Regiment zugerufen, sie solln todesmutig kämpfen, und ist zurückgeritten, in dem Nebel hat er sich aber in der Richtung geirrt, so dass er nach vorn war und er mitten in der Schlacht eine Kugel erwischt hat – nur noch vier Windlichter zurück. *Von hinten ein Pfiff. Sie geht*
15 *zum Ausschank.* Eine Schand, dass ihr euch vom Begräbnis von eurem toten Feldhauptmann drückt! *Sie schenkt aus.*

DER SCHREIBER Man hätts Geld nicht vorm Begräbnis auszahln solln. Jetzt besaufen sie sich, anstatt dass sie zum Begräbnis gehen.

DER FELDPREDIGER *zum Schreiber:* Müssen Sie nicht zum Begräbnis?
20 DER SCHREIBER Ich hab mich gedrückt, wegn Regen.

MUTTER COURAGE Bei Ihnen ists was andres, Ihnen möchts die Uniform verregnen. Es heißt, sie haben ihm natürlich die Glocken läuten wollen zum Begräbnis, aber es hat sich herausgestellt, dass die Kirchen weggeschossen waren auf seinen Befehl, so dass der arme Feldhauptmann keine Glocken hören wird, wenn sie ihn hinabsenken.
25 Anstatt dem wolln sie drei Kanonenschüsse abfeuern, dass es nicht gar zu nüchtern wird – siebzehn Leibriemen.

RUFE VOM AUSSCHANK Wirtschaft! Ein Branntwein!

MUTTER COURAGE Ersts Geld! Nein, herein kommt ihr mir nicht mit eure Dreckstiefeln in mein Zelt! Ihr könnt draußen trinken, Regen hin, Regen her. *Zum Schreiber:* Ich
30 lass nur die Chargen[2] herein. Der Feldhauptmann hat die letzte Zeit Sorgen gehabt, hör ich. Im Zweiten Regiment solls Unruhen gegeben haben, weil er keinen Sold ausgezahlt, sondern gesagt hat, es is ein Glaubenskrieg, sie müssens ihm umsonst tun.

Trauermarsch. Alle sehen nach hinten.

DER FELDPREDIGER Jetzt defilierens[3] vor der hohen Leich.

35 MUTTER COURAGE Mir tut so ein Feldhauptmann oder Kaiser leid, er hat sich vielleicht
gedacht, er tut was übriges und was, wovon die Leut reden, noch in künftigen Zeiten,
und kriegt ein Standbild, zum Beispiel er erobert die Welt, das is ein großes Ziel für
einen Feldhauptmann, er weiß es nicht besser. Kurz, er rackert sich ab, und dann
scheiterts am gemeinen Volk, was vielleicht ein Krug Bier will und ein bissel Ge-
40 sellschaft, nix Höheres. Die schönsten Plän sind schon zuschanden geworden durch
die Kleinlichkeit von denen, wo sie ausführen sollten, denn die Kaiser selber können
ja nix machen, sie sind angewiesen auf die Unterstützung von ihre Soldaten und dem
Volk, wo sie grad sind, hab ich recht?
DER FELDPREDIGER *lacht*: Courage, ich geb Ihnen recht, bis auf die Soldaten. Die tun,
45 was sie können. Mit denen da draußen zum Beispiel, die ihren Branntwein im Regen
saufen, getrau ich mich hundert Jahr einen Krieg nach dem andern zu machen und
zwei auf einmal, wenns sein muss, und ich bin kein gelernter Feldhauptmann.
MUTTER COURAGE Dann meinen Sie nicht, dass der Krieg ausgehn könnt?
DER FELDPREDIGER Weil der Feldhauptmann hin ist? Sein Sie nicht kindisch.
50 Solche finden sich ein Dutzend, Helden gibts immer.
MUTTER COURAGE Sie, ich frag Sie das nicht nur aus Hetz[4], sondern weil ich mir
überleg, ob ich Vorrät einkaufen soll, was grad billig zu haben sind, aber wenn der
Krieg ausgeht, kann ich sie dann wegschmeißen.
DER FELDPREDIGER Ich versteh, dass Sies ernst meinen. Es hat immer welche gegeben,
55 die gehn herum und sagen: „Einmal hört der Krieg auf." Ich sag: dass der Krieg einmal aufhört, ist nicht gesagt. Es kann natürlich zu einer kleinen Paus kommen. Der
Krieg kann sich verschnaufen müssen, ja er kann sogar sozusagen verunglücken.
Davor ist er nicht gesichert, es gibt ja nix Vollkommenes allhier auf Erden. Einen
vollkommenen Krieg, wo man sagen könnt: an dem is nix mehr auszusetzen, wirds
60 vielleicht nie geben. Plötzlich kann er ins Stocken kommen, an was Unvorhergesehe-
nem, an alles kann kein Mensch denken. Vielleicht ein Übersehn, und das Schlamassel[5] ist da. Und dann kann man den Krieg wieder aus dem Dreck ziehn! Aber die
Kaiser und Könige und der Papst wird ihm zu Hilf kommen in seiner Not. So hat er
im ganzen nix Ernstliches zu fürchten, und ein langes Leben liegt vor ihm.
65 EIN SOLDAT *singt vor der Schenke*:

Ein Schnaps, Wirt, schnell, sei g'scheit!
Ein Reiter hat kein Zeit.
Muss für sein Kaiser streiten.

Einen doppelten, heut ist Festtag!
70 MUTTER COURAGE Wenn ich Ihnen traun könnt …
DER FELDPREDIGER Denken Sie selber! Was sollt gegen den Krieg sein?
DER SOLDAT *singt hinten*:

Dein Brust, Weib, schnell, sei g'scheit!
Ein Reiter hat kein Zeit.
75 Er muss gen Mähren reiten.

DER SCHREIBER *plötzlich*: Und der Frieden, was wird aus ihm? Ich bin aus Böhmen und
möcht gelegentlich heim.
DER FELDPREDIGER So, möchten Sie? Ja, der Frieden! Was wird aus dem Loch, wenn der
Käs gefressen ist?

80 DER SOLDAT *singt hinten:*

> Trumpf aus, Kamrad, sei g'scheit!
> Ein Reiter hat kein Zeit.
> Muss kommen, solang sie werben.

> Dein Spruch, Pfaff, schnell, sei g'scheit!
85 > Ein Reiter hat kein Zeit.
> Er muss fürn Kaiser sterben.

DER SCHREIBER. Auf die Dauer kann man nicht ohne Frieden leben.

DER FELDPREDIGER. Ich möcht sagen, den Frieden gibts im Krieg auch, er hat seine fried-lichen Stelln. Der Krieg befriedigt nämlich alle Bedürfniss, auch die friedlichen
90 darunter, dafür ist gesorgt, sonst möcht er sich nicht halten können. Im Krieg kannst du auch kacken wie im tiefsten Frieden, und zwischen dem einen Gefecht und dem andern gibts ein Bier, und sogar auf dem Vormarsch kannst du ein'n Nicker machen, aufn Ellbogen, das ist immer möglich, im Straßengraben. Beim Stürmen kannst du nicht Karten spielen, das kannst du beim Ackerpflügen im tiefsten Frieden auch nicht,
95 aber nach dem Sieg gibts Möglichkeiten. Dir mag ein Bein abgeschossen werden, da erhebst du zuerst ein großes Geschrei, als wärs was, aber dann beruhigst du dich oder kriegst Schnaps, und am End hüpfst du wieder herum, und der Krieg ist nicht schlechter dran als vorher. Und was hindert dich, dass du dich vermehrst inmitten all dem Gemetzel, hinter einer Scheun oder woanders, davon bist du nie auf die Dauer
100 abzuhalten, und dann hat der Krieg deine Sprösslinge und kann mit ihnen weiter-kommen. Nein, der Krieg findet immer einen Ausweg, was nicht gar. Warum soll er aufhörn müssen?

Aus: Bertolt Brecht, Mutter Courage und ihre Kinder. Frankfurt a. M.: Suhrkamp Verlag 1964, S. 63–67

Anmerkungen
1 Marketenderin: Händlerin, die die Soldatentruppe im Krieg begleitet
2 Chargen: höhere militärische Dienstgrade
3 defilieren: parademäßig vorbeiziehen
4 Hetz: Geschwätzigkeit
5 Schlamassel: Unglück

Text 8

Friedrich Dürrenmatt (1921–1990), *Der Besuch der alten Dame* (1956). 1. Akt, Auszug

In Friedrich Dürrenmatts Komödie „Der Besuch der alten Dame" warten Bürger und Bür-germeister der verarmten Stadt Güllen auf das Eintreffen der Milliardärin Claire Zacha-nassian, geb. Klara Wäscher, die in ihrer Jugend in Güllen gewohnt hat. Sie soll dem Ort finanziell helfen. Die Regieanweisung gibt folgende Information:

1 *Von rechts kommt Claire Zachanassian, zweiundsechzig, rothaarig, Perlenhalsband, riesige goldene Armringe, aufgedonnert, unmöglich, aber gerade darum wieder eine Dame von Welt, mit einer seltsamen Grazie, trotz allem Grotesken. Hinter ihr das Gefolge, der Butler Boby, etwa achtzig, mit schwarzer Brille, ihr Gatte VII (groß, schlank, schwarzer Schnurr-*
5 *bart) mit kompletter Angel-Ausrüstung.*

Aus: Friedrich Dürrenmatt, Der Besuch der alten Dame. Copyright © 1986 Diogenes Verlag AG Zürich, S. 21 f.

Text 9

Friedrich Dürrenmatt, *Der Besuch der alten Dame* (1956). 1. Akt, Auszüge

Der Bürgermeister der verarmten Stadt Güllen sammelt Material, um die Milliardärin Claire Zachanassian, geb. Klara (Kläri) Wäscher, in einer Willkommensrede zu hofieren:

1 DER BÜRGERMEISTER Für meine kleine Rede beim Essen im ‚Goldenen Apostel' sollte
ich einige Details über Frau Zachanassian besitzen. *Er zieht ein Notizbüchlein aus der Tasche.*

DER LEHRER Ich forschte die alten Schulrodel[1] durch. Die Noten der Klara Wäscher sind
5 leider, leider herzlich schlecht. Auch das Betragen. Nur in der Pflanzen- und Tierkunde genügend.

DER BÜRGERMEISTER *notierend* Gut. Genügend in der Pflanzen- und Tierkunde. Das ist
gut.

ILL Da kann ich dem Bürgermeister dienen. Klara liebte die Gerechtigkeit. Ausgespro-
10 chen. Einmal wurde ein Vagabund abgeführt. Sie bewarf den Polizisten mit Steinen.

DER BÜRGERMEISTER Gerechtigkeitsliebe. Nicht schlecht. Wirkt immer. Aber die Geschichte mit dem Polizisten unterschlagen wir besser.

ILL Wohltätig war sie auch. Was sie besaß, verteilte sie, stahl Kartoffeln für eine arme
Witwe.

15 DER BÜRGERMEISTER Sinn für Wohltätigkeit. Dies, meine Herren, muss ich unbedingt
anbringen. Es ist die Hauptsache. […]

[In seiner späteren Rede kommt der Bürgermeister auf diese Eigenschaften zu sprechen:]

DER BÜRGERMEISTER […] *Er zieht das Notizbüchlein hervor.* Unvergessen sind Sie geblieben. In der Tat. Ihre Leistung in der Schule wird noch jetzt von der Lehrerschaft als
Vorbild hingestellt, waren Sie doch besonders im wichtigsten Fach erstaunlich, in der
20 Pflanzen- und Tierkunde, als Ausdruck Ihres Mitgefühls zu allem Kreatürlichen,
Schutzbedürftigen. Ihre Gerechtigkeitsliebe und Ihr Sinn für Wohltätigkeit erregte
schon damals die Bewunderung weiter Kreise. *Riesiger Beifall.* Hatte doch unser Kläri
einer armen alten Witwe Nahrung verschafft, indem sie mit ihrem mühsam bei
Nachbarn verdienten Taschengeld Kartoffeln kaufte und sie so vor dem Hungertode
25 bewahrte, um nur eine ihrer barmherzigen Handlungen zu erwähnen. […]

[Darauf antwortet die Milliardärin:]

CLAIRE ZACHANSSIAN Bürgermeister, Güllener. Eure selbstlose Freude über meinen
Besuch rührt mich. Ich war zwar ein etwas anderes Kind, als ich nun in der Rede des
Bürgermeisters vorkomme, in der Schule wurde ich geprügelt, und die Kartoffeln für
die Witwe Boll habe ich gestohlen, gemeinsam mit Ill, nicht um die alte Kupplerin
30 vor dem Hungertode zu bewahren, sondern um mit Ill einmal in einem Bett zu liegen, wo es bequemer war als im Konradsweilerwald oder in der Peterschen Scheune.

Aus: Friedrich Dürrenmatt, Der Besuch der alten Dame. Copyright © 1986 Diogenes Verlag AG Zürich, S. 18 f., 43 f.

Anmerkung
1 Schulrodel: Schülerliste/-verzeichnis

Friedrich Dürrenmatt, *Der Besuch der alten Dame*. 3. Akt, Auszüge

In Friedrich Dürrenmatts tragischer Komödie „Der Besuch der alten Dame" hat die Milli-
ardärin Claire Zachanassian, geb. Klara Wäscher, ein Kopfgeld von einer Milliarde für die
Bewohner von Güllen ausgesetzt, wenn jemand den Krämer Alfred Ill tötet.
Beide waren in ihrer Jugend ein armes Liebespaar gewesen. Ill aber hatte sie, die ein Kind
von ihm erwartete, wegen einer Krämertochter verlassen und durch Zeugenbestechung eine
Vaterschaftsklage abwenden können. In der Zwischenzeit zu Reichtum gekommen, hat
Claire ihre Rache begonnen und Güllen durch finanzielle Transaktionen in Armut gestürzt.
Als nach Jahren des wirtschaftlichen Niedergangs die Milliardärin in Güllen erscheint, hof-
fen alle auf kommende glückliche Zeiten. Ill soll seine frühere Geliebte hofieren.
Zunächst weisen die Güllener das Angebot entrüstet ab, leben dann aber zunehmend über
ihre Verhältnisse. Ill hat diese Entwicklung mit wachsender Angst miterlebt. Ein Fluchtver-
such scheitert.
Der Lehrer von Güllen versucht dennoch, Ill zum Widerstand zu bewegen.

1 DER LEHRER […] Ach Ill. Was sind wir für Menschen. Die schändliche Milliarde brennt in
unseren Herzen. Reißen Sie sich zusammen, kämpfen Sie um Ihr Leben, setzen Sie
sich mit der Presse in Verbindung, Sie haben keine Zeit mehr zu verlieren.
ILL Ich kämpfe nicht mehr.
5 DER LEHRER *verwundert* Sagen Sie mal, Sie haben wohl ganz den Verstand verloren vor
Angst?
ILL Ich sah ein, dass ich kein Recht mehr habe.
DER LEHRER Kein Recht? Gegenüber dieser verfluchten alten Dame, dieser Erzhure, die
ihre Männer wechselt vor unseren Augen, schamlos, die unsere Seelen einsammelt?
10 ILL Ich bin schließlich schuld daran.
DER LEHRER Schuld?
ILL Ich habe Klara zu dem gemacht, was sie ist, und mich zu dem, was ich bin, ein ver-
schmierter windiger Krämer. Was soll ich tun, Lehrer von Güllen? Den Unschul-
digen spielen? Alles ist meine Tat, die Eunuchen, der Butler, der Sarg, die Milliarde.
15 Ich kann mir nicht mehr helfen und auch euch nicht mehr.

[Bald darauf erscheint der Bürgermeister mit einem Gewehr. Er hofft, dass Ill sich damit
selbst tötet.]

DER BÜRGERMEISTER […] Es wäre doch nun eigentlich Ihre Pflicht, mit Ihrem Leben
Schluss zu machen, als Ehrenmann die Konsequenzen zu ziehen, finden Sie nicht?
Schon aus Gemeinschaftsgefühl, aus Liebe zur Vaterstadt. Sie sehen ja unsere bittere
Not, das Elend, die hungrigen Kinder …
20 ILL Es geht euch jetzt ganz gut.
DER BÜRGERMEISTER Ill!
ILL Bürgermeister! Ich bin durch eine Hölle gegangen. Ich sah, wie ihr Schulden machtet,
spürte bei jedem Anzeichen des Wohlstands den Tod näher kriechen. Hättet ihr mir
diese Angst erspart, dieses grauenhafte Fürchten, wäre alles anders gekommen,
25 könnten wir anders reden, würde ich das Gewehr nehmen. Euch zuliebe. Aber nun
schloss ich mich ein, besiegte meine Furcht. Allein. Es war schwer, nun ist es getan.
Ein Zurück gibt es nicht. Ihr müsst nun meine Richter sein. Ich unterwerfe mich
eurem Urteil, wie es nun auch ausfalle. Für mich ist es die Gerechtigkeit, was es für

euch ist, weiß ich nicht. Gott gebe, dass ihr vor eurem Urteil besteht. Ihr könnt mich
30 töten, ich klage nicht, protestiere nicht, wehre mich nicht, aber euer Handeln kann
ich euch nicht abnehmen.

Aus: Friedrich Dürrenmatt, Der Besuch der alten Dame. Copyright © 1986 Diogenes Verlag AG Zürich,
S. 102 f., 108 f.

Text 11

Bertolt Brecht (1898–1956), *Über das Frühjahr* (1928)

1 Lange bevor
Wir uns stürzten auf Erdöl, Eisen und Ammoniak
Gab es in jedem Jahr
Die Zeit der unaufhaltsam und heftig grünenden Bäume.
5 Wir alle erinnern uns
Verlängerter Tage
Helleren Himmels
Änderung der Luft
Des gewiß kommenden Frühjahrs.
10 Noch lesen wir in Büchern
Von dieser gefeierten Jahreszeit
Und doch sind schon lange
Nicht mehr gesichtet worden über unseren Städten
Die berühmten Schwärme der Vögel.
15 Am ehesten noch sitzend in Eisenbahnen
Fällt dem Volk das Frühjahr auf.
Die Ebenen zeigen es
In alter Deutlichkeit.
In großer Höhe freilich
20 Scheinen Stürme zu gehen:
Sie berühren nur mehr
Unsere Antennen.

Aus: Bertolt Brecht, Gesammelte Werke in 20 Bänden,
Bd. 8: Gedichte I. Frankfurt a. M.: Suhrkamp Verlag 1967, S. 314

Text 12

Joseph von Eichendorff (1788–1857), *Die zwei Gesellen* (verfasst 1818)

1 Es zogen zwei rüstge[1] Gesellen
Zum erstenmal von Haus
So jubelnd recht in die hellen,
Klingenden, singenden Wellen
5 Des vollen Frühlings hinaus.

Die strebten nach hohen Dingen,
Die wollten, trotz Lust und Schmerz,
Was Rechts in der Welt vollbringen,
Und wem sie vorüber gingen,
10 Dem lachten Sinnen und Herz. –

Der erste, der fand ein Liebchen,
Die Schwieger[2] kauft' Hof und Haus;
Der wiegte gar bald ein Bübchen
Und sah aus heimlichem Stübchen
15 Behaglich ins Feld hinaus.

Dem zweiten sangen und logen
Die tausend Stimmen im Grund,
Verlockend' Sirenen[3], und zogen
Ihn in der buhlenden Wogen
20 Farbig klingenden Schlund.

Und wie er auftaucht' vom Schlunde,
Da war er müde und alt,
Sein Schifflein, das lag im Grunde,
So still wars rings in die Runde,
25 Und über die Wasser wehts kalt.

Es singen und klingen die Wellen
Des Frühlings wohl über mir;
Und seh ich so kecke Gesellen,
Die Tränen im Auge mir schwellen –
30 Ach Gott, führ uns liebreich zu Dir!

Aus: Joseph von Eichendorff, Gesammelte Werke in zwei Bänden.
Hrsg. v. Hans Jürgen Meinerts. Bielefeld: Sigbert Mohn Verlag 1959. Bd. 1, S. 67

Anmerkungen
1 rüstge: rüstige, gesunde, tatkräftige
2 Schwieger: Schwiegermutter
3 Sirenen: weibliche Fabelwesen aus der griechischen Mythologie. Angeblich lockten sie mit ihrem
   Gesang Schiffer an, um sie zu töten.

Text 13

Johann Wolfgang von Goethe (1749–1832), *Erlkönig* (1782)

1 Wer reitet so spät durch Nacht und Wind?
Es ist der Vater mit seinem Kind;
Er hat den Knaben wohl in dem Arm,
Er fasst ihn sicher, er hält ihn warm.

5 Mein Sohn, was birgst du so bang dein Gesicht? –
Siehst, Vater, du den Erlkönig nicht?
Den Erlkönig mit Kron und Schweif? –
Mein Sohn, es ist ein Nebelstreif. –

„Du liebes Kind, komm, geh mit mir!
10 Gar schöne Spiele spiel' ich mit dir;
Manch bunte Blumen sind an dem Strand,
Meine Mutter hat manch gülden¹ Gewand."

Mein Vater, mein Vater, und hörest du nicht,
Was Erlenkönig mir leise verspricht? –
15 Sei ruhig, bleibe ruhig, mein Kind;
In dürren Blättern säuselt der Wind. –

„Willst, feiner Knabe, du mit mir gehn?
Meine Töchter sollen dich warten schön;
Meine Töchter führen den nächtlichen Reihn²,
20 Und wiegen und tanzen und singen dich ein."

Mein Vater, mein Vater, und siehst du nicht dort
Erlkönigs Töchter am düstern Ort? –
Mein Sohn, mein Sohn, ich seh es genau:
Es scheinen die alten Weiden so grau. –

25 „Ich liebe dich, mich reizt deine schöne Gestalt;
Und bist du nicht willig, so brauch ich Gewalt." –
Mein Vater, mein Vater, jetzt fasst er mich an!
Erlkönig hat mir ein Leids getan! –

Dem Vater grausets, er reitet geschwind,
30 Er hält in Armen das ächzende Kind,
Erreicht den Hof mit Mühe und Not;
In seinen Armen das Kind war tot.

Aus: Johann Wolfgang von Goethe, Sämtliche Werke in 18 Bänden.
Bd. 1: Sämtliche Gedichte. Zürich: Artemis Verlag, München:
Deutscher Taschenbuch Verlag 1977, S. 115 f.

Anmerkungen
1 gülden: golden, goldfarben
2 Mit „Reihn" ist „Reigen" gemeint, ein von Gesang begleiteter Tanz.

Text 14

Andreas Gryphius (1616–1664), *Einsamkeit* (1650)

1 In diser Einsamkeit / der mehr denn öden Wüsten /
Gestreckt auff wildes Kraut / an die bemoßte See:
Beschau' ich jenes Thal und diser Felsen Höh'
Auff welchem Eulen nur und stille Vögel nisten.
5 Hir / fern von dem Pallast; weit von des Pövels[1] Lüsten /
Betracht ich: wie der Mensch in Eitelkeit vergeh'
Wie / auff nicht festem Grund' all unser Hoffen steh'
Wie die vor Abend schmähn / die vor dem Tag uns grüßten.
Die Höl' / der rauhe Wald / der Todtenkopff / der Stein /
10 Den auch die Zeit aufffrist / die abgezehrten Bein /
Entwerffen in dem Mutt[2] unzehliche Gedancken.
Der Mauren[3] alter Grauß[4] / diß ungebau'te Land
Ist schön und fruchtbar mir / der eigentlich erkant /
Daß alles / ohn ein Geist / den Gott selbst hält / muß wancken.

Aus: Andreas Gryphius, Gedichte. Eine Auswahl. Hrsg. v. Adalbert Elschenbroich. Stuttgart: Reclam 1968, S. 13

Anmerkungen
1 Pövel: Pöbel; ungebildete niedere Schicht
2 Mutt: Inneres; innere Bewegung
3 Mauren: Mauern
4 Grauß: Trümmer

Text 15

Georg Trakl (1887–1914), *Der Herbst des Einsamen* (entstanden ca. 1913; veröffentlicht 1915)

1 Der dunkle Herbst kehrt ein voll Frucht und Fülle,
Vergilbter Glanz von schönen Sommertagen.
Ein reines Blau tritt aus verfallener Hülle;
Der Flug der Vögel tönt von alten Sagen.
5 Gekeltert ist der Wein, die milde Stille
Erfüllt von leiser Antwort dunkler Fragen.

Und hier und dort ein Kreuz auf ödem Hügel;
Im roten Wald verliert sich eine Herde.
Die Wolke wandert übern Weiherspiegel;
10 Es ruht des Landmanns ruhige Geberde.
Sehr leise rührt des Abends blauer Flügel
Ein Dach von dürrem Stroh, die schwarze Erde.

Bald nisten Sterne in des Müden Brauen;
In kühle Stuben kehrt ein still Bescheiden
15 Und Engel treten leise aus den blauen
Augen der Liebenden, die sanfter leiden.
Es rauscht das Rohr; anfällt ein knöchern Grauen,
Wenn schwarz der Tau tropft von den kahlen Weiden.

Aus: Georg Trakl, Gedichte. Hrsg. v. Hans Szklenar. Frankfurt a. M., Hamburg: Fischer Bücherei 1964, S. 54

Bildquellenverzeichnis

Umschlag:

(von links nach rechts, von oben nach unten):
© ehidna - Fotolia.com (Buch), www.visipix.com
(Vincent van Gogh: Die Romanleserin, 1888), picture
alliance / dpa (Klaus Maria Brandauer als „King
Lear"), © khabarushka - Fotolia.com (Masken),
© Seamartini Graphics - Fotolia.com (Lyra),
© mochisu - Fotolia.com (Handschrift)

Innenteil:

S. 1 (links): © Vladimirnikulin | Dreamstime.com

S. 1 (rechts): jannoon028. Shutterstock

S. 7 (oben): Mikael Damkier. Shutterstock

S. 7 (unten): 2478739. Shutterstock

S. 9: www.visipix.com

S. 10 (links): © Ingo Bartussek - Fotolia.com

S. 10 (rechts): jannoon028. Shutterstock

S. 17: © alphaspirit - Fotolia.com

S. 21 (links): Simon Bratt. Shutterstock

S. 21 (rechts): B & T Media Group Inc. Shutterstock

S. 24 (links): © Erica Guilane-Nachez - Fotolia.com

S. 24 (rechts): picture alliance / ZUMA Press

S. 31 (links): www.visipix.com

S. 31 (rechts): Alfred Kubin, Der Krieg, 1901/1902.
© Eberhard Spangenberg, München / VG Bild-
Kunst, Bonn 2017

S. 41: akg-images

S. 44: © okalinichenko - Fotolia.com

S. 53 (links): © connel_design - Fotolia.com

S. 53 (rechts): Christian Mueller. Shutterstock

S. 64 (links): dubassy. Shutterstock

S. 64 (rechts): chungking. Shutterstock

S. 69 und 70: asmakar / iStockphoto.com

S. 72: Foto: Arno Declair

S. 76 (links): Antonio Abrignani. Shutterstock

S. 76 (rechts): picture alliance/Quagga Illustrations

S. 80 (links): akg-images / Archiv K. Wagenbach

S. 80 (rechts): akg-images

S. 82: akg-images / Archiv K. Wagenbach

S. 84: picture-alliance / dpa

S. 88: picture-alliance / dpa

S. 91: © mRGB - Fotolia.com

S. 92: picture-alliance/ dpa

S. 97 (unten): picture-alliance/ dpa

S. 101: picture alliance / Eventpress Hoensch

S. 104: natasha58. Shutterstock

S. 114: 858742. Shutterstock

S. 117: ullstein bild - Kujath

S. 121 (links): Juliya_strekoza. Shutterstock

S. 121 (rechts): picture-alliance / dpa

S. 125: gosphotodesign. Shutterstock

S. 131: picture alliance / Eventpress Hoensch

S. 136: picture alliance / United Archives/Pilz

S. 137: picture alliance / ZB

S. 138: Bundesarchiv, Bild 183-W0409-300 / Kolbe, Jörg / 1954 / CC-BY-SA 3.0

S. 142 (links): SiwaBudda. Shutterstock

S. 142 (rechts oben): 123rf.com

S. 142 (rechts unten): aerogondo2. Shutterstock

S. 145 (rechts): © Andreas Gruhl - Fotolia.com

S. 149: © fotogestoeber - Fotolia.com

S. 153 (links): Volodymyr Burdiak. Shutterstock

S. 153 (rechts): moustyk. 123rf.com

S. 155 (links): www.goethezeitportal.de

S. 155 (rechts): Copyright: Hannes Rall

S. 157: © okalinichenko - Fotolia.com

S. 163: © okalinichenko - Fotolia.com

S. 165 (links): Patrik Dietrich. Shutterstock

S. 165 (rechts): zizar. Shutterstock

S. 168 (rechts): © Werner David - Fotolia.com

S. 174 (links): © ursule - Fotolia.com

S. 174 (rechts): Brandon Bourdages. Shutterstock

S. 180: © murmakova - Fotolia.com

Bist du bereit für deinen Einstellungstest?

Hier kannst du testen, wie gut du in einem Einstellungstest zurechtkommen würdest.

1. **Allgemeinwissen**
Der Baustil des Kölner Doms ist dem/der ... zuzuordnen.

a) Klassizismus b) Romantizismus
c) Gotik d) Barock

2. **Wortschatz**
Welches Wort ist das?

N O R I N E T K T A Z N O

3. **Grundrechnen**
-11 + 23 - (-1) =

a) 10 b) 11 c) 12 d) 13

4. **Zahlenreihen**
Welche Zahl ergänzt die Reihe logisch?

17 14 7 21 18 9 ?

5. **Buchstabenreihen**
Welche Auswahlmöglichkeit ergänzt die Reihe logisch?

e d f f e g g f h ? ? ?

a) h i j b) h g i c) f g h d) g h i

Alles zum Thema Einstellungstests findest du hier:

www.stark-verlag.de **STARK**

STOPP DIE
PANIK

Mit der Fußsohlen-Methode

Prüfungen können Angst- und Fluchtsituationen sein. Dein Körper schüttet Adrenalin aus und dämpft das Gefühl in den Füßen. Z. B. beim Weglaufen ist es gut, wenn man die Füße nicht spürt. Eine Prüfung ist aber **keine Gefahrensituation**. Signalisiere deinem Körper, dass du nicht weglaufen musst, und bring das Gefühl in deine Füße zurück:

Setze oder stelle dich hin.
Die Füße müssen den **Boden** berühren.

jeden einzelnen **Zeh** **s p ü r e** bis **groß**. von klein

Erkunde den **Bogen** deines Fußes.

Schließe jetzt deine Augen und **denke** dich in deine Füße hinein.

Fahre in Gedanken um die **Fersen**.

Spüre den **Druck** auf dem Boden.

Dein Körper **fühlt** die Füße wieder und denkt, er sei in keiner Panik-Situation, sondern in **Sicherheit**.

Eure Lerntipps

aus der
Insta-Community

Chiara, 16

Verwendet Farben zum Lernen! Es wird viel über-sichtlicher. Und wenn man den Lernzettel anschaut, ist man viel motivierter beim Lernen, weil er schön bunt ist.

Özgür, 20

Vergiss nicht, wie weit du bisher gekommen bist, und wie viel Potenzial in dir steckt.

Miriam, 18

Bewusst eine Auszeit zu nehmen ist effektiver, als alles nur aufzuschieben.

www.stark-verlag.de

Mehr Lerntipps findet ihr in unserer Instagram-Community: @stark_verlag

STARK